アメリカの法廷で闘うとしたら
―日本とどれほど違うか―

國生一彦

八千代出版

妻真華と亡き妻雅子に捧げる

はしがき

　アメリカの法廷で闘うとしたら、先ず事前準備として、契約をどう用意するか、それも考えねばならない。

　アメリカが法典法国ではなく、判例法国であることはよく知られている。議会が立法をしているだけでなく、個々の事件を通して判事も法律を作っている。それも、日常的で人々の生活に身近な**契約**とか、**不法行為**とかになればなるほど、**判事製法律**が主になる。この点で、先ず「日本と違う……」といえよう。

　首都ワシントン、白亜の殿堂連邦最高裁。そこを訪ね、第4代長官ジョン・マーシャルの彫像と、彼の Marbury v. Madison（1803年）事件の判決文中のしめ括りの言葉「何が法であるか……をいうのは司法の領域であり義務であると強くいえる」が壁字として刻まれているのを記憶している方も多くおられよう。彼がそこで要約しているのは他でもない。連邦最高裁が「法治国アメリカで何が**国の法律**であるか」、を最終的・有権的に宣言する。連邦議会の**立法に対しても**、また**各州最高裁の判決に対しても**、という原理である。各州という**主権者に対し、更なる判断を下す人**がいる。この二元国家法こそ、日本と違う……第2点である（これに対し、歴史の古さと母屋と小屋の差はあるかも知れないが、立法、行政に対する司法審査権は我国憲法にも採り入れられている）。

　二元国家での法の支配の頂点に立つ連邦最高裁ではあるが、判例法の立法に占めるウエイトは実はそれほど大きくない（年間1万件くらいの上告申立てに対し、連邦最高裁の判事9人が扱うのは、その1%、100件にも達しない）。会社や個人の日常生活に直接係る法律を作る大きな役割を果しているのは、連邦裁判所でいうと全国13の連邦控訴裁判所、179人の判事である（連邦裁判所の生い立ち、権限〔管轄〕が、日本の裁判所とは勿論、各州裁判所とも、違ったものであることは第1章からはっきり判る）。

国際取引や、国内でも多州に跨る大型の商取引などの契約問題になると連邦裁判所が、その中でもニューヨークのそれが、クローズアップされる。アメリカの企業間で締結する契約中でも、万一紛争になったら「ニューヨーク州法により解決しよう……」、と合意する例が圧倒的に多いからである。
　そこで、マンハッタンにある有名な南部地区連邦裁判所 S.D.N.Y.（一審）と、その二審、控訴裁判所の 2d Cir. のいうことが大きく注目される。この S.D.N.Y. と 2d Cir. が法律大国アメリカのいわば心臓動脈部に当る。そのうち、実質的には法律審で、事実上の最終審となりうる 2d Cir. の 13 人の判事らが、この分野の法律作りで大きな役割を荷っているといってよい。
　この法律大国アメリカの心臓部にアラブの王族やロシアの石油王、それにエンロンやワールドコムなど、世界の大事件の主人公らが集ってきて、そこを共通の土俵とし、ニューヨーク州法を共通ルールとして、勝敗の決着をつけようとしている。このグローバル性も、（残念乍ら）日本とは違う点であろう。
　上記の3つの違いに加え、本書は商事契約法について物語り風に易しく紹介し、参照されることを目指した。
　アメリカは判決理由の詳しさ長さでも日本と違う。紹介するにも二重、三重に選別が避けられない。大事にしたのは「実務上参考になるように……」との視点、たとえば日本の契約実務でも出てくる**結果的損害金**、**定時履行**などにつきよく論じている判旨があれば、ピックアップした。事件の素材を使用して、その法理が生れてくる過程に光を当てている。

　各章の簡単な概要（あらすじ）は次のとおりである。
　第1章、第2章は、上に述べた連邦と州の二元国家の成立ち、仕組み、二重の法律の紹介である。各州には、独立後今日までの永さに近い、イギリスの植民地、県（Province）としての時代が、200年弱の歴史があり、そこから根を生やしてきた各州司法がある。そこでは、単に商事法を紹介することに止らず、**法の支配**を建国の礎石と定めたアメリカの法的成立ち、背景も垣間見ようとしている。その憲法の下での連邦と州間の生々しい権威争い劇も描

いて、アメリカ**合衆国**という二重国家の仕組み（それが万一の場合の皆さんにどんな意味をもつのか）を分り易く示している。社会の基礎知識なしに法的理解はないからである。

　第3章は、本書主題の中心的パート、ニューヨーク州法により、コモンロー契約総則の流れに沿った筋立てで進む。商事契約上の紛争が裁かれる場（主に 2d Cir.）で、ルール（アメリカのコモンロー）に生の事実を当てはめるところに光を当てた。それを、教科書中の解釈文の紹介ではなく、ルール・ブック、再述法自体から解説した（コモンロー契約の判り易いテキストとして利用できることを目指した）。

　少なからぬ事件が入口での決戦、手続法上の争いで決せられる（本文中のリコー事件のほかアサヒメタル事件もその例に洩れない）。実務の中でも、大半のエネルギーと費用が管轄、ディスカバリなどに費やされる。そこで第4章は、「なぜ、ニューヨークに事務所も住所もない法人やその役員に対し法廷（弁護士）から召喚状が送達されるのか」（ロングアーム法）や、メディアの秘匿特権に係るニューヨーク州の事件と法理などの実践的なケースに絞って紹介する。

　第5章は、「商事契約と紛争解決手段」から出発した本書が、当事者自治の最右翼の商事仲裁の話しに戻って、世界の商事仲裁の中心を占める今日のニューヨークで仲裁と民事訴訟との関係がどうなっているのか、2、3の実例を挙げている。殊に、エクアドル共和国事件では、投資協定条約（BIT）による仲裁と、国際多重訴訟との間で、実際にどんな攻撃、防御がなされ、どう判断されたかを知り得る。投資上の注意点がみえてきて、考えさせられる。

2013年冬酣

　　　　　　　　　　　　　　　　　　　　　　　　　　　國生一彦

目　次

はしがき　i
凡　例　vii

第1章　序　　章 …………………………………………………………… 1
1. 州と連邦の歴史の違い　1
   (1) 150年続いたイギリス植民州（province）の時代　1
   (2) 抑圧と反抗の中から生れた連合（二重国家のはしり）　7
2. 連邦憲法の下で二元司法、二重の法律がもつ実生活上の意味　14
   (1) 連邦裁判所はどうやって生れたか　14
   (2) 連邦裁判所、州裁判所との違い（法律上と事実上）　19
   (3) 連邦コモンローは存在するか、どんなところにあるか　22

第2章　商事契約法と紛争解決手段 ………………………………………… 31
1. 当事者と判事で作る商事契約法（コモンロー）　31
2. ニューヨーク州法と、ニューヨーク州内裁判所の意味　36
   (1) なぜニューヨーク州法か？（ニューヨークへの飛行）　36
   (2) ニューヨーク州商事契約法のプロフィール　43
   (3) 連邦と州間の司法上の根深い対立　51

第3章　ニューヨーク州法により商事契約を裁く ………………………… 61
1. 契約の成立が争われたケース　61
   (1) 予備的合意は全くの空か　61
   (2) 契約を作成（execute）したとは？—書面とサインの意味で争われたケース　71
2. 書面契約の解釈に係るコモンローのルール　79
   (1) アメリカでの契約と書面（解釈）との関係　79
   (2) 金融などの契約分野による解釈例とルール　95
3. 契約の履行・不履行と、コモンローの救済（権利行使）　110
   (1) 対向約束は契約条件、の法理　110
   (2) 結果的損害金のルール　112
   (3) 予告的不履行の法理　116

（4）係争物件の譲受け、供給業者と金融元との争い　120

第4章　管轄、ニューヨーク州ロングアーム法など、手続法上の問題 ……… 135

1. 紛争解決手段としての民事訴訟に対するアメリカの規律　135
   - （1）敵視してきた管轄合意に対する司法の変化　135
   - （2）2d Cir.の人的管轄権はどこまで外国人や州外人に及ぶか　142
   - （3）コモンローから出てきたロングアーム法　149
2. 二元国家での管轄権の現代的競合と、証拠開示を巡る争い　159
   - （1）二元国家と二重管轄権の競合　159
   - （2）事前証拠開示を巡る争い　169

第5章　国際商事仲裁の本場での見方と扱いの実例 ……… 185

1. アメリカとその親仲裁性　185
   - （1）コモンローの伝統とニューヨークの努力　185
   - （2）最高裁の親仲裁性を受けた実務　190
2. 商事仲裁と司法手続　197
   - （1）商事仲裁と民事訴訟との競合　197
   - （2）大型で複雑な国際紛争でのBIT仲裁と訴訟　211

参考文献・主要引用文献一覧　223

法　令　索　引　225

判　例　索　引　230

事項索引（和文）　234

事項索引（欧文）　239

凡　例

1．法令等の表記

　個別の法令等の表記は次の略記を用いた（その他の類似の法令も、これに準ずる表記にした。巻末の法令索引の表示で略記を使用ないし追加しているものもある）。

(1) アメリカの法令等の表示

　①連邦法は（イ）タイトル表示：11U.S.C. などの形、（ロ）popular name 表示：Bankruptcy Reform Act、BRA など、（ハ）Federal Rules of Civil Procedure：連邦民事訴訟規則、FRCP

　②州法は、

　　（イ）コモンローの資料としての Restatement of the Law は「再述法」と仮称。表示は、たとえば Restatement of the Law（2d）Conflict of Laws, 1971 は、再述抵触法（第 2）、または再抵法（条文 § 27 への言及であれば、「再抵法（27）」など）、Restatement of the Law（3rd）Foreign Relations Law of the United States, 1987 であれば、再述外国関係法（第 3）、または再外法（条文 § 421 のときは、「再外法（421）」など）と表示する。ただし、Restatement of the Law（2d）Contracts のみは、単に再述法（第 2）として表示した。

　　（ロ）Uniform Commercial Code、UCC、また各章毎に

　　　(a) Article Two のときは UCC-2＊（ただし、その 201 条というときは、UCC2-201 と表示）。

　　　(b) Article Nine、UCC-9、のように表示。

(2) 法令等の条（article）の表示は、§ を付す場合（本文中）、付さないで数字のみカッコ内の場合とある。また条より下の表示は、条とともに、paragraph 項、clause 号と連記するときには、条、項、号を 2 (1) ④、3 (a) (1) などの表示にした。

　　その他の法令等で文中に完全な表示と接して略式表示があるものは、凡例では表示を省いた。

2．判例等の表示

(1) Reporter の表示は 581F.2d114 などにより、また

(2) インターネット経由で入手した最新の判例などは、事件番号、裁判所名、判決日で表示した（判例の表記は、判決の頭のページ数を原則としつつも、引

用ページ数もなるべく加えた）。

3．裁判所名の表示
　裁判所名の表示は次に準ずる。
(1) 連邦では、The Court of Appeals, Circuit Court：連邦巡回（控訴）裁判所は Cir. とし、たとえば連邦の第2巡回（控訴）裁判所であれば、2d Cir. とした。一審の The Federal District Court in the Southern District of New York：ニューヨーク州南部地区連邦地裁であれば、S.D.N.Y.
　　また The Federal District Court in the Northern District of California：カリフォルニア州北部地区連邦地裁であればN.D.C.（サンフランシスコ）とそれぞれ表示した。
(2) ニューヨーク州裁判所控訴部は、N.Y. App. Div、州最高裁判所は、Ct. of App. となる。

＊ UCC については、NCCUSL による 2005 年版によった（そのうち、UCC-1 の 2001 年改正版など、まだ各州による立法措置が進んでいないものは、旧版条文も併せて載せるよう心掛けた）。

第1章

序　章

1．州と連邦の歴史の違い

(1)150年続いたイギリス植民州（province）の時代

① よその植民州は他国だった

　アメリカが連邦制国家であることなど「今更言うまでもない」と思う人もいるでしょう。実際、今日一般のアメリカ人が毎日のように州境を意識して生活していることはない。しかし、革命戦争（Revolutionary War）前は違っていた。人々は自分の住む植民州（colony）を「わが国」（my country）と呼んでいたし、たとえばマサチューセッツ植民州の男がヴァージニア植民州の女と結婚することなぞ、先ず考えられなかった[1]。裁判所も各植民州（イギリス本国からみて province）毎に継受したイギリス法を、170年ほどの間、独自に司ってきた。

　こと法律の話しになると、二元政府を意識しない訳にはいかない。売買契約法などの50州それぞれの法律がある。裁判所も二重にある。連邦の法律は連邦議会（Corgress）が作っているし、各州制定法は各州議会が作る（契約法、

---

[1] 4代前の先祖による入植から150年後の1774年8月、初めて13植民州の代表がフィラデルフィアに集まった（第1回連合議会〔Continental Congress〕）。マサチューセッツ代表としてそこへ出張したボストンから参加する39歳の John Adams（第2代大統領）は、それまでに法廷での事件のため、後にメイン州やニューハンプシャー州となる隣の New England 地方へ馬で出張したことはあったが、New England から出るのは初めてであった（彼の父は一生 Braintree から一歩も出たことがなかったし、Adams 一族で地元 Braintree の外での公職に就いた人間はいなかった）。（David McCullok, *John Adams*, Simon & Schuster, 2001, p. 23）

不法行為法などの生活法は殆んどが不文法の各州コモンローとなるが、独禁法、証券取引法などのいわゆる規制法の分野で連邦法が人々の生活を規律することはある)[2]。

連邦国家成立後この関係、連邦司法権と50州の司法権との関係がどうなってきたか。連邦法が州法に優先するのが大原則であるが（Ⅵ)[3]、この憲法条文の解釈を巡って、19世紀半ば頃までも連邦最高裁と州最高裁とで第2章2.(3)にみるような法廷間の争いをくり展げた。

(イ) 頭に入れておくべきなのは、アメリカ合衆国の各州共和国（人民）は主権者(sovereign)であり、各州憲法も、合衆国憲法もそのことを謳い、定めている[4]。実際、19世紀前半くらいまでの人々にとって、その農業は勿論、土地の銀行、運河会社、鉄道会社に係ることなど、すべての経済・社会活動を営むうえで州政府がすべてであった（連邦政府は殆んど関係のない存在であった)。

(a) 連邦議会の立法権につき定める合衆国憲法修正第Ⅹ条
「各州がこの憲法により合衆国に委任したこと、この憲法により各州に禁じられたこと、それ以外の権限は各州とその人民に留る」。

(b) 合衆国（連邦）憲法は、連邦議会が立法できる項目を数え上げる定め方をしており、これを列挙主義(18の限定授権)と構成するのが定説となっている[5]。

(c) この連邦と州との間の立法権の割り振りから、各州人民の日常生活上の権利・義務を規律する契約、不法行為、不当利得などは、すべて植民州時代から400年続く州法としての民商法や刑法となる[6]。

(ロ) 関連して記憶すべきは、連邦憲法（1789年発効）がキチンと裁判所とし

---

[2] 憲法の限定列挙主義（後出）の下、列挙条文の1つ、Interstate Commerce Clause (Ⅰ、8、(2)) から次第に拡げられてきた。

[3] 連邦憲法Ⅵは該当部分で、「この憲法、それに従って制定される連邦の法律、すべての締結された（される）条約……はこの国の最高法規であり、すべての州の裁判官はそれらによって羈束され……」と定める（下線は筆者)。

[4] 合衆国憲法修正第Ⅹ条と、各州憲法ではたとえば、マサチューセッツ(Mass.)州憲法前文(Preamble)やArt. V。

[5] 貨幣法、破産法、特許法、海事法などが、連邦憲法の条文中で連邦議会の立法によるべきことが個別に名指しされている（Ⅰ、8、(4)、(5))。

て定めていた**最高裁判所**だけで、その他の**下級裁判所**を作るかどうか、作るとしてどんな裁判所を、どこにいくつ作るかなど、すべて連邦議会の決定に委ねていた点である。

（a）それ以上に注目されるのは、連邦と州（の司法）の間にある圧倒的な歴史の違いだ。物理的な時間の長さからいったら連邦裁判所制度の歴史は、植民州時代を入れた州裁判所の歴史の3分の1以下である（連邦控訴裁判所制度が整ったのは19世紀末といってよい）。

（b）今でこそ、中味でこそ、連邦裁判所の果している役割は大きいが、端的にいって400年と精々130年というこの歴史の違いは大きく、アメリカの法律、生活法のことを本当に知ろうと思ったら、州裁判所と、州裁判所が創ってきたコモンローのことを知らない訳にはいかない（本書の中心、契約法も州法〔コモンロー〕である）。

（ハ）「われらの父祖らは生地を離れ、神への信頼によって高められた真の勇気により大西洋の荒波の危険を犯し、この野蛮の未開地にやってきた……」[7]。

初期移住から150年後の子孫が母国による抑圧の前に、植民州民としての心情を吐露した文の初めである。その4年後に革命戦争の火蓋が事実上切られた。

次の3つの時点を並べるだけで、線で結ぶまでに至らないが、移住から150年の時点に立って、今と比べ400年前の先祖たちの姿はどうであったか、ほんのちょっとでよい、垣間見ることがよかろう[8]。

（ⅰ）父祖らはどんな司法を植民州で実現できていたのか（母国権力との関係も含め）、（ⅱ）その後の連邦憲法成立までに（主に司法の面で）何があったの

6　このような（歴史の）長さの違いがある以上、人々の生活を律する契約法や不法行為法などの生活法が州法（コモンロー）であり続けるのは止むをえないともいえる。統一州法・共通法への人々（学者や一部法曹）の強い希いは、19世紀末近く以来NCCUSLやALI（後出）の結社を促し、それらによる統一活動が続けられてはいるが。

7　ボストン大虐殺（1770年）の1年後に大虐殺の追悼記念としてJames Lovell議員により植民州議会で行われた演説の一節（Hezekiah Niles, *Principles and Acts*, Barnes & Co., 1876, p. 17）。

か、に分けて簡述してみたい。
② 150年続いた province

二重（元）国家（政府）論の論文ではなく、それが主題でもないが、アメリカ（の法律）を理解するうえで必ず通らねばならない関門、それが二重国家、二重司法への理解である。今の姿はどうなっているのか、その誕生（生みの苦しみ）と、その後の過程は。やはり13植民州の姿に遡ることになる。そこでの司法の姿、形を探ることになる。その成り立ちを知り、人々の生活を知る必要がある。13植民州の政治体制がどうやって作られ、どのような時を経てきたかである[9]。

（イ）植民州には、Virginia のように、特許状を与えられて創設された植民州のほか[10]、王の直轄植民州や、王から土地を与えられ、創設された植民州もある（特許状を与える、土地を与える、王による直接の統治と、3つの形態に分けられるが、その後の変遷により、実質的な違いは僅かなものになったとされる）。

（a）各植民州民はいずれも創設の源からして身分的にはイギリス国民、王の臣民であった[11]。直接統治するのは、王の役所の1つ（時代によって部局名は変遷するが）、**植民地局**のようなところである。現地の各植民

---

[8] 実際、連邦憲法の一字一句毎に植民州時代150年に起きたトラブルなど1つ1つの史実が下敷きとなっている。読んでいくと、それが裏づけとなっている史実が想起される。その意味では連邦憲法は極めて実際的、実務的な文書であり、抽象的・理想的な言葉は殆どない（短い3行ほどの前文があるのみ）。たとえば、戦争中、イギリス、フランスによる私掠船（privateer）の横行に対抗して、アメリカ議会も私掠船の認可を出したが、その認可状も立法権の中に数えられている（Ⅰ、8、(11)）。

[9] 最大州 Virginia 植民州は、ジェイムス1世の1603年のイギリス法を継受したが、1776年6月頃から独立を前提に数州が改めて一般継受法をそれぞれの議会で可決し、その後も個別の法律（たとえば Statute of Frauds など）で継受法が作られている。

[10] ジェイムス1世がロンドンのヴァージニア・カンパニ（Virginia Company of London）に特許状を与えた1607年5月14日の翌年、人々がジェームスタウンに入植し、フォルト（城塞）を築いたことに遡る（それ以前にも何回か入植の試みはあったが、永続しなかった）。

[11] 各地方のタウン・ミーティングや議会での演説は、先ず「王への忠誠」の言葉から始められた。たとえば1774年8月1日（戦争の前年）に Virginia の Williamsburg で植民州議会が開かれ、全員一致でイギリスからの輸入禁止措置その他12項目にわたる決議をしている。だが、その決議のはじまりの言葉は「我等、王の忠誠深い臣民で Virginia の自由土地所有者の代表は……」である（注7書 p. 272）。

州には、王の名により統治権を行う統治者、統治代理人 (governor)（多くは貴族やその縁者）がいた。それを助けるのが、現地入植者中の有力者から選任された評議員会 (governor's council) であった[12]。更に、これが上院だとすると、下院に当る**植民州の代表からなる House** が存在した[13]。

（b）評議員会 (council) は、イギリスの Privy Council（王の枢密院）に似て、行政のほか上訴事件での司法機能も果した。

その下での司法機関として 17 世紀初め頃から徐々に各植民州に司法部が作られ、地元のいざこざやトラブルを処理していった。またこれと思われるような人々を地区毎に簡裁判事 (justices of peace) に任命した。その後は、議会 (Assembly House) がその設置や構成に係るようになり、各郡 (county) に 1 つの法廷というように次第に組織化された。

一審としての司法部が整うとともに、各植民州が控訴裁判所を設け、それまで統治者 (governor) と評議員会 (council) とでやっていた母国の枢密院まがいの上訴審としての仕事を引取って行った。

（c）立法は、植民州民（男の有産者、自由入植者）[14]の助けを借りる形で機能していた。被選出者から成る議会下院 (Assembly House)。その固有の権限は課税と予算であり[15]、この絡みではフランスなどとの間の戦争

---

12 ボストン茶会事件から間もない 1774 年 1 月 26 日に植民州の統治代理人から評議員会と議会下院に宛てた声明がある（抜粋）。「これまで小職と評議員会とで行う中で、小職の意見が度々貴職らのそれと食違ってきたこの上院司法部（家事部門）の権能に関し 1771 年に陛下に報告し、陛下より本国の枢密院にお諮りになった結果、小職としては評議員会の多数意見に従うことにした旨をお伝えする……なお、陛下は通信委員の任命に強く反対を示されたことを特にお伝えする……」ハッチンソン（注 7 書 p. 97）。
13 初めは三権の分化がなく、株主総会まがいに一般法廷 (general court) として立法、司法にも関与した（この House は、植民州毎にその呼称が同一ではなく Virginia では House of Burgesses、その他では Assembly of Freemen とか House of Delegates などと呼ばれていた）。Lawrence M. Friedman, *A History of American Law*, 3d Ed., Simon & Schuster, 2005, p. 11
14 後出のような 17 世紀の歴史、移民の 7 割が年季奉公労働 (indenture servitute) という様子をふまえると、自由入植者 (free settler) の意味は重要であった（ただし、選挙権は、憲法上〔I、2〕で自由民と年季公労働者の両方に与えられ、この indenture servitute の用語も、憲法で用いられている）。

で増大する軍事費を賄うため、1760年代にはStamp Actなど一連の
　　　航海法（Navigation Acts）が立法され[16]、これが歴史を動かす一大要因
　　　となった[17]（お金以外に民兵〔militia〕という労役の提供も議会が絡んだ）。
（ロ）植民州の司法機能で見逃すことのできないのがイギリス政府による海
　　　事法廷（admiralty courts）の創設（1697年）である[18]。主な狙いは、本国
　　　法が指示しているとおり、植民州がイギリスとのみ貿易(他からは禁輸)し、
　　　関税を払う。そのことの確保である[19]。
　（a）航海法の下で密輸などの同法違反者による罰金や没収金、関税債務
　　　の支払を強制することが海事法廷の狙いであった。自らの代表がいな
　　　いイギリス議会による課金立法・刑事立法であるから、識者が反抗・
　　　反対の声を挙げた。その1人がボストンで売り出し中の弁護士31歳
　　　のジョン・アダムス（後の第2代大統領）であった[20]。
　（b）一連の航海法の下での密貿易者と脱税者は、刑事被告人として王の
　　　名の下、銀のオールを捧いだ廷吏により海事法廷に連れ出され、罰金
　　　が課され、違反した船や積荷が没収された[21]。特に植民州で反撥が強

15　お金の問題での権限は、イギリスと利害が一番対立し、王の統治代理人や評議員会と闘うことになるが、この問題でのgovernorと議会下院が代表する植民州民との間の対立は、1760年代から、年とともにエスカレートしていった。
16　植民地と貿易関税に係る法律（Navigation Acts）を何回も立法していて、早くも1696年には専門の司法・行政機関となる委員会（Board of Trade）を設け、次の海事法廷（admiralty courts）制度を創設した。
17　1750～1770年代の20年間での本国の政策や対応で、アメリカ人の王に対する忠誠心が急低下した。挙句の果てに、独立宣言で18項目の弾劾文で王を責めたうえ、文末では、スコットランド人やドイツ人の傭兵を差し向けさせるなど、王と議会にやりたい放題をさせた同胞のイギリス人に、「この刃で我々の心臓を貫いた。もう永久に同胞であることを否定する」といわせた（注1書p. 135）。
18　海事法廷は、正確には「再生した」といってよい。リチャード1世王の11世紀初頭、フランス海岸に近いオレロン島で海事商事法廷があり、海事法典が行われていた。Orelon島で12世紀初めから行われた海事法（admiralty law）はコモンローとは違い、ローマ法に則ったもので、Richard I 世王（ライオン・ハート王）がその母フランスのルイ7世妃から受け継いで創めたとされる。
19　イギリスからの指示で海事法廷が設けられたのは、ボストン、ニューヨーク、フィラデルフィア、ボルチモア、ウィリアムズバーグとチャールストンの6港であった。
20　この時期、アダムスによる主張、「イギリス議会によるStamp Actのような立法は、より高い不文のイギリス憲法に反し無効である……」は、革命戦争の法哲学的動機を尋ねるうえで注目すべきであった。

かったのが、海事法廷での手続がすべて陪審によることなく進められた点である[22]。

(ハ) イギリスは、全世界の植民地で１つのイギリス法が統一的・共通的に行われるようにするため、アメリカでの法的苦情・法律問題も共通手続により最終的には母国枢密院へ持込み、処理すべきとしていた。苦情・問題の最たるものが、関税や没収であった。イギリスがこの点での本国立法に力を入れていたのも当然といえる。

こうして150年を経ても、バラバラで何らの統一もとれていなかった13植民州。しかし、いや増す一方の母国からの苛斂誅求に対しては、バラバラでいるよりも１つに纏まった方がベターなことは見易い道理であった[23]。

(2) 抑圧と反抗の中から生れた連合（二重国家のはしり）
① 臣民の蜂起と重大文書

さて、ボストン虐殺事件までの150年間を駆け足でみてきたが、ボストン虐殺事件（1770年12月）後から５年弱の1775年４月、ボストン北西20数キロのレキシントン・コンコードでイギリス王の正規軍と農民ミリシアとの間で事実上の戦いの火ぶたが切られた。アメリカでいう革命戦争が始まるのである[24]。この５年弱の期間の変換はそれほど巨大だった。

(イ) それ以前の150年間にこの５年弱の期間に相当するほどの画期的な意

21　没収物は公売換金され、その半分はイギリス王、残り半分は裁判官などの個人に入った（なお、これは、裁判官の代りに船主や船長と読み替えると、注８の私略船による分捕り金〔plunder〕の分配ルールと同じである）。
22　一方、植民州ではどこでも、民刑いずれの手続でも、陪審権をいわば天賦・不可奪の権利として行っていた。その流れで連邦憲法の修正Ⅴ～Ⅷの定めとなっている。
23　1753年、連合のための Albany Plan がニューヨーク植民州議会へ提出されたが、同年、ヴァージニア州の対外担当をしていたベンジャミン・フランクリンは、インディアン・イロコイ族酋長から12本の矢を束ねる仕草とともにそのことを教えられ、同感し、Plan の提出に一役買っていた。
24　独立宣言の1776年に、数州が改めてイギリス法を一般的に継受する旨の立法を行った（なお、1775年からの新生国家アメリカの誕生については、國生一彦『アメリカの誕生と英雄達の生涯』碧天舎、2004年参照）。

味を与えることができるであろうか。兎に角、大革命が現に起こったのだ。生死をかけた8年間の戦いへと続いていく。**何が、それほどのエネルギーを**もたらしたのかが問われる。大革命により二重国家が生れ、立憲民主共和国の原理が打ち立てられた。それは反面、（イギリス王によって象徴される）古い価値・秩序からの分裂であり、混乱と生みの苦しみの時代であった[25]。原理の樹立を証しする2つの重大文書がある。

（a）この8年間（1775～1783年）の二重国家への模索で紆余曲折の末に、連合憲章（Articles of Confederation）が作られるのである[26]。その成立史を覗きみをするだけでも[27]、二元国家の成り立ちを多少でも生々しく掴み取ることができないだろうか。

（b）連合憲章と並ぶ移行期の文書、それが、連合憲章と略同時併行的に始まったが、それよりずっと有名な独立宣言文書の作成（1776年）である。

（ロ）レキシントン・コンコードから1年余りの6月、新設された軍事委員長のアダムスの下には（連合議会5人委員会の1人として独立宣言の草案を練る間も）、ニューヨークを守備する**大陸軍**の総司令官ワシントンから間近に迫る大会戦を目前にひっきりなしの早馬で「銃が、弾丸が、火打が、薬が、保存食が……足らない」の報せが届けられていた[28]。

（a）以下は、当時、革命は起こしたものの独立の宣言を出して独立すべきかどうか、54人の議員がいかに論争し、悩んだかを示すもののほんの一断片にすぎない。

25　このとき、連合議会へ出かけるアダムスは、地元の議会にいく議員に言葉使いに気を配りながら書いた。「王へのわれらの忠誠心、議会の上下両院への敬意、そして母国にいる同胞らへの愛……これらゆえに、そこにわれらに対する不親切な気持を見ることは、普通以上に一層われらの心に響き、傷つける……」。
26　正式タイトルは"Articles of Confederation and Perpetual Union"と、永続的結合を掲げる。
27　革命戦争の翌年、1776年6月独立宣言と相前後して提案され、1年半後の1777年秋に漸くまとまった妥協案が13植民州に送られた。全州の批准により正式成立したのは1781年3月と熾烈な戦争の下、4年の期間を経た。
28　ボストンでは給料不払いのままのミリシア部隊が「半分反乱状態にある」と、またカナダの残留兵の間では「疱瘡が蔓延している」との、報せが入ってきていた（注1書 p.122）。

（ⅰ）7月1日の午前、閉じられた扉の中で[29]、またもや最後の押問答が続けられた。

「もう一回考え直さなくていいのか……、このまま宣言したら、紙の帆船で嵐の中に漕ぎだすのに等しいぞ……」

（ⅱ）重苦しい沈黙を最後に破ったのもアダムスであった。

「すべてを予想した訳ではなかったが、世界史の中でも比類のない革命の中に、何百万の人々の命と自由とともに、我々はもう飛び込んで了っている……」[30]。

（ｂ）この独立宣言は、独立の父祖らが独立のために必須と考えた三種の神器の1つであった[31]。1776年初めにアメリカで出版されたトーマス・ペインの『コモン・センス』は忠告していた[32]。

「ヨーロッパ世界の慣行として独立宣言なしの単なる反抗の形だけでは、どの国からも相手にして貰えないし、イギリスとの和解の交渉を仲介することもできない……」。

もう1つの三種の神器、モデル条約が、勝利の鍵、フランスとの早期（1778年）の同盟条約、軍事条約につながったことは間違いない。

（ハ）革命戦争を経て各自が独立国となった13州が、改めて一堂に会し国家組織を見直そうとしたのが、③で簡述する1787年5月の制憲会議である。それまでの間をつないだのが連合憲章であった。この期間の動きも駆け足でみてみよう。

（ａ）その生い立ちからして別々の各植民州間には、凡そ一切の横の連絡・交渉がなかった（本国の監督官庁もそれを望んでいなかった）[33]。無論、各植

---

29 街中に横行する本国人のスパイ対策として、また仲間割れの連合の内幕が洩れないように、一切の会議は閉扉のうえ、秘密会とされた。
30 注1書 p. 126。その日の夕刻の予備投票でニューヨーク、ペンシルヴァニア、デラウェア、サウスカロライナは、この独立宣言に賛否を投じなかったが、7月2日ペンシルヴァニア、デラウェア、サウスカロライナの3州は何とか賛成票を揃えた。
31 三種の神器とは、（ⅰ）独立宣言、（ⅱ）モデル条約、（ⅲ）連合憲章、の文書と、それぞれこの3つの起草のため1776年に連合議会が立ち上げた3つの委員会を指す。
32 Thomas Paine はイギリス人だが、ジョージ3世を鋭く批判し、1月に出版されたその *Common Sense* は、この年アメリカでベストセラーになった（なお、注1書 p. 97参照）。

民州には自由土地所有者の代表から成る議会があった。だが、各植民州の代表なり、それら議会の代表なりが一堂に会しようではないかという声は、それまで一度も提起されたことがなかった。

(b)「集まろう」という声が挙ったのが1774年4月、前年12月のボストン茶会を受けてのことであった。何もなかったところから一気に「集まろう」、「一堂に会して天下のことを話し合おう」となった訳ではない。やはり布石があった。中でも、10年前の1764年である。その年イギリスで Stamp Act [34] が作られそうな勢いが明白になり、初期の通信委員会が設けられた[35]。

(c) こうした先駆者がいたので「集まろう」という声が挙ったのも、通信委員会を通してである（その後も以前の動きが拡がり、前年〔1773年〕までに11の植民州が委員の公式ネットワークに含まれることになっていた）[36]。e-mail はおろか電報もなかった時代だが、やがてイギリスに対し団結して立ち上がる力になったことは否めない[37]。

② 難産だった新大陸一体の実感

(イ) 各植民州間の通信に加え、通信委員会が町村間の情報交換を始めたのも大きな第一歩だったが、13植民州の代表が一堂に「集まろう」となったのは、もっと大きかった。こうして第1回連合議会がフィラデルフィアで1774年8月に開かれる[38]。第1回連合議会（Continental Congress）

33　通信委員会の任命を敵視したジョージ3世王の言葉を伝える注12参照。なお、デラウェアやメリーランド辺りではドイツからの年季奉公の入植者もかなりいた。

34　1765年の Stamp Act は、私信を除く殆どすべての文書、印刷物に新たな課税を導入するものであった。その後も常備軍を北米に作るための Townshend Acts, 1767 など、1760年代は植民州向けの立法が相次いだ。

35　この通信委員会は、マサチューセッツ植民州の John Hancock, Samuel Adams, John Adams などが呼びかけ、Virginia の有力者がこれに呼応する形で設けられた。

36　下院が開かれていないときに活動し、これが意思統一に向けた組織の基盤作りになった（Massachusetts だけでも、内陸・僻地など100の下部組織ができ、ボストンから早馬や運河を経て印刷情報が届けられるようになった）。

37　当時の人口150万人くらいに対し、700〜800人の通信員がいたという。彼らの活動の1つはイギリス製品のボイコット運動である（せっせと輸入する本国〔王〕に忠義な商人らのリスト作成、公表など）。

は文字どおり第2回連合議会へと、より大きな潮流へと続く（この2つは、その意味も雰囲気もまるで違ったものになっていた）[39]。

（a）これらの運動が次の決定的な飛躍につながった。連合憲章の作成である。注27のような経緯を辿って正式に成立した。スムーズにいかなかったのは、植民州間に存在した互いの利害得失についての不信感、猜疑心が最大の理由といってよい。先ず、具体的に問題となったのが、各植民州が平等の1票でよいか、である（人、物〔土地〕、金のすべてで、ヴァージニアやペンシルヴァニアのような大植民州もあれば、デラウェア、ロード・アイランドのような小植民州もあった）。

（b）気の遠くなるような困難をのりこえ、不信感、猜疑心を何とか克服して連合を結成できたのも、結局、結束して外敵イギリスに対して戦わなければ、イギリス王の布告していた「反逆者は残らず絞首刑」という結果に対する切羽詰った恐怖からである。

（ロ）しかし、連合憲章が偉かったのはそこまで、つまりそれまでバラバラだった13の植民州（イギリスのprovince）を曲がりなりにも1つの連合に纏め、戦争継続の**銃後の力**を支えたことである。

（a）13の植民州とは別の、中央に1つの政体を作るにしては、憲章は大変お粗末なものでしかなかった（本国の抑圧に対する反抗として、いわば消去法的に生れた連合であった）[40]。後のアメリカ合衆国憲法と同じような

---

38 ペンシルヴァニア州の街フィラデルフィアは、大西洋岸からは160キロも内陸だが、デラウェア川は船の往来が激しく輸出入貨物の一大集積地でもあった。金持ちで17世紀風の美しい、当時アメリカ大陸随一の都市といえた（川岸に沿って3キロ以上の桟橋が連なっていた）。木材と小麦の輸出と、輸入は西インド諸島からの砂糖、スパイスなど。その中で、イギリス本国による禁輸の目を盗んで、カリビア海のオランダ領、フランス領からの武器供給の大動脈があった。50年前、若きベンジャミン・フランクリンが（年季奉公の証文を破ってこの地に逃れて）きたときは人口1万だったが、今や約3万となり、ボストンの2倍近く、どんどん増え続けた（注1書 p.79）。

39 第2回連合議会ではフィラデルフィアの街中は、第1回連合議会のときのようなお祭り気分は吹き飛び、軍事一色に塗り変っていた。独立宣言は開戦から1年後に招集されたその第2回議会で作られ、署名されることになる。そこには同じ13の集団が集っているにしても、最早、昨日までのように互いに他国ではいられない。戦火が既に現実となっていた。ミリシアの募集、統率、戦費の調達など、連合（Union）が組織化されたものに変らねばならなかった。

40 そのⅢで謳っていたのは、「……共同の防御、自由の確保、そして互いの福祉のために各自の間で固い友情で結ばれる」（……enter into a firm league of friendship……）という言葉である。

一応の条文（13条の）形式をとったものの、統一国家の基本文書・組
　　織文書としては凡そ体を成してなかった。
　　（ⅰ）第1に、大統領的なものはいなかった（肩書が何にせよ、特定の個人
　　　　が行政の長となって行政権を専有することは全く考えられていない）。
　　（ⅱ）連合としての意思決定は各州の代表議員1名ずつ13名から成る議
　　　　会の委員会、つまり取締役会のような合議体でやるしかなかった。
　　　　議会閉会中は3人の常務が緊急措置をとることができた（委員会の
　　　　決定は各州平等の多数決によることとし、ある程度重要な決定は3分の2の特
　　　　別多数、つまり9つの州の賛成票によるとしていた）（Ⅸ、5）。
　（ｂ）中央の力が弱いのは、執行機関（主として全体の財政をみる立法機関）だ
　　　けではない。もっと弱々しいのは、というより殆んど無に近かったの
　　　は、司法機関である。各州間の紛争についてのみ、議会の中の委員会
　　　が審判するとしていた（Ⅸ）。つまり、この時代、司法機関について
　　　の二元国家性はゼロに近かった。
③　制憲会議と、その成果物
　　友好的な集り（friendly league）と謳っていた連合憲章（1781年）の下では
　二重司法はおろか、中央（政府）のその他の機関も十分に設けられなかった。
　二元国家、二元司法の制度を少なくとも紙（憲法）の上ではっきり示せるよ
　うになるには、革命戦争がパリ平和条約で終って（1783年9月）から4年後
　の制憲会議まで待たねばならなかった。
　（イ）制憲会議（Constitutional Congress）の召集・開催は、**憲法改正ないし制**
　　　定のための会議として5月の第2月曜日（14日）を指定して1787年2
　　　月21日の連合議会で決議された[41]。

---

[41] 制憲会議の召集は、それまでとしては異例にすんなりと合意されたうえ、招集することが緊要事（expedient）だとされた。ただし、このときも布石があった（VirginiaのMadisonらが中心である）。その前年の1786年9月に、州際取引の問題を話し合うための会議をメリーランド州アナポリスで開こうという誘いを数州に宛て出した。そして集ったアナポリス会議につき、Madisonとニューヨーク州のハミルトンが報告し、全13州が連合憲章の改正目的で集ることを提案した。これは連合議会の権限を犯す行為であったが、連合議会は正式召集状を発した。

（a）注目されるのは、その召集だけでなく、制憲会議による新しい憲法の制定と批准、そのどの期間をとっても、連合憲章と比べ遙かに迅速になされたことだ。連合憲章の修・改正という呼びかけに反し、制憲会議の議長ワシントンの下で結果として**全く新しい連邦憲法**が誕生することになった。それも考えると、尚更の感がする。大変な議論があったとはいえ、4ヶ月で成案ができている。成案を得るのに1年半、全州の批准まで5年近くかかった連合憲章に比べると、**隔世の感**がする（今回も全州批准には1年以上かかってはいるが、成立に必要な9州の批准は早かった）。

（b）だが、源流となる清教徒らの権力に対する不信・反感の流れから、各州の中央に対する不信感、猜疑心は根深く、強かった。このため、

（i）世界で最初の徹底した権力分立の機構を編み出し、

（ii）殊に、中央に司法部を設けることは州権論者が最も拒否する点であったが、連合憲章時代その欠如により各州間の紛議を平和的に処理できなかった苦い経験から、最高裁の設置は仕方なしに認められ（かっちりとした三権分立を定める憲法中で）、

（iii）憲法を最高法規とする条文も設けられた（Ⅵ）（注3）。

（ロ）制憲会議より多少ズレて、各州議会においての憲法批准討議がどうであったかも参照されよう。

（a）13の州（states）で憲法が喜んで受入れられたことはない。事実は反対であった。

（i）成立した連邦憲法草案が9月に印刷、公表されると、アーティクルズ・オブ・コンフェデレーションの改正のみを予定し、イギリスのような中央政府ができることを考えていなかった世人の多くが異議を唱えた。

（ii）強い中央政府を必要と考えていたハミルトン、マディソン、ジョン・ジェイは、85の論文を出して、与論を承認の方向へまとめようとする（フェデラリスト・ペーパーに編纂）[42]。

（b）1787年秋から約半年かけて各州による批准承認は、次のように揃った（月日を示す）。デラウェア (12.7)、ペンシルヴァニア (12.12)、ニュージャージー (12.18)、ジョージア (1.2)、コネティカット (1.9)、マサチューセッツ (2.7)、メリーランド (4.28)、サウスカロライナ (5.23)、ヴァージニア (6.25)、ニューハンプシャー (6.21)。
　（ハ）司法審査権は日本では違憲立法審査権と訳され、日本国憲法では正にそのような呼名の条文となっている (81)。しかし、司法審査権の母国アメリカでは、連邦でも各州でも、憲法にも法律にも正面から明文で定められている訳ではない[43]。日本との違いはそれだけではない。議会の立法権に対する審査のほかに、各州の治政に対する審査という二元国家、二重司法に固有の問題があった。

　　各植民州には、既に200年近いイギリス式の裁判制度が根を下ろしていた一方、連合議会の期間中も統一した司法機関は何ら創られなかった（連合憲章は前述したように一元司法であった）。この歴史の下で、各州に対する審査は、果して受付けられるか[44]。州と連邦の間に緊張が走り、最後は最高の法律、連邦憲法によって解決されることになる（幸い、歴史はその方向へ歩んだ）。

２．連邦憲法の下で二元司法、二重の法律がもつ実生活上の意味

(1) 連邦裁判所はどうやって生れたか

　① 後回しにされた連邦裁判所
　　本章 1. でみてきた永い植民州の歴史のみならず、心情的な理由からも連

42　もし1787、8年当時に今ほど通信やメディアが発達していて、世論調査の手法が存在したら、きっとNoの答えが出されていたろう。ヴァージニア、ニューハンプシャーなどで秤が反対に振れたのは、第1回連邦議会においての修正案として、原案に間に合わなかった「人権憲章を速やかに制定するから」との説得が物を云ったからである。
43　**人民が主権者**、の共和国思想などから、三権の中では議会の権限を重視し、司法は軽んじられたが、数植民州で実務として司法審査権が行われていた。

邦司法制度の整備は大幅に後回しにされた。

（イ）先ず、2d Cir. がその中の1つである13の連邦控訴裁判所から話しを始めよう。連邦憲法は、これを地区裁判所（district courts）と併せて連邦の下級裁判所（inferior courts）と呼んでいる。

　（a）連邦憲法は、連邦の司法権を司る機関を「1ヶの supreme Court と、連邦議会が授け（ordain）定める下級裁判所（inferior courts）」と定めていた。つまり、連邦憲法の下では、下級裁判所を設置（ordain）することは必定であったが、それをどう創設・構成するかは、州権論者が多数いる連邦議会次第とされた。憲法は、「大・公使マターや海事などの専属事件の他、憲法、条約、連邦法の下でのケースを連邦裁判所の管轄」と定めていたが（Ⅲ，2）、これらの連邦事件についての管轄権を具体的に付与するための立法がなされたのは、何と1875年であった[45]。

　（b）いや、連邦議会が管轄権を決めるより以前に、制憲会議は、そもそも下級裁判所の設置自体に好意的ではなかった。制憲会議では初め、「連邦には1つ、最高裁だけあればよい」との議論が有力であった。中央の権力、特に司法が自分たちの生活領域に口出ししかねないことへの反撥である。

　（c）その後、ウィルソンとマディソンの出した妥協案がとおり、「まあ、いいだろ」式に、下級裁判所設置の途を残した"ordain"（権限をもって生じさせる）という言葉になり、上記憲法条文となった[46]。

（ロ）以上のような誕生に至る経緯から、連邦下級裁判所（inferior courts）の管轄問題（司法権の及ぶ範囲）は、どちらかというとネグレクトされてき

44　この混乱が端的に表われたのが、州最高裁が連邦最高裁の判決に楯突く一方、連邦裁判所が州裁判所に向かって（差止めなどの）命令を出す例（第2章参照）である。
45　そのこともあり、その間に何件かが、管轄問題で最高裁まで争われた（第4章2. (1)）。
46　しかし、この制憲会議での議員らの主な関心事は、誰がどうやって inferior court の judge を任命するかや、その任期は何年で、報酬はいくらか、などであったとされる（Charles Alan Wright, *Law of Federal Courts*, 4th ed., West Pub., 1983, p. 2）。

た（憲法中の**管轄**〔jurisdiction〕の言葉〔Ⅲ、2〕がどうやって出てきたのか、制憲議会では、その記録も十分にない）。

(ａ) 150 年以上なしに済ましてきたもの、それも中央の機関に、喜んで新たな管轄権を創り与えようという雰囲気はいずれの州にも（殊に、南部諸州に）なかった。

(ｂ) 結果として、連邦下級裁判所の管轄法は 19 世紀末近くまで立法されず[47]、また地区裁判所（district courts）の地域的な管轄権を定める独自の法規は今日も一切存在せず、すべてその所在する州の法令によることになっている（このように軽視され疎んじられたのは、司法がその代表とはいえ司法に限らなかった。19 世紀も 1830 年代頃までは、今日のアメリカを知る人には想像がむつかしいほど、州と連邦のウエイトが、政府全体としての役割が、違っていた。それまでの歴史を映して州や郡、市町の力が圧倒的に強かった）。

(ハ) しかし、一旦発足した後の連邦議会では、制憲議会に比べ割に好意的に下級裁判所（inferior court）を立ち上げるべく決議がされた。

(ａ) 各州に 1 つ以上という形で複数の連邦地区裁判所（district courts）と、3 つの巡回裁判所（circuit courts）を作った[48]（しかし、この巡回裁判所は、現在の控訴裁判所である U.S. Circuit Courts とは異なり、連邦最高裁判事がかけ持ちで巡回するという最高裁判事にとって大変負担の重いものであった）。

(ｂ) 結局、控訴を含む固有の管轄をもった連邦の下級裁判所の裁判所としてのコンセプトと枠組みが決められたのは、連邦成立から 80 年近く後の 1875 年以後のことで、古い巡回裁判所を廃止し、新しい巡回裁判所を設けて連邦最高裁判事の負担を軽くすることまで入れると、

---

[47] ここでいう管轄権（jurisdiction）とは、次の (2) でのいわゆる連邦問題（federal questions）、のことである。憲法（Ⅲ、2）で定めていたものの、連邦法は 80 年もの間存在しなかった（いわゆる真夜中判事法〔Midnight Judges Act, 1801〕は、当時の circuit court に憲法でいう連邦問題の管轄権を与えたが、1 年後に〔反対派のジェファーソン大統領によって直ぐ廃止された〕）（第 2 章注 50 参照）。

[48] ただし、任命したのは地区裁判所の judge のみで、1801 年の「真夜中判事法」まで circuit court judge はすべて最高裁判事の兼任ベースで来た（この古い circuit court は、1911 年法により廃止された〔注 46 書 p. 7〕）。

1911年司法法典ができるまで待たねばならなかった。

② 現在の控訴裁判所法制と実力

(イ) 現在の控訴裁判所 (U.S. Circuit Courts) 制度の形が固ったのは、1891年に作られた法による[49]。それゆえ冒頭に記したとおり、州裁判所の歴史（そこでのコモンロー作成の歴史）の**3分の1くらいの歴史しかない**。二元国家といっても、司法の分野では一元体制が永く続いてきたということである（なお、現在の控訴裁判所の正式名称は、U.S. Court of Appeals〔for Second Circuit など〕である）。

(a) これら連邦下級裁判所を設置したり、その管轄を定めたりするために連邦議会が憲法に沿って立法した法典、いわば連邦裁判所法が、28 U.S.C. である[50]。ⅠからⅥの6部から成り[51]、その Part Ⅳ の第83章が、控訴裁判所の管轄などの規定である。その取り扱う事件の多くが、現在では日本企業を含む外国企業にも縁がある（多州民事件〔後出〕の関係で管轄が生じる商取引のケースなど）。

(b) 各控訴裁判所がそうした一般民商事事件を扱うについての統一的な手続規則として、上記の 28 U.S.C. と連邦裁判所用の FRCP（第4章注11）に加え、控訴裁判所用の FRAP 1968（以来何回か改正されている）がある[52]。そこで適用される実体法は、その所在する50州のコモンローとなる（その意味では連邦裁判所も、事実上**当事者と判事で作る**コモンローの生成・発展に大きく係っている）。

(ロ) 上記のとおり、歴史の浅い13の連邦控訴裁判所であるが、1960年代

49　1948年の Judicial Code で rename され、現在の法典化の下で 28 U.S.C. 41〜46。うち、§44(a) が judge の数を定める。
50　連邦議会により制定法として成立したものの引用は、一般にポピュラー・ネームと呼ばれる引用方法と、法典名によるものと、2通りの方法があり、法典名の場合、Title 1 から Title 50 までに分類されている。
51　Ⅰが裁判所の構成、Ⅱが司法省、Ⅳが管轄と裁判籍、Ⅴが Procedure、Ⅵが Particular Procedure と、手続法も含む。
52　The Federal Rules of Appellate Procedure。初めの頃はたとえば、rehearing についての手続規則なども、各控訴裁判所毎にまちまちだったが、最高裁は、"en banc hearing" について各控訴裁判所が手続規則を明確に定めるよう命じた（1953）（前注46書 p.11）。

以降その重みが著しく増してきた。20世紀の半ばすぎから10年毎に連邦控訴裁判所の事件数はうなぎ昇りの勢いで増加を続け、今やアメリカの司法機関による先例作りの中で、13の連邦控訴裁判所が大きな位置を占める[53]。また、2010年の終結民事事件数をU.S. Court of Appealsのウェブサイトからみると、3万914件となっている[54]。

(a) アメリカの控訴裁判所は、各州、連邦とも**法律審**である（事実の審理は一審の専権である）。別言すれば、先例による（判例）法を創り、宣明するのは、控訴裁判所の主要な役割となっている（少なくとも最高裁が上告受理により分かれている控訴裁判所の先例の一本化に乗り出すまで、それがいえる）。

(ⅰ) 上述したとおりアメリカの連邦最高裁は、かつては巡回裁判所の面倒もみなければならず大変であったが、古い巡回裁判所が廃止され、入れ替えに連邦控訴裁判所制度ができ、軽減された。連邦最高裁判事の負担は更にその後の連邦法により修正、軽減された[55]。

(ⅱ) 最高裁は、1981年期には、4280の上告申立てに対し313件を実体的に処理したが（注46書p. 14）、近年期は、100件に満たない件数しか処理していない。アメリカの最高裁は、ドイツなどに存在するような憲法裁判所ではないが、上告受理理由に憲法問題が殊更に多く掲げられる傾向は同じである。最高裁はこれに対し、必要かつ適切なときを除き憲法問題に触れない（pass uponしない）ルールを編み出してきている[56]。

53　20世紀半ば以降の全国の控訴裁判所の事件数は10年毎に何倍かの勢いで伸びた（注46書p. 12）。

1950年	1960年	1970年	1980年
2830件	3899件	11662件	36362件

54　"terminated on the merits after oral hearing or submission of briefs"の総数、内訳は次のとおり（カッコ内は判事数）。2d Cir. 3304 (13), DC Cir. 520 (11), 1st Cir. 965 (6), 9th Cir. 6324 (29).

55　Judge's Bill of 1925により上告理由を限定する一方、裁量的な上告受理命令（writ of certiorari）中心の制度とした。

（ｂ）先例作りで連邦控訴裁判所による権威高揚の傾向が強まっている。連邦控訴裁判所は、次の（2）で述べる事件を管轄し、それら事件への法の適用を通して法の創造者として、また多くのケースで事実上の法の最終的宣言者として機能している。更に以下の（3）で述べる連邦コモンロー、連邦実体法（連邦私法）の分野では唯一の法の創造者である。

(2) 連邦裁判所、州裁判所との違い（法律上と事実上）

　二重司法の今日の状況がどうであるかみてみよう。以上のようにして生成してきた連邦（の下級）裁判所と州裁判所の違いには、（ⅰ）法律上のものと、（ⅱ）事実上のもの、との2つの違いがある。

① 法律上の違い

（イ）先ず、事件の性質上、連邦裁判所でなければ法律上扱えない事件と、本来的には州裁判所事件なのだが（すべての民・刑事事件は、原則これである）、連邦裁判所も補充的に扱ってよい事件という区別・分類がある。

　（ａ）すべての法律、殊に人の生活に密接する法律は州法であり、州裁判所の管轄であり、「連邦裁判所は、連邦問題（federal questions）しか扱えない」。これが本則である（第4章2.）。federal questionsとは、連邦憲法を受けた連邦の法律（28 U.S.C. 1331と1333以下など）で定められた連邦法などの下で生ずる（"arising under this Constitution, the laws of the United States and the treaties……"）ケースと、特許などの知的財産権問題、連邦破産法事件、独禁法などの問題、外国を被告とする事件のように国際事件のほか、植民州時代に悪評が高かった海事事件などがある（いわゆるfederal subject matterといい、これには金額の下限がない）。

　（ｂ）後者は、いわゆる多州民事件（diversity case）である。当事者の**多州**

---

56 このルールをconstitutional avoidance ruleと呼ぶ人もいる。Ashwander v. T. V. A., 297 U.S. 288 (1936) でのBrandeis判事の説示した5つのルールが代表的であるが、第3章3.中のClay事件はそのルールの裏返しともいえる事件である。

民性（diversity of citizenship）が理由で州法が適用され、州裁判所の管轄が本来である。たとえば、原告甲社はヴァージニア州設立法人で、事業所も同州内だが、被告乙社はニューヨーク州内に所在するといった場合である。甲社は、ニューヨーク州内で州裁判所に訴えることも、連邦裁判所に訴えることもできる。乙社が外国法であっても同じである。

（ロ）この diversity case は、管轄権（jurisdiction）が連邦裁判所に変則的に与えられているだけである[57]。

（a）理由は、上記の州裁判所に生じ勝な公平性の問題（殊に、被告が他州民や外国人であるときの）である。他方で、連邦憲法の下での**州主権**（state sovereignty）**を犯した**、と非難されないよう、この要件は最高裁などの連邦裁判所筋により 19 世紀初め以来厳しく運用されてきた[58]。

（b）手続法的には、一旦州裁判所へ訴えられた多州民事件を、乙社は連邦裁判所へ移す「移送」（removal）申立権を有する（28 U.S.C. 1404（a））。実際みていると、アメリカ国内企業同志でも、被告乙社が移送を申立てる例がとても多い。原告甲社は、（自社の所在する）A 州の州裁判所へ訴え出るが、（B 州に本拠がある）乙社は、A 州または B 州内の連邦裁判所、もしくは何らかの連結点を利用してニューヨーク州内の連邦裁判所への移送を申立てる。

（c）「移送」申立権と書いたが、法文の言葉は裁判所の裁量権を思わせる"……court may transfer……"である。当事者が契約中で、予め（乙社の好むニューヨーク州内の）法廷選択をしているのに、甲社が田舎の裁判所に訴えた例で[59]、この法文の裁量権を思わせる "may" の意味を

---

57 これには訴額が 75,000 米ドル以上という制限がある。
58 当事者が外国人同志というのでは、字句からもダメであるし、また A 州の乙社が日本の甲社を訴えているところに、更に A 州の丙社が加わることでも、この要件を欠くことになる。このほか、いわゆるグリーン・カード保持者や無国籍者（1332（a））、アメリカの A 州で法人化し、他国に主事務所を有する丙社と A 州の乙社、法人（corporation）は、その法人成り（incorporation）州と主事務所（principal place of business）州いずれもの市民とみなされる（28U.S.C.1332（c）（1））。
59 Stewart Organization. Inc. v. Ricoh Corp. 487 U.S.22 (1988)

"must"に近く解釈した興味深いケースで次の要旨を述べた[60]。

「連邦裁判所は議会が憲法に沿って有権的に定めた法律であるならば、法を適用しなければならない……」。

② 事実上の違い

(イ) 歴史の古さのほかの事実上の違いには、公平性の点での違いと、その他の違いとが分けられる。公平性が問題となる背景としては、次が挙げられる。

(a) 政権による任命制で一旦任命されれば憲法により生涯任期（tenure）が保障されている連邦裁判官に対し（Ⅲ、1）、公選制が多く、任期数年で、その都度改選に耐えねばならない州の裁判官は、どうしても地元の利益、政治に影響されざるをえず、それが原告寄りの陪審員に対する説示（instructions）となることも否定できない。たとえば、医療過誤事件で高額の損害賠償を命ずる傾向がある、ある州の郡内の特定の州裁判所が、全米から大量の集団訴訟（class action）を招いたなどの事実も指摘されている。このような傾向が、正に多州民事件（diversity case）につき補充的管轄権が連邦裁判所に認められた理由、移送の途が開かれている理由である。

(b) 実際みていると、アメリカの企業同志でも州裁判所に訴えられた被告の殆どが連邦裁判所が移送を申立てている。また同じ連邦裁判所でも原告の訴えた州内のではなく、他州内の連邦裁判所への移送申立てである。この絡みで、ニューヨーク州内の連邦裁判所の中でもマンハッタンにあるS.D.N.Y.は、大型の国際商事事件の扱いに習熟しているし、実際にも、それら事件が比較的集中する傾向がある。ロンド

---

60 リコーは、Stewartとの契約中で「ニューヨーク州内で」を決めておいた。Stewartが訴え出たアラバマ州内の連邦裁判所は、第1に、この法廷選択（forum selection）の合意を「アラバマ州法に照らし無効」とし、リコーの訴えを却下するとともに、ニューヨーク州連邦裁判所への移送申立てを斥けた。上記は、それを修正した最高裁の言葉で、そこでは、（ⅰ）当事者による法廷選択権が認められるのかと、（ⅱ）連邦法の下での移送が裁量権なのか、裁量にしても制約の乏しい広いものなのかの、2つの判示がされた。

ンの High Court とは歴史的背景も制度も異なるが、大型の国際事件に関する経歴、能力の人が多く集まる点で共通点がある[61]。
(ロ) その他の違いとして次がある。
- (a) 似たようなことはリコー事件でも起きていたが、Born 教授が挙げる事件では[62]、州裁判所が不便宜法廷（forum non conveniens）の抗弁を受付けなかったなど、連邦裁判所の実務に比べ垢抜けしていないことがある。コスタリカ人のグループからテキサス州裁判所に訴えられた Dow Chemical 社が出した不便宜法廷の抗弁が[63]、州最高裁によって、テキサス州民訴法の下で「その法理は廃止された」と判断された（生命身体に係る損害賠償請求については、テキサス州裁判所に絶対的な管轄権があるとの判示による）。
- (b) 概していえば、圧倒的多数の事件が州裁判所で裁かれ、連邦裁判所の事件数は少ない。1件当りの審議がより丁寧に行われうることもある（州法は州裁判所の先例が作るが、州内の連邦裁判所の判決は事実上、州裁判所も注意を払うということがある）。

(3) 連邦コモンローは存在するか、どんなところにあるか
① エリー鉄道事件による大原則
連邦裁判所が裁判をするための管轄（手続法）につき簡述したところで、読者は問われよう。その場合、実体法としては**所在する州（の抵触）法が選択するコモンローによって裁判する**、との話しは聞いたが、連邦制のアメリカで「連邦の契約法」、連邦コモンロー（federal common law）というものはな

---

61 ロンドンの High Court につき、國生一彦『国際取引紛争に備える―アメリカ、EU、イギリスでのトラブル予防から訴訟まで―』八千代出版、2006年、[4.10] 参照。
62 G. Born, *International Civil Litigation in United States Courts*, 3rd ed., Klumer, 1996, p. 305 で引用する Dow Chemical Co. v. Castro Alfaro, 786 S.W.2d 674, Sup. Ct. of Texas 1990.
63 不便宜法廷（forum non conveniens）は、大陸法にはない、アングロ・アメリカン法系に独特の法理である。管轄権が不存在ではないが（管轄権がなかったり、venue が違う場合は、この法理が働く余地はない）、その法廷の判断（discretion）で管轄権の行使を抑制（abstain）する法理である。不便宜とは、「法廷にとっての不便宜」である。少なくとも、アメリカでの本来の発想はそうであった。

いのか、それにより裁判しないのかと。確かにこの質問は、従来わが国では（特定の業界の人を除き）余り意識されないできた。

（イ）連邦法と州法との二重性の話しで、実体法についての次の答えはよく知られている。

「連邦裁判所、州裁判所のいずれであれ、商事契約に適用されるのは、各州契約法であり、連邦の契約法といったものは、限られた例外のほかは存在しない」。

（a）会社間の争いなど、本書中の事件を裁くのにも、S.D.N.Y. や 2d Cir. はニューヨーク州法（またはニューヨーク州の抵触法が指定する州の実体法）を適用する。ニューヨーク州法の先例が確立していることが明確でなければ、2d Cir. は、焦点となる法の先例をニューヨーク州最高裁（Court of Appeals）に求める（これを「certify する」という）。本書（第3章）中でも何件かそれが行われている。

（b）たとえば、Kirschner v. KPMG LLP 事件ではニューヨーク州の代理法でいう Wagoner doctrine の具体的な当てはめについてニューヨーク州最高裁へ照合し、そこでの判断を俟って判決を下している。

（c）このように、コモンロー（ニューヨーク州法）の問題になると、2d Cir. もニューヨーク州最高裁の判断に従う一方で、次の海事法などの連邦実体法の判断では立場は逆転し、州最高裁が 2d Cir. の判断に従うことになる。これが二元司法での仕切り方である。

（ロ）アメリカでは 20 世紀の初めまで連邦コモンローに対する根強い擁護論があった。

（a）独立直後の連邦司法法が「連邦裁判所は数州の法律（the laws of the several states）を適用すべし」と定めており、この意味を、争点（issue）についての州法がなければ、**連邦裁判所が独自に実体法を創出して適用する**、この理解が根拠とされていた[64]。19世紀前半の判例[65]以来エリー鉄道事件までは、"州法がなければ" でいう州の法律（the law of the state）とは、制定法が主で、判例法は真にその地に特殊なルー

ル（purely local）以外は入らないとされてきた。

（ｂ）しかし、1938 年の有名な事件で最高裁が示した考え方により、契約法のような実体法は原則として、その連邦裁判所が所在する州の**不文法**と制定法、つまり、その州の抵触法（law of the conflict of laws）以外のすべての法規によることとなった[66]（the law of the state）。

（ｃ）従って、今では多州民事件などで連邦裁判所が適用する実体法は、法廷州の州際私法ともいうべき抵触法の指定する州の不文法と制定法によることになる（以上、いずれも当事者が適用法を選択していない場合の話しである）。

　　このエリー鉄道事件後は、第 5 章で述べる仲裁法、海事取引法を含むいくつかの限られた分野を除き、連邦契約法の存在は否定されている。

（ハ）この成文法、不文法による区別を取り払って、独立直後の連邦法でいう"the law of the state"の意味を**すべての州法**であるとし、一般的な民生私法の分野に連邦の実体法が入る余地を閉ざしたエリー鉄道事件は、アメリカの憲法史上で知らねばならないものの 1 つである。

（ａ）ペンシルヴァニア州民トンプキンズ氏 X が夜中に（付近の住民が踏み固めた）線路傍の一般の通行小径を歩いていたところ、通過列車のドアか何か、開いていたものがぶつかり怪我をしたとして、ニューヨーク州法人であるエリー鉄道会社 Y をニューヨーク州の連邦裁判所へ訴えた。

（ｂ）ニューヨーク州の抵触法（州際私法）により、ペンシルヴァニア州法

---

[64] 第 1 回連邦議会制定の連邦司法法（Federal Judiciary Act of 1789）、この連邦司法法を作った第 1 回連邦議会の議員の殆んどは、1787 年の制憲会議のメンバーと同一であったから、その立法ということで、20 世紀半ば近くまでの永い間、権威をもっていたこともある。

[65] Swift v. Tyson, 10 L. Ed. 865（1842）.

[66] Erie Railroad Co. v. Tompkins, 304 U.S. 64. そこでは、「……当事者がその適用を予測していたであろう事故のあった州の不文法まで含めた一般法を適用することに何ら問題がない（なお、この考えは行為地の法律の下で違法でない行為は不法行為にならないとする抵触法上の既存権〔vested rights〕の考え方を反映している）」と述べている。

を適用することに争いはなかった。
- （ⅰ）問題は、制定法の存否に絞られた。確かにペンシルヴァニア州にその点の制定法はなかった。
- （ⅱ）一審、二審とも、それまで100年近く続いた「州の制定法がないときは、連邦のコモンローが働く」というルールに従い、連邦コモンローを適用して、Xの受けた傷害はYの過失によって生じたもので、Yはコモンロー上有責であるとした。
- （ⅲ）これに反対のYは、線路に沿った通路上の事故にあっては、踏切事故とは違って、「故意または重過失がない限り鉄道会社に責任がない」とするペンシルヴァニア州の先例を援用して、自社の無責任を主張した。
- （ⅳ）連邦最高裁もこの主張、つまり、不文法まで含め、抵触法が指示する州法によるとのルールを受入れて、Yの損害賠償責任を否定した[67]。

② 特殊な業界の人にしか余り知られていない連邦コモンロー
- （イ）エリー鉄道事件により、私人間の紛争を裁くべき法律は、それまでの連邦コモンローを意味した**数州（Several States）の法律**ではなく、個々の州の法律になる原則が確立された。大変革である。
- （ロ）それでは、連邦コモンロー（federal common law）とも呼ばれる連邦実体法ないし連邦私法の存在は、もう一切否定されたのか。それとも連邦私法としてのコモンローは他に存在するのか、
  - （a）この点で、エリー鉄道事件判決を書いたBrandeis判事の言葉が明快に答えてくれる。同判事は、同事件と全く同じ日に下した別件の判決中で、「その問題は、federal common law によって決すべきである」

---

[67] その理由として述べている。「diversity case に連邦の管轄が定められているのは、必然的に連邦法が問題になるからではない。多州市民間の裁判の公平を期するためである……」このエリー鉄道事件を境に、数州の法律（the laws of the several States）といった連邦コモンローの存続は一般的には否定された。

といっている[68]。
（ｂ）そうすると、Erie Railroad 事件で同判事は「……there is no federal common law」といっているが、連邦コモンロー（連邦私法）を否定する意味ではなく、「一般的な連邦コモンロー」(federal general common law) だけを否定する意味であることが明らかになる。
（ｃ）つまり、現代的な連邦コモンロー分野とされる特定の分野では連邦コモンローが存在することを承認していた。海事法（admiralty, maritime law）などは海運会社、損保会社といった日本企業にとって結構身近な問題である（当事者となって巻き込まれたケースも少なくない）。

　　実際、本書では紙幅の関係で割愛したが、そのような一般的ではない特定分野での連邦コモンローを適用する事件がエリー鉄道事件と略同じ時期から増加したといわれる[69]。

（ハ）上記で Brandeis 判事がいっていた連邦コモンロー。それが存在するとされる特殊な法分野として連邦最高裁が古くから認めてきたものがあり、性質別に分類することが可能である。

（ａ）州際河川（interstate streams）や、水利権（riparian rights）などの州境を跨るような自然に係る問題で前注 68 の事件（1938）がその典型例といえる。事件で、連邦最高裁判所は州最高裁判所の決定を覆えす中で、「本件の水利権のようなものは衡平法上のものである一方、コロラド州とニューメキシコ州間の州際協定は、正規の法的権利を協定したものである……」などと述べている。

（ｂ）自然とは離れたところの商取引の分野でも、たとえば金融取引の分野のように全国的統一、また全世界的共通ルールが必要とされる "federal law merchant"（先例中の表現）の分野がある。

　　D'Oench, Duhme & Co. v. FDIC 315 U.S. 447（1942）[70] とか Clearfield Trust Co. v. U. S. 318 U.S. 363, 367（1943）[71] などがその先

68　Hinderlider v. La Plata River & Cherry Creek Ditch Co., 304 U.S. 92, 110（1938）.
69　前注 46 書 p. 392。

例である。

(c) 今1つの連邦コモンローの分野である海事法（admiralty, maritime law）についての法（先例）の積み重ねがなされてきた。近年にも連邦最高裁は、この分野での federal common law の存在を改めて指摘し、"local law" の問題ではないところでは、その性質を "federal common law" としている（日本関係では K Line[72] や Mitsui Sumitomo Ins. Co., Ltd. Japan[73] などの事件がある）。

③ 二元国家での州と連邦による、手続法と実体法による、棲み分け図

（イ）アメリカ司法の二元国家（二重秩序）性に光を当てながらみてきた。具体的には、連邦裁判所と州裁判所の対比である。創設年で大きく遅れて歴史が短いとはいえ、20世紀後半以降連邦裁判所が急速にアメリカの司法の中で重い役割を果す様である。（ⅰ）手続法の面でいえば、管轄などの組織を定めた憲法の枠組みがワークし、開花してきたといえる。（ⅱ）実体法である商事契約法という意味では、第3章は連邦コモンローではなく、植民州時代から400年間続いてきた本来のコモンローでの争いに焦点を絞った。

(a) 二重司法のアメリカで、契約などの日常生活を規律する法律は、本書でも中心となっているコモンロー（不文法）であり、その分野の法の塊りへの関心が個人や企業にとって圧倒的に高い。より複雑で影響

---

70 一審、ペンシルヴァニア州内の連邦裁判所が（ペンシルヴァニア州法が適用されるとし）、FDIC による裏書き偽造を通知することが遅れたことを理由に連邦政府の申立てを斥けたが、二審でこの判断を覆したところ、最高裁もそれを支持し、次の理由を挙げている。（ⅰ）アメリカ合衆国が振出した小切手などは全国的に統一的な処理が必要であり、地方法ではなく、連邦法が適用され（Erie 事件のルールは適用されない）、（ⅱ）合衆国が小切手などを振出すのは、連邦法の授権により、憲法上の権限の行使として行っているもので、ペンシルヴァニア州法に基づくものではない。

71 連邦最高裁は、振出人の有した "no consideration" の抗弁を、譲渡先の FDIC に対し主張できるとの申立人による上告を受理して、いっている。（x）確かに、もし本件が多州民事件（diversity case）ということで連邦裁判所にかけられていたのならば、裁判所は、その州の抵触法の定めに従わないことには、州法の画一性を乱すこととなり、法令違反となるが、（y）FDIC が連邦法（28 U.S.C. 264 (j)）の授権により訴えている本件では抗弁が切断される。

72 Kawasaki Kisen v. Regal-Beloit Corp. No. 08-1553（2010年6月21日）.

73 Mitsui Sumitomo Ins. Co., Ltd. v. Evergreen Marine Corp. No. 08-5184（2010年9月22日）.

力も大きい事件を扱うにしても、連邦裁判所も各州コモンローを運用することがルールとして確立している（この分野では制定法の割合が小さいのに対し、連邦法では成文法が多くなる）。

(ｂ) 2つ以上の州に跨るような商業活動で何かあれば、多州民事件として連邦裁判所が（殊に被告によって）選好される。州際商業活動から生ずる全国的スケールの事件や紛争など、政治、経済、社会、法制度に与える影響力の点で大きなケースが連邦裁判所で捌かれる。アメリカ国内での影響力の大きさに加えて、ニューヨーク、マンハッタンにあるS.D.N.Y.、その控訴（法律）審2d Cir.では、国際事件でも大きな影響力を与え、ウエイトを占める。

(ｃ) ニューヨーク州裁判所は、このニューヨーク州法についての連邦の2d Cir.の先例に従う義務はない。しかし、実際問題として2d Cir.からは少なからぬ影響を受けることになる（少なくとも、その理由づけに従っていれば、余計な批判を避けうる）(2d Cir.は第3章1.(2)中のMountain Valley事件のような3つの要件がないところでは、自らのルールにより判断して了うことも生じうる)。

(ロ) 以上は連邦裁判所が裁判をするうえで、当てはめる実体法の話しであった。では、連邦裁判所での手続を規律するのは、連邦、州、いずれの法律か、ここでも大転換があった。それも、偶然にも、エリー鉄道事件と同年の1938年である。それまで拠っていた建国以来のかなりアバウトなルール（これによっても、連邦裁判所に対するかつての受け止め方がわかる）、その所在する各州法に「できる限り近い手続法」から[74]、全国統一の連邦手続法（規則）28 U.S.C. とFRCP（後出）によることに変わったのである。

その結果、連邦裁判所での現在の審理手続は、全国一律の連邦法規によっている（ただし、前出のとおり**地域的な管轄権の定め**と、**外国判決承認の可否**については未だに規定が欠け、その連邦裁判所が所在する州の法律〔判例法や制

---

[74] 1872年の合致法（Conformity Act）の言葉（as near as may be）。

定法など〕に従う)[75]。

（ハ）上記（イ）、（ロ）は、それぞれ実体法、手続法という切口によったが、もう1つ、特定の主題による連邦コモンローという棲み分けがある。

　（a）私的紛争を裁いていて、その意味では400年続く植民州以来の司法に属してもよさそうであるが、州裁判所ではなく連邦裁判所事件として処理され、連邦裁判所が連邦の手続法によって判断する。それが重ねられ、自ら連邦コモンローとしての先例が作られた。

　（b）そこから逆に、どの分野に連邦コモンローが**存在するか**は、連邦裁判所の管轄する分野と答えることができる。海事法や河川法は正にそれに当るし、FDICや連邦政府が係った手形小切手取引もそうである（取引〔契約〕か不法行為かにかかわらず）。州民の権利・義務に関係はしていても、特定の主題に係る分野であるから、それらを律するのは、一般的なコモンローではなく、連邦コモンローとなる。

　（c）そこで一旦先例が作られ、それが連邦コモンローであるとされると、その分野でのルールは連邦裁判所だけでなく、州裁判所にとっても適用すべき法となる。

（ニ）以上を要約すると、こういってよい。

　（a）コモンローの大半は50州の裁判所で作られ、流れを遡ると、革命戦争時代（1775～1783年）を越えて13植民州からジェイムス1世王時代のイギリス法にまでいくが、そして、

　（b）一般事件の9割は、それら州裁判所で処理されているが、

　（c）連邦裁判所で扱われる残り1割の事件も、殊に外国人（企業）からみての注目度において、その重さでひけをとらず、それを扱っている連邦裁判所は、歴史の長さこそ州裁判所の3分の1であるが、二元司法国家アメリカで、20世紀後半以降猛烈な勢いでそのウエイトを増している。

75　連邦全体や各州の外国に対する管轄権の有無や外国判決承認の可否については連邦法が存在しないこと、それが連邦裁判所が所在する州の法律（判例法や制定法など）に従うべきことにつきDavid J. Levy, *International Litigation*, ABA, 2003, p. 114を参照。

第2章

商事契約法と紛争解決手段

1.　当事者と判事で作る商事契約法（コモンロー）

① 当事者の約束が裁判所のルールとなる

　コモンロー法体系の国々の法律のうち、契約などの日常実務で多く接する法律となると、アメリカ各州法となる。その中でも、**どの州法か**、となると、次の2.（1）にみるとおり、ニューヨーク州法が多く、殊に金融取引法となると、同州法の選択が圧倒的である。

（イ）こうしたコモンローは一体誰が作っているのであろうか。

　　はしがき中に書いたように、**判事製法律**（judge-made law）が契約法の主要な法源となる（判事製法律が、その後の紛争で法的な力をもつことを、**先例主義**〔doctrine of precedent〕と呼んでいる）[1]。しかし、そこでは、「判事製法律」とはいかなるものか、どんな風に造られるか、までは述べていない。

（a）第1に、裁判官は何から（何を素材として）法を作っているか？　これを裁判官が実際の事件の判決の書き出しで自らの仕事としていっている言葉でみてみよう（いずれも第3章中の事件から）。

「当事者の意図が規律する」（KATEL 対 AT&T 事件）、

「表示された意図に効果を与える」（ロッキード・マーチン事件）、

（b）これらの言葉からも判るとおり、契約法にあって判事製法律の素材と

---

[1] 日本の判決で「民法〇条により……」と結論づけるところ、先例の名（たとえば、Wolff v. Meyer）により、と引用して判決している。

なるのは、当事者双方が合意した言葉そのものといえる。甲と乙が互いにバーゲンした結果の甲、乙間の契約でいえば、甲の義務の内容・範囲は、甲が乙の出す対向約束と交換して甲自ら約束した言葉が素材となって決まる[2]。その中味を「はっきりさせる」のが判事の仕事であり、冒頭の見出し「当事者と判事で作る商事契約法（コモンロー）」の意味である（この作成の現場を実際にみることになるのが第3章である）。

(c) 最高裁の判決は、そのことを「ある約束が裁判所のルールとされたら、然るべき手続によって強制されよう」といっている[3]。そのようにして作られた判事製ルール（法律）がどんな顔をしているか、それが2.(2)の「ニューヨーク州商事契約法のプロフィール」である。

(ロ) 法典がないから、当事者の言葉を元に裁判官が（解釈して）作るしかない。当事者は交渉の末にもし合意に至れば、それを言葉に、一般には（たとえメモ程度であれ）書面にする。

(a) 解釈の素材の中心となるのは当事者が交渉した言葉と、そのときの態度になり、それが書面化された約束も、口語体を書面に落としたものが中心となる。少なくとも法律家があれこれ推敲した書面体の法文とは違う。

(b) その交渉言葉、口語体の話し言葉を書面化したものを解釈するのに、向うの裁判官（植民州時代の初め、多くの裁判官は素人〔lay judge〕であった）はちょくちょく辞書を引くだけでなく、字引を判決に引用する。これらはコモンローが話し言葉、口語体の法律になる理由である。

(c) もう1つ、アメリカでは19世紀半ば以降もずっと陪審制できている（その頃止めて了ったイギリスとは違う）[4]。陪審は事実を発見・判定する人（tryer of facts）であるので、その事実に当てはめる法規（コモンローで

---

2 コモンロー契約に当るのが、大陸法での**債務法**（obligations law）であるが、コモンローでも契約解釈の本質は、約束した履行**義務の範囲**（scope of obligation）を確定することだとされる。
3 Red Cross Line v. Atlantic Fruit Company, 264 U.S. 109, 122 (1924年2月18日)
4 それもイギリスのように、上の方は王や王族が、また下の方でも地方の監督官や警察絡みの人が陪審員になるようなことはなかった。

は特定の先例）の言葉、たとえば**故意**とか**過失**を、裁判官から判り易く示して貰う必要がある[5]。

(ハ) 当事者と判事で作るコモンロー法（判事製法律）の特徴の１つが口語体中心の文章でできているとして、裁判官はそれらのルールを当事者の言葉からどうやってルールにまで仕上げるのか。詳しくは、第３章で具体的なケースとともにみるが、**解釈の指針**となる有名な法諺、箴言が２、３ある。

(a) 合意した言葉（書面）が、「これ」と、はっきり特定されていれば、「四角い紙の四隅の中から」という法諺があるように、裁判官は、当事者の意図・真意を先ずその合意した言葉（書面）からだけ解釈しなければならない[6]（しようとする）。この法諺の解釈にも若干の幅があるとされるが[7]、要は、契約法の素材は当事者が持参したものだけで、裁判官が恣意的に素材を加えたルールを作ってはならない、というコモンロー契約の哲学めいた考えが基礎にある。

(b) 上記の四角い紙の四隅に絡んで、**統合合意**と**外部証拠**に係るコモンロールールがある。これらルールは、再述法（第２）の中で術語として用いられているものである（あちらの教授らが出している教科書では、これらを口頭証拠排除原則〔parol evidence rule〕、の見出しの下で紹介している例も少なくないが、鍵となるのは**統合合意**である）。Willistonによる四角い紙の四隅の理解も[8]、その書面が統合合意（integrated agreement）であることの条件つきである（詳しくは第３章２.(1)）。

---

[5] 裁判官が特定の先例からの適用法ルールを素人の陪審に示すことなどを説示（instructions）という。どんな説示を与えるかで、双方の代理人は時に激しく攻防をくり展げることがある。なお、再述法（第２）も、**故意**とか**過失**という表現を余り用いず、「知る、知る理由がある」（...... knows, has reason to know）が多い。

[6] （このルールは単純さゆえに批判も生じさせてきたが、第３章でもっと具体的に問題になっているが）書面が表面上で平易かつ一義的ならば、外部証拠によるべきではないというのもその１つである。

[7] 次記のWillistonとCorbinとの間での差が典型的にそれほど大きくないことを引用しているものに、Calamari & Perillo, *Contracts*, West Pub. 1997, p. 120 がある。

[8] Samuel W. Williston、20世紀初頭のアメリカ実定法主義契約法の大御所で、ハーヴァード大学教授。

書面の統合合意性は、「表面上で平易かつ一義的」か否かを、裁判官という第三者が解釈・判断するのだが、Williston との対比で Corbin は[9]、そこに当事者双方の**意図**と**理解**を入れて考えるよう強調し、その意図と理解につき当事者に落度があるかどうかを問題にする点が、少し違うと考えられる[10]。

② 外観重視の客観主義

当事者による約束文言を素材にして事件毎に裁判官が作るのが契約法だとすると、取引毎に千差万別、個々バラバラで、大勢の人がルールとして頼れるような普遍性がないのでは……、そんな疑問が聞こえてくるが……

(イ) 確かに法典のようなものは存在しない。そこが、また日本との違いである。

　(a) 当事者の合意から出発する個別性の要素が強い一方で、Williston が強調するように、客観性を重視して契約法の規範を導き出す面がある[11]。(ⅰ) 解釈の対象となるのは四角い紙の四隅に既に消し難く書き込まれ、客観化した文字であり、(ⅱ) 解釈する人は良識ある平均的な知性をもった人で、(ⅲ) 解釈の基準は外観重視の客観主義である。そこから補助的な基準も、**取引の経緯**や**取引慣行**といった外形的なものとなる。

　(b) 成文法か不文法かというのは法形式の問題であって、作り方の問題

9　Arthor L. Corbin、イエール大学教授で 20 世紀後半の契約法の大家で、その考えは再述法（第 2）にもかなり採り入れられている。

10　Corbin の考えの 1 つとして、意図と理解で当事者双方間に不一致があれば約束は不成立だが、一方に落度があれば、例外的に成立するというもので、ここで**落度**とは、相応な理解を欠くか、相応な期待をしないことに略等しい、というのがある。

11　「厳密に言えば、契約は当事者の所作、普通は言葉に、法の力だけによって与えられる義務のことであって……その人の個人的な意図とは関係ない（……has, strictly speaking, nothing to do with the personal, or individual, intent ……contract is an obligation attached by the mere force of law to certain acts of the parties, usually words……)」(Hotchkiss v. National City Bank of New York〔S.D.N.Y.1911〕, 200 F. 287)。これは、古い商人の街ニューヨークらしい（しかも 20 世紀初めの）ルールだが、一方、Corbin に拠ったとみられる「それが確定可能な範囲で契約時の当事者の相互の意図（mutual intention）に効果を与えるよう解釈せよ……」と定めるカリフォルニア州民法 § 1636 のような例もある。

ではない。当事者と判事で作るコモンロールールが個別的になり勝といっても、そこに共用性をもたらす装置（客観的基準による解釈ルール）が働くようになっている。

　上の**解釈の指針**が物語るように、コモンロー契約の**作り方**は客観主義的である。

(c) 更に、作られたルールも多くが無秩序に集っているのではない。そこに、自ら1つの**法の塊り**（a body of law）ができていることはある（体系的統一の面は法典法ほど強くないものの）。このことを一番よく判らせてくれるのが、「ニューヨーク州契約法のプロフィール」で触れるリステイトメント（Restatement of the Law Second, Contracts）である[12]（次の2. (2)参照）。

(ロ) 確かに、個々の約束、合意、契約は当事者が作り、そこでのルールは事件を処理する裁判官が作ることになる点では、千差万別性は免れないといえる。

　ルールはすべて当事者の交換した約束の範囲を定めるものばかりで、カテゴリ的には、**1つの契約（約束）**という原型があるだけで、日本で典型契約と呼んでいるような、雇用とか、請負とか委任などの予めの金型も、それに沿った考え方も存在しない（ただし、当事者による契約形成が自由なのは、多種多様だが一般の人々の間だけで、（ⅰ）消費者取引、（ⅱ）雇用契約、（ⅲ）保険、銀行、証券などの取引では特別のルールが、その多くが成文法として制定される）。

(a) 契約各論のような基礎となる考え方が予めそこにない分、当事者は、個別に自分の履行義務を頭に描いて約束すると同時に、それと引き換えに受取る相手の対向約束を、その履行義務を、よくよく見較べて、

---

[12] 契約法のリステイトメントの16章385条のルール集については、2011年1月から国際商事法務の月刊誌（IBL）に「体系的コモンロー契約の基礎講座」として連載中である（同記事を通して**再述法（第2）**と略称しており、以下でも同様とさせて頂く）。なお、再述法（第2）の編纂者ALIについては注31を、統一商法典UCCの編纂者NCCUSLについては同**基礎講座**を各参照。

合意すべきかどうか決める。
　(b) 実際にみていても、交換する約束は**微に入り細を穿つ**式に、互いにギリギリと交渉して決めるので、とても鋳型に嵌め難いともいえる。たとえば、全米一般の建築契約でかなり広く用いられているAIAをはじめとする数十の鋳型がある。それだけ数があっても、標準約款ではとてもダメで、他の十数の特殊標準約款の中から更に別の約款を採用した例もある。
 (ハ) 売買、預金、保険、金融など、第3章でみるケースに関する法はいずれも、各州毎のコモンローになるが、支配的なのはニューヨーク州民商事法、契約法である。第1章では、アメリカが日本とは違って二元司法の国であることを強調したが、民商事取引に係る実体法に関する限り一元的に州法により、連邦法を考える必要はない（それを連邦法廷のケースでみようというのは、その適用の多様性、国際性に着目したためである）。

　　それら個別のケースをみる中で、コモンローとともに、現場の模様も多少伝わってくるであろう。それが現地での（またはニューヨークからみた他州や他国の）人々の営みや社会常識を知ることにつながり、法律に加え、事実の面でもアメリカでの生活や仕事上の法律感覚に参考となろう。また、エクアドル共和国事件（第5章）では投資協定条約の下での仲裁問題につき、示唆するところが多い。

2．ニューヨーク州法と、ニューヨーク州内裁判所の意味

(1)なぜニューヨーク州法か？（ニューヨークへの飛行）
　① 当事者が予め取決められる紛争解決手段
　　では、ニューヨークやニューヨーク州法を一般の人（アメリカ）、殊に企業人はどうみているか。この点に答えるのが、人々が契約中で合意する紛争解決手段であり、それに係るアンケート調査の集計結果である。契約中で合意する紛争解決手段とは (i) 契約で紛争になったら**どこの州**（どこの国）**の法**

律を指定して、(ii) **どこの州**（どこの国）**の裁判所**に駆け込むか、その合意である。

(イ) この種の合意を契約中で必ず行っているかとなると、日本では「まだ……」というところだが、アメリカの企業ではこうした選択は単なる好き嫌いでは済まされない。人々がこうした合意をする理由は、無論、商取引を予定どおり安全に実現するためである。

 (a) 商事契約の当事者にとって、殊に、国際取引で、この2つを予め取決めていることが、「事業を予定どおり粛々と進めるうえで如何に大切か……」は、連邦最高裁もかなり前から説いている[13]。殊に、アメリカでの民事訴訟では契約事件の事件数が不法行為の事件数を上廻って、ナンバーワンである実情がある[14]。

 (b) 商事契約中の適用法では世界全体を大きく2つに分けて考えることができる[15]。(i) いわゆるコモンロー法体系の国々の法律、(ii) ヨーロッパ大陸法体系内の各国の法律、である。コモンロー法体系の国々の法律のうちでも、技術提携契約などで日常接することが最も多いのがアメリカの各州法適用の定め（合意）である[16]。中でも、筆者の実務経験上で縁が深い金融取引法となると、ニューヨーク州法が最も多い。国際社会でこれと略並ぶのは、イギリス法であろう。

(ロ) 以上は世界全体でみた場合の大雑把な記述であるのに対し、アメリカ国内50州の間でみた場合はどうであろう。

 (a) アメリカ国内50州間の取引でも、必ずといってよいほど、契約中に

---

13 Scherk v. Alberto-Culver Co., 417 U. S. 506, 516 (1974) (……almost an indispensable precondition to achievement of the orderliness and predictability……).

14 （全米の州裁判所での陪審制についてだが）民事訴訟件数の増加が刑事事件数を凌駕し、民事訴訟の中では、不法行為事件よりも契約法事件の件数の方が多いという統計がある。

15 商事取引（契約）法の1つ金融法の分類では、Philip R. Wood が世界を主要な8法体系に区別している（*Comparative Financial Law*, Sweet & Maxwell, 1995, p. 48）。これに対し、筆者は、コモンロー法系とローマ法系の大陸法の2大分類を慫慂している（世界の中の中国契約法〔合同法─その総則と CISG, U N IDROIT, UCC, わが国債権法（案）などとの比較─〕『国際商事法務』Vol. 38, No. 1, p. 81 と Vol. 37, No. 12, p. 1461）。

16 本書では当事者が自ら選択して決める国家法を「適用法」、いずれかの国の国際私法が決める国家法を準拠法と呼んで区別している。

紛争解決手段を合意して規定する。近時は、紛争解決手段が契約の主
　　　な要項（売買契約であれば、価格とか数量とか、引渡し・支払などの項目）の1
　　　つとして数えられている。そのことが国際取引の上でも[17]、今日のコ
　　　モンロー社会（イギリス、アメリカ）でも、一般的で当り前のことになっ
　　　ている[18]。
　(b) 後出のとおり、20世紀後半までのアメリカのコモンローではそうし
　　　た合意は、**強制することができない**（unenforceable）とされてきた。現
　　　代ではそれがなくなり、当事者が予め紛争解決手段を自由に取決めら
　　　れるルールが支配するようになっている。
(ハ) 契約当事者による適用法合意について、アメリカでの時代的変化を如
　　実に示すものがある。抵触法に係る再述抵触法（第1）と再述抵触法（第
　　2）中の契約章、第8章の違いである[19]。
　(a) 器用な最高裁判事であったJoseph Storyには、前者に多大の影響を
　　　与えた1834年の論文があり、論文では「当事者が適用法を決められ
　　　る」というようなことは**強制不能**として、全く想定外のことであった。
　(b) これに対し再抵法（第2）では、§187が当事者が合意した州法は一
　　　定の要件があれば、司法により適用されよう（……will be applied）と定
　　　めている[20]。
　　　（ⅰ）この再抵法の変化が示すとおり、19世紀中と20世紀の初めま
　　　　　では、契約当事者による適用法合意は、**それ自体強制不能**（per se

17　ウィーン売買条約（CISG）やUNIDROITの国際商事契約原則、更にUCCに範をとったとされる中国法（契約法を意味する合同法）（12）がこれを正面から定め、CISG（19（3））は、契約の少なからぬ変更に当る要項として、定めている。なお、UNIDROIT、国際商事契約原則2.1.11と、ヨーロッパ商事法原則2：208、は、少なからぬ変更のルールのみを定め、何がそれに当るかの列挙はしない。

18　むしろ、コモンロー契約法自体の本質（用心深さ、用意周到さ）から、紛争解決手段を契約中に必ず定める実務・慣行が自らでき上ってきたものといえる（つまり前注のような契約の要項化は、むしろコモンローの性格自体にその淵源がある）。

19　Restatement of the Law Second, Conflict of the Laws, 1971、以下再抵法と略称。

20　§186は「契約上の争点は、§187に沿って当事者により選択された法または§188に従って決まる法により、決定される」と定める。

unenforceable) とされてきた。
　（ⅱ）それが今日ではかなり自由化され、ルールとしては、§187（2）(a)、(b) の例外を除き、適用法合意の強制力を認めようというところに来ている[21]。
（c）契約での当事者自治に対する反撥は仲裁合意（arbitration agreement）にまで及んだ[22]。たとえば、19世紀全体を通してコモンロー裁判所は仲裁に対し次のようにみていた（同じ Joseph Story の言から引用）。
　「宣誓を司れる訳でも、証人の出頭を命じられる訳でもなく……正法、衡平法の原理に通じている訳でもない……それ故、そこでの決定を裁判所が強制する訳には行かない……特に特定履行を命じることは到底認められない……『絵を描きましょう』、『本を書きます』などの合意と同じく、当事者の信義則と名誉（good faith and honor）に依拠する……」。
② 企業人はどうみているか、実態調査を眺める
（イ）上記のような一般的実務・慣行が既に背景にあることも一要因であろう。アメリカでは、人々が商業契約をするにつき「何法を適用法として定めているか」の実地調査と、その結果が出されている。2002年の6ヶ月間に上場企業が 8-K 報告書により SEC に届出た12種類の取引（契約種類）、2882件についての分類調査である[23]。
（a）企業がその商業契約中で適用法を選択するに当って働く第1の要素は、

---

[21] §187（2）の例外として、(a)は、その選択した州と当事者または取引との間に何らの実質的関係がない（no substantial relationship）場合、同(b)は、より大きな意味のある基本的公益（fundamental public policy ……with a materially greater interest）の場合、を定める。
[22] Gary B. Born, *International Civil Litigation in United States Courts*, 3rd ed., Kluwer Law International, 1996, p. 395 以下では、反撥理由として、(ⅰ)合意そのものに違法、詐欺などの無効理由がある、(ⅱ)合意の不相当性（unreasonableness）、(ⅲ)合意の公序違反の3つを挙げ、この考え方は、管轄合意のみではなく、仲裁合意にも共通してみられるとする。
[23] Cornell 大と、ニューヨーク大の教授2人による共同調査、Theodore Eisenberg & Geoffrey P. Miller, The Flight to New York: An Empirical Study of Choice of Law and Choice of Forum Clauses in Publicly-Held Companies' Contracts 20-21 tbl.3 (N.Y.U. Ctr. for Law & Econ., Law & Econ. Research Paper Series Working Paper No. 08-13 2008), http://papers.ssrn.com/sol3/papers.cfm?abstract_id=1114808.

契約そのものの**最密接関連地**の州法というのが常識であろうが、それが必ずしもそうなっていない。

(ⅰ) 先ず、第1に指摘できるのが、略すべての会社が、契約中で適用法を合意している事実である。

(ⅱ) ニューヨーク州法を適用法としたものが、その中の46%で群を抜いて多く、第2のデラウェア州法は15%であった（3位カリフォルニア州は8%弱で、その他1～3%台の州が9州、残り38州は、いずれも1%に達しない）。

(b) 中でも5つの金融取引だけについていえば[24]、注記のとおり、ニューヨーク州法によるとするものが圧倒的であった。いずれの金融取引でも1桁以下しか選択されないデラウェア州は、これと大きく乖離している。

(ロ) これら届出企業全体の47%がデラウェア州で設立されている。その企業内法務（corporate, internal law）がデラウェア州法によって規律されることを意図したためであるが、それにもかかわらず多くの上場企業が、契約に関し争いが生じたら、ニューヨーク州法により裁かれることを希望している。この設立州法との違いは更に印象深い。

2人の教授は、この調査が商事契約中で実際に定められた紛争解決手段条項に関する「実務でこれまで行われた最も広汎な調査」であるとしている。ニューヨーク州への集中は、各商業契約自体が物理的にニューヨークと縁があるからではないという（全企業の12%だけが、ニューヨーク州にその事業所を有し、3%のみがそこを設立州とし、11%が州内に代理人を置いている）。

(ハ) 以上は、主に適用法の問題（取引人たちが紛議を解決する基準として予め何法を選択しているかについての話し）であった。同時に調査した、もう1つ

---

24 調査でいう金融取引とは、12分類のうちの、(ⅰ) Bond Indenture（ニューヨーク州法の比率89%）、(ⅱ) Credit Commitments（同比率48%）、(ⅲ) Mortgage pooling services（86%）、(ⅳ) 汎用的（金融）担保差入証であるSecurity Agreements（59%）、(ⅴ) Trust Agreements（81%）、である。

の管轄合意調査、取引人たちが「どの州の法廷を選択しているか」でも、適用法選択の傾向と全く同じ結果が出ている。

　法廷を選択している率は全体の39%であるところ（2人の教授は、適用法と比べ全体としての選択率が低い理由を不明としつつも、「取引上で折合うのが、より難しいからではないか……」と推測している）、そのうち、「ニューヨーク州内裁判所」が41%、デラウェア州が11%と、ニューヨーク州が断ツに多かった。国際商取引での調査結果としてではない（ロンドンと並び、ニューヨークがその面で世界の中心地であることは議論の余地が乏しい）。アメリカの国内50州の間での選好結果である。

③　管轄も含め、なぜニューヨークなのか？

（イ）では、なぜニューヨークなのか？（本書の主題に引きよせて特定の裁判所名でいえば）、なぜ、S.D.N.Y. であり、2d Cir. であるのかである。

　(a)　ニューヨーク州内に法曹、司法の巨大インフラの集積が存在し、それが取引人らを魅きつけた点に疑いはない。インフラとは、現在のそれだけではない。法や制度といったものは歴史がなければ存在できない。ニューヨークの場合、歴史そのものといってもいいものとして、州議会（Albany）と市の議会が、その背後の ABCNY などの法曹団体が[25]、州法を魅力あるものにしようと努力してきた事実がある。

　(b)　たとえば商事仲裁法を挙げよう。

　　（ⅰ）古いコモンローでは裁判官などが仲裁や仲裁人をひどく見下していた。見下していただけでなく、甲と乙が、「万一争いになったら仲裁で解決だよ」という仲裁合意をしていても、そんな仲裁合意は法的拘束力がなく、甲、乙がいつでも取消せるというのがイギリス

---

[25] Association of the Bar of the City of New York、会員2万3000人（筆者の知る2001年頃）で、国際関係の委員会だけでも10指に近く、また Albany に常駐の州議会担当者がいて、立法に絡んだ情報交換や働きかけを行っていた。1983年にも、大型商業契約中で、当事者による適用法合意や法廷選択を有効と定める立法が慫慂されるべきと、議会に提言している。なお、"the Bar" とは、日本でいう弁護士会とは違い、裁判官、検事（いずれも弁護士が就任する例が多い）、law school 教授らも会員である（筆者も2000年9月、ABCNY のある国際委員会の月例夕食会で Farnsworth 教授に紹介されたことがある）。

由来のコモンローであった（その他、諸々の制度が仲裁に敵対的であった）[26]。

(ⅱ) このイギリスからの負の影響を最も早く脱出しようとしたのが、ニューヨーク州である。同州の法曹と実業界の後押しを受けた同州立法府は、1920年に仲裁合意取消可能性を否定、逆に合意を強制 (enforce) でき、仲裁命令を求めて訴えることを可能とする立法を行った（この立法は、その後1921年に起こされた憲法〔違反〕訴訟に勝った）。

(c) ニューヨーク州法を変えただけでは、連邦裁判所での多州民 (diversity) 事件に対処できない。多州民事件では、適用法が仲裁合意取消を容認するニューヨーク州法以外の法律になることも多いからである。そこで、ニューヨーク州法曹らは、連邦法の分野でも親仲裁の立法を促した。その結果、仲裁合意に法的拘束力を認める連邦法が、ニューヨーク州仲裁法から5年後の1925年に略同じような法律[27]として連邦議会により成立させられた[28]。

(ロ) 他にも次の点があり、これらの措置は明らかにロンドンを、その一審裁判所 (High Court) が1970からCommercial Courtを正式な常置法廷として発足させたことを念頭に、その対抗措置としての意味があった。

(a) 即ち、注に記した1983年のABCNYによる提言を受けて、その翌1984年、次の立法が州議会で可決された[29]。

---

26 この敵対性は1979年にイギリスが、仲裁合意取消を容認していた1950年仲裁法を改正し、更に1996年の新法で国際標準に歩み寄るまで続いた（イギリスがニューヨーク仲裁条約に加入したのは、1961年の日本より遅い、1975年であった）。

27 Federal Arbitration Act (FAA) (9 U.S.C. §1～16) その§2などは、契約の種類を海事などに限定している点を除き、ニューヨーク州法の§1とそっくりである（この1925年法は、1947年に一旦廃止され、9 U.S.C. 第1章§1～16として再立法された）。

28 連邦議会により制定法として成立したものの引用は、この連邦仲裁法 (Federal Arbitration Act) のように一般に**ポピュラー・ネーム**と呼ばれる引用法と、法典名 (9. U.S.C. §1～16のように) によるものとの2通りの方法が行われている（法典名の場合、Title 1からTitle 50までに分類されている）。このFAAにはアメリカが承認したニューヨーク仲裁条約の発効日に第2章 (9 U.S.C. 201～208) が、またその後に、汎米仲裁条約 (Inter-American Convention on Commercial Arbitration, Panama, 1975) に加入するために第3章 (301以下) が、各追加立法されている。

(ⅰ) 25万ドル超の契約についての当事者によるニューヨーク州法の適用合意は、その契約がニューヨーク州との間に何らの**相応の関係**（a reasonable relation）がなくても有効とし、

(ⅱ) ニューヨーク州法の適用合意がなされた100万ドル超の契約についてのニューヨーク州内裁判所の管轄権も有効とする。

(b) 1993年に、ニューヨーク州一審裁判所（Supreme Court of New York）では、商事契約紛争での審理の迅速化を図るための試行計画（pilot program）を、1995年にはそのための本格的な特別部を、各設けている[30]。なお、後出の1972年ブレーメン号事件では、図らずもロンドンとアメリカの司法とが競合する形となり、これをみたアメリカ法律協会（ALI）が興味深いコメントを出している。

(2) ニューヨーク州商事契約法のプロフィール

① ニューヨーク州商事契約法の法形式

多くの上場企業が適用を選択したニューヨーク州のコモンロー契約のルールとは一体どこに、どんな形で存在するか。1. でも記したように、1つ1つのルールの出発点は、当事者の約束文言である。当事者間でその意味が争われる中で、裁判官がコモンローの確立した解釈原則に沿ってその意味を示す形でできてくる。1つでも先例があれば、それが後の判断を規律することは、以下のエリー鉄道事件でもみるとおりである。

(イ) 法典法国ではないから六法全書（code）のようなものや、六法全書の一部の「(民・商) 契約法」といった成文法・制定法（statute）が存在する訳ではない。

---

[29] N.Y.G.O.L. § 5-1401, § 5-1402。つい近年までアメリカの裁判所が当事者による適用法合意や法廷選択の自由を「司法を蔑ろにするもの」と厳しい眼を向けてきた中でのこの立法である。
[30] イギリスの一審の裁判所としては、ロンドンにある裁判所 High Court と、各地に散在する郡裁判所に分けられ、うち High Court は£15,000超の請求のみを受理する。
　High Court は、大きく女王座部門 Queens Division と司法官部門 Chancery Division とに分かれ、前者は、更に商事法廷 Commercial Court と海事法廷 Admiralty Court とに分かれ、後者は特許裁判所 Patents Court と会社裁判所 Companies Court とに分かれている。

(a) そこで読者はいわれよう。
    「判例法国だから、判例の中にルールが在るのだろう。だけど、何百万もの判例の中から、どうやってルールを探すの？　第1、1ヶの判例であっても、何ページにもなる判決文の、どの部分が契約法のルールになるのか？」
    ドイツの法曹なども疑問を吐いている。
    「そんな非効率的なやり方より、我々の法典法の方がずっと勝れている。体系的教育を受けた人なら、何条をみれば目前の疑問への答えになるか、直ぐ判る」。
(b) 確かに、アメリカでの体系的法教育（law school）の1年生は、先ず判例法のルールを検索する技術を学ぶ。同時に ALI [31] が集め、編纂した契約法のルール Restatement（再述法）を学ぶ [32]。当事者の約束を裁判官が解釈したルール集ともいえる再述法（第2）では、それらが何の纏りも統率もないバラバラな状態ではなく、汎用的なものから、より特定的なものまで、ある程度の秩序をもった**法の塊り**（a body of law）を形造っている。
(ロ) 16の chapter、385の sections、つまり契約の成立、解釈、履行、不履行、などの契約総則だけで法典法の30倍くらい多い条文を蔵している Restatement（再述法）[33] の各 section は、どうやって作られるか。「太字法」（black letter law）という言葉を聞かれた方もおられよう。その主題に関する事件を裁いた判決（"opinion"）中で、結論に至るうえでの中心となる「判断理由」（ratio decidendi）といわれる部分（核心部分は大抵は

---

[31] 1923年設立 ALI, American Institute of Law は、「法の明瞭性と判り易さを高め、その社会的ニーズによりよく応えるため……」（to promote the clarification and simplification of the law and its better adaptation to social needs……）との定款に則り、Restatement（再述法）が作られている。

[32] 契約法だけでなく、代理法、財産法、信託法、不法行為法、抵触法などの主として私法の約20の異なる法分野毎に再述法を完成させている。ここでいう Restatement of the Law Second, Contracts, 1979 につき注12参照。

[33] 各 section は (i) black letter と呼ばれる太字の本文、(ii) Comments (cmt.)、(iii) Illustration、(iv) Reporter's Note (R.N.)、の4つから成る。

one paragraph ないし one sentence である）を 1 つ 1 つ抽出し、それを集大成したものである[34]。

(a) 上記のように重要判例の殆んどを煮つめた（distilled）形でできている。それゆえ、アメリカの**法曹界のコンセンサス**を示したルールであるという。

(b) 総則だけで 385 もの細かいルールから成ることは、かなりの場合に予め black letter law（ルール）が存在することを意味する。たとえば、日本民法でいう錯誤に略近い間違い（mistake）についてのルールは、8 つのルール、section から成る（151 ～ 158）。

② 当てはめでの違いはあるか？

以上は、法形式の違いであった。その**当てはめ**の実例がみられるのが第 3 章、「ニューヨーク州法により商事契約を裁く」である（第 4 章の手続法でも当てはめの実例がみられる。Bondi 事件では連邦制定法の文言を具体的に解釈した先例を引いて、そのルールを当てはめている）。

（イ）S.D.N.Y. や 2d Cir. の判決を読むと、先ず、（この点での）「ニューヨーク州契約法のルールはこうである」と、大前提となる法規に言及する[35]。コモンローの先例主義の下では、拘束される先例（S.D.N.Y. にとっての 2d Cir. の判決のような）が 1 つでもあれば、それが法規となる。その先例により自らの判断を規律する（この拘束力を stare decisis という）。

たとえば、以下の DiFilco 対 MSNBC 事件では、DiFilco が上役のパワハラにつき社長に直訴して、「番組から離脱したい……」（……exit from the show）とメールしたことが雇用契約の**予告的不履行**（repudiation）に当るかどうかが争われた。裁判官は先ず予告的不履行に係るニューヨーク州コモンローはこうだとして、再述法（第 2）（250（a））と略同じ

---

34 reporter が纏めた頭注部（headnotes）や、それをその法廷が確認した syllabus とは違い、その意見の筆者・裁判官自身の opinion 中から要約される。
35 その中味は、大抵このRestatement（再述法）の該当 section に書いてあることと一致する（その先例のエッセンスを集大成したものがリステイトメントの契約編、再述法（第 2）という訳であるから、むしろ当然といえる）。

言葉を述べている。丁度、日本の裁判官が「この問題に適用になる法条は民法〇〇条である」というのと同じである[36]。
(ロ) これからすると、2つの点で日本での当てはめと異なるといえよう。
　(a) 第1は、上述のとおり、判決中で再述法の該当 section を引用するが、それ自体、説得的権威 (persuasive) であって、法規としての権威 (authority) はないから、参照的に引用するにすぎない点である（権威として引用するのは個々の先例である）[37]。1979年の再述法（第2）に該当 section がまだ存在しない事実群には、かなりの先例を援用して結論を導く。
　(b) 第2は、当てはめの回数の多さである。少数の条文しかない法典は、多くの異なる場合に備えようと、1つ1つの条文の言葉が粗く、広義である。これに対し、再述法（第2）の条文は、1つ1つが木目細かい。つまり、より厳密な当てはめになる（制定法や成文法は更に狭く解釈される）。
　(c) 日本の判決を大陸法の流れを引くコモンローの判決と見比べると今更ながら驚くことが2つある。
　　（ⅰ）1つは、法典の言葉が広義で粗いことに加え、その粗い言葉に当てはめる判事に、自由解釈を公認し、勧めていることである。
　　（ⅱ）第2に、当てはめに先行する事実認定作業での違い、つまりその証拠を1つ1つ特定する必要がなく、「弁論の全趣旨」によることを許している点である[38]（これに対し、コモンローでの事実認定は、すべて引用符で印された証人の関係証言全文を載せ、仔細であるから、「弁論の全趣旨で立証……」と聞いたら、びっくりするに違いない）。
(ハ) 両者（大陸法とコモンロー）の事実認定と法律への当てはめの違いを一番

---

[36] ただ再述法（第2）の条文そのものは法律ではないので、先例をもってくるのである。ほかにも、書面合意の解釈について再述法（第2）212と同じ原則を述べている。
[37] 大抵、次のような言葉になる。「この点の法律（issue）は、Allen v. Cawder によって上のとおりに確定的に解決されている……」。
[38] 民訴法第247条（自由心証主義）。

わからせてくれるのが、同一の共通法の解釈である。たとえば、航空機絡みの責任法である、かつてのワルソー条約17条の言葉「傷害」について[39]、日本では精神的傷害がそれに入るかを全く問うことなく頭から認め、条文適用をしている。これに対しアメリカの連邦最高裁は、大韓航空機事件でその条文の言葉への当てはめを否定した[40]。

(a) その事件では言葉の意味について、先例に当るほか縦横左右から（辞典も引き、フランス語による立法作業の資料にも当りつつ）その意味を探ったうえである。

(b) 逆に新しく作られるルールも細かい言葉で述べられる。ステルス軍用機の開発契約の不履行が争われ、国家の防衛機密に係ることから公共政策を理由に司法判断になじまないとされた最近の事件でも最高裁は述べている。

　「我々が示すのはコモンロー判断であって制定法作りではない。この先も具体的な事実が違えば、更により精緻に仕上げられる……」[41]。

(ニ) 以上、法形式、当てはめの2つの切口からコモンロー契約と日本法がどう違うかを覗きみた。

(a) コモンロー法曹の言葉も聞いてみよう。

　(ⅰ) かつてのワシントン大学 law school の Shattack 教授は「法典の言葉はよくよく広く一般的で、基本原則のそのまた基礎しか書いていない……。いわばその泉の口からは直接的にも比喩的にも、すべての答えが出されうる……」[42] と書いている。

　(ⅱ) また、あるアメリカ人の弁護士は、「コモンローの下では、制定法

---

39 そこでは、「運送人は……旅客の死亡又は負傷その他の身体の障害……損害について責任を負う」としている。
40 國生一彦「自力執行型の現代商事法条約についての一考察—ワルソー条約直接適用上の2、3のポイント—」『国際商事法務』Vol. 33. No. 12、2005年、p. 1662 および Vol. 34. No. 1、2006年、p. 34以下参照。
41 General Dynamics Corp. v. U. S. No. 09-1298（2011年5月23日）.
42 W. L. Shattack, *United States-Japanese Contract & Sale Problems*, Univ. of WA, 1973, p. 19（……so generally phrased as to provide only a foundation of basic doctrine……codes are the fountainhead from which all answers must come……by analogy）.

を狭く解釈することで、判例法の流れを妨げないようにする伝統があり……制定法中の1つ1つの言葉の意味に対し、とても厳密に捉えようとする……逆に大陸法の下での裁判官は、制定法の解釈でイギリスの裁判官より、より広い裁量を発揮する……より大胆でいるし、いられる」といっている[43]。

(b) 大陸法はどう反論しているか

(ⅰ)「広い裁量で……1つ1つの言葉の意味にとらわれず……」というのは、あるフランス人がいったという「裁判官の口から出た言葉、それが法である」に近い点があろう。目的論的（自由）解釈の教養に育まれた法典法国の法曹は、その判断が法律だと頭から思い込んでいるから、何の疑問も抱かない。

(ⅱ) 却って、「なぜ、こんなにいくつも先例を引いてこないと判決が書けないのか、a判決とb判決のどこが違うというのか……」といった疑問を投げかける。

(c) これに対し、アメリカの法曹は、そして上記の上場企業2900社近い取引人たちの多くは、再反論する。「各ルール毎の細かな違いから、当てはめ回数が多くなる。細部までルールが予めそこに存在するコモンロー契約であるからこそ、**予測可能性が高い**……だから、人々がニューヨーク州法やイギリス法の適用を選好する……」という。

③ ニューヨーク州法は共通法と違うか

(イ) 以上、ニューヨーク州法（コモンロー）はどんな顔（プロフィール）をしているか？　について、先例主義という光を当ててみたコモンロー契約一般の姿を、その存在する法形式、当てはめ方を述べてきた。当てはめられる先例は、個々の事件を裁く中で裁判官が「これが理由だ。答えだ」というものであり、個別具体的なものになる。実務的ではあっても、概念的、体系的ではない。

43　G. Miller, *Liability in International Air Transport*, Kluwer, 1977, p. 4.

個々のルールが実務的であって概念的でない分、事実や約束の意味を争うにも、それが「有効（valid）か無効か」という**観念的**争い方よりも、強制できる（enforceable）か否かという争い方になる。

　日本の六法、契約総則編に代る近似のもの、便利なものとして再述法（第2）、太字法（black letter law）という法の塊りが存在することを述べてきた。これは、その主題に関する重要判例の殆んどを煮つめた（distilled）、全国的なもの（共通法）である。

(ロ) では、ニューヨーク州法は共通法と違うのか。結論からいえば、そんなには違わない（これまで、判決で裁判所が先ずいう「この点でのニューヨーク州は……だ」で、再述法（第2）と違うと思ったことは、記憶にない）。取引人たちが選択しているニューヨーク州法が再述法（第2）と違うのは、更に細かい点についてのようだ。

(a) 各州契約法の間にそれほど差がないことの背景には次のようなことがあろう。

　(ⅰ) 第2代大統領 John Adams が Harvard で学んだ頃からの260年以上もの法曹教育制度（law school）が定着している[44]。

　(ⅱ) そもそも、UCC の先駆的な7つの共通法（Uniform Laws）が作られて1世紀強[45]、再述法（第2）のようなものが作られて1世紀弱が経つ。

(b) しかし、個別州法が再述法（第2）と違う点も無論ある。2つの点で特にそれがいえる。

　(ⅰ) 1つは、各州が制定法作りに励んだ分野である。これには2つが分けられ、第1は、古くからの民商法なのだが、それゆえに却って判り難くなったり、混乱した分野である。時効とか、書面契約主義

---

[44] マサチューセッツの影響力は広く他州に及んでいた。なお、学生数は数十名で、クラスの席順は家柄の高低を反映していた。

[45] 7つの共通法とは、いずれも National Conference of Commissioners for the Uniform State Laws（NCCUSL）が作成した次である。
　Uniform Negotiable Instruments Law 1896, Uniform Warehouse Receipts Act 1906, Uniform Sales Act 1906, Uniform Bills of Lading Act 1909, Uniform Stock Transfer Act 1909, Uniform Conditional Sales Act 1918, Uniform Trust Receipts Act 1933.

(Statute of Frauds) の要件、効果などの法律である[46]。第2は、20世紀後半から盛んになった社会立法的なもの、たとえば消費者金融法、消費者取引法などである。

(ⅱ) 第2は、古くからの民商法で、主としてその地域の歴史に結びついている。そのため比較的前の時代からの先例の集積で独自のルールとなっているものがある。たとえば、カリフォルニアなど太平洋に近い8州ではスペイン法の影響の下、土地所有権で夫婦共有を意味する community property 制度がある[47]。また、同じくスペイン法とともにフランス法の影響が強く残るルイジアナ州では、両国法に佼った法典があり、UCC の9章のうち、Article 2、Article 9 などを不採用としている[48]。

(ハ) アメリカ企業による利用度が集中するニューヨーク州法については少なくとも2点がいえる。

(a) 18世紀からの古い商人の町の顔をもつニューヨークでは、コモンローのルールが共通法より厳し目というのがある。書面契約主義の要求でも、信義則義務違反訴訟の要件でも、厳し目であるほか、他州には余りない係争債権の譲受け (champerty) 禁止法がある（本書第3章3.(4)の Love Funding 社は正にそのケースである）。

(b) 第2は、古くから民商事の幅広い分野で、州議会の**立法活動**の集積があることである（色々な制定法〔statutes〕の知識が必要である）。ニューヨーク州の制定法集を展げた人はそこに（コモンロー式の契約法にはなじまない）、大陸法風の言葉**債務法** (obligations law) をみて驚かれよう（同じ制定法でもニューヨークが New Amsterdam だった前史の名残り、オランダ法のルールからコモンローのルールへの変更を明文化する意味があった）。

---

[46] 再述法（第2）は、この2つの章の頭に各州の制定法を一覧する制定法ノート（Statutory Note）を設けている。
[47] 國生一彦『アメリカの不動産取引法』商事法務研究会、1987年、p. 23、136。
[48] 國生一彦『改正米国動産担保法』商事法務研究会、2001年、pp. 2-4。

(3)連邦と州間の司法上の根深い対立

① 連邦による最初の司法審査権行使

　第1章の1.でみたような州レベルでの一元司法の永い歴史から、連邦憲法がその成否を連邦議会に委ねていた連邦裁判所は、仮に出現したとしても、(古顔の州裁判所との関係で)試練のときを経るだろうことは予期できた。

　連邦憲法が新しくできたものの、そこに直截的な「司法審査権」の言葉はなく、あったのは**連邦憲法の最高法規性**(第1章注3)と、その判断者が連邦最高裁であるとの条文である。早速に試練は訪れた。はしがきに書いたように、アメリカの司法審査権には日本でのそれとは異なり、(ⅰ)中央の権力間での(立法、行政に対する)審査権と、(ⅱ)各州司法権(州最高裁)に対する審査権との、2つがある。

　連邦憲法に審査権の言葉が仮に書いてあったとしても、翌日から直ぐそのとおり物事が運ぶものではない(まして、上述のように**審査権**の言葉はなかった)。試練は(ⅰ)、(ⅱ)のいずれでも起こった。

(イ)司法審査といえば必ず引合いに出される定番で有名なケースがある[49]。発足したてで殆んど稼働歴のなかった最高裁が連邦議会の立法を違憲無効と宣言した。事件名は、Marbury v. Madison, 5 U.S.137 (1803)。この有名な事件につき一言し、州最高裁による執拗な反抗事件、二元国家での審査権は、次の②で紹介する。

(a) Marbury以下3名の原告(申立人)がワシントン(コロムビア地区)の連邦判事に任命された[50]。大統領による3人の任命は、憲法の定めどおり上院で承認された。後は、事務的な手続として国務長官マディソンが任命書にサインして、交付することだけが残る。

(b) ところが(ジェファーソン新大統領からの指示で)国務長官マディソンは、

---

[49] 連邦法を無効とした最初のケース。以後50年ほどの間その例はなかった。なお、二元司法の問題とは異なるが、連邦制発足直後の**力の空白状態**の中で、殊に、被告マディソンの背後にはトーマス・ジェファーソン第3代大統領がいる中で、司法審査権を(立法、行政に対し)行使したいという、画期的なケースである。

この任命書を交付しなかった。ためにMarbury以下3名が最高裁に訴え出たという訳である。求めていたのは、最高裁が国務長官マディソンに対し「任命書を交付せよ」と命ずる命令書（mandamus）を発することである。

(c) 原告らがいきなり最高裁に訴え出た特別な理由は示されていない。何しろ憲法（1788年）も、また憲法の下で第1回連邦議会が立法した初めての司法法（Judiciary Act, 1789）もまだできたてのホヤホヤ、また事件を自ら処理し判決文を書いた最高裁長官ジョン・マーシャルも2年前の2月に就任したばかりであった[51]。

(ロ) 最高裁長官ジョン・マーシャルは几帳面な性格で、彼の判決文は正統的であった。論理整然と法律論を並べている（長文である）。以下は、その要約の要約である。

(a) 申立人らの主張を3つに分析した。

(ⅰ) 申立人らは国務長官に任命書の発行を請求できるか、

(ⅱ) 仮に、国務長官に請求できるとして、実現のため司法救済を求められるか、

(ⅲ) 司法救済が可としたとき、申立ては最高裁でいいのか、任命書の発行を命ずべきなのは、この最高裁長官ジョン・マーシャルであるか。

(b) 彼は、第1のポイントから答えていう。任命の根拠法（コロムビア地区に係る1801年2月法）を確認し、憲法（Ⅱ、2）により任命が大統領ジョ

---

50 大統領ジョン・アダムスは、任期最後の日から18日前に、直ぐに少数与党に落ちることの決ったフェデラリスト党が現に支配する議会で成立させたばかりの、いわゆるMidnight Judges Act（真夜中判事法）により、16人のサーキット・コート判事を任命していた。このように急いだのには史上初めての政党政治が始まっていたからである。次は、アンチ・フェデラリストの旗頭で、第1代大統領ジョージ・ワシントンの国務長官をしていて、その間も散々ジョージ・ワシントンの足を引張る工作をした、第3代大統領となったジェファーソンにその職務権限が移るというそのとき、原告の3人の判事は、その法律による任命ではなかったが、そのときの任命であった。

51 最高裁長官としてはジョン・マーシャルは一応4代目だったが、初代と2代目とは連邦発足直後の短い期間で、さしたる仕事もしなかったし、3代目は、病気のため本格的活動前に辞めた。ジョン・マーシャルがジョン・アダムスにより急遽任命された2年前の1801年1月20日は、実は、第2代大統領ジョン・アダムスの公式な職務を行える最終日であった。

ン・アダムスの権限であって、大統領が同法により申立人らの任命書に実際にサインしたことを宣誓供述書により検証した[52]。
  (c) ジョン・マーシャルは、（ⅰ）大統領による（指名）任命、（ⅱ）上院による承認、（ⅲ）任命書の交付、の３つの国事行為は、それぞれが個別の憲法条文に由来する、各別の行為であるとし、最後の任命書の交付権、交付義務についても、他から独立して個別に判断されるべき問題であるとした。
  (d) 国務長官は法に従ってこの交付義務の履行をすべきところ、任命書の交付自体は法文で定めている訳ではなく、慣行の問題であるから、申立人らは正式任命を理由として任命書の交付を請求できると結論づけた[53]。
(ハ) 次の論点、三権分立原則について
  (a) 申立人らは1789年司法法を援用していう、「……（上級審としての）最高裁はアメリカ合衆国の力により任についているいずれの裁判所や役人に対しても法の原則ないし慣行がみとめる事例に沿って命令書（mandamus）を発することができる（13条、第３文、第２節）」が本件に当てはまり、国務長官に命令書を発行しても司法による行政への不当な干渉にはならず、憲法の下で合法である。
  (b) そこで次に、申立人らが最高裁に直に申立てた本件につき最高裁が**一審の裁判所として管轄を有し命令書を出せるか**、の核心問題に移り（連邦憲法も連邦司法法も最高裁の管轄についてそれぞれ具体的に定めた条文を有する）[54]、ジョン・マーシャルは、「憲法の下で最高裁は命令書（mandamus）を出せるか、司法法の下ではどうか」と次の問いを発し

---

52 この憲法条文に沿って連邦法が定めていたのは、「国務長官が合衆国の印章を保管し、……捺印し、記録し……」である。
53 交付がなければ発効しないかどうかが問題となるが、すべてが法定され、法定どおり行われた本件は、民間の土地譲渡での証書（deed）の交付とは同じではない、とした。
54 連邦憲法は、大使、大臣や国が当事者の事件についての事件で最高裁が一審の管轄権を有すると定め（Ⅲ、2、(2)）、一方、司法法は、上級審としての最高裁が命令書を出せると定める（(13)）。

つつ、答えた。

(ⅰ) 憲法が定めるのは、「一審としての最高裁が特定の事件にのみ管轄権があり、その他の事件では上級審としての管轄権がある」であるところ、司法法が定めるのは、「（原審としてではなく）上級審として……（国務長官にも）命令書を発することができるということであり、……」。上級審として発するとした点で憲法の規定を超える。

(ⅱ) 申立人らは、憲法の一審事件管轄権条文には特に制限的な言葉を付していないから、司法法の文言を然るべく補い、一審事件の本件で命令書を発しても問題がないと主張したが、

(ⅲ) ジョン・マーシャルは、後に有名になって最高裁の壁に記念碑的に刻まれた言葉を用いてこの主張を斥けた（判決は4－0の全員一致で決定された）[55]。

(c) ジョン・マーシャルが書いた判決文はいう。

「憲法と不一致な法律がこの国の法律（the law of the land）になりうるか？　これは合衆国にとっての深甚な意味をもつ問題だ……しかし幸いなことに、長くかつ十分に確立されてきた**ある原理**に立ち帰ることで良く、答えはそれほど混み入ってはいない。その原理こそ、人民が力の原始の源であり、彼らが彼らの幸福のために政府の将来のルールを定める……これがアメリカという国すべてがよって立つ基礎である。この力の源は、そう度々発動されるべきではないが、立法府をはじめとする政府の基本構造を決め、それに付与される力を決定するのに用いられる……」

「それらを決定する文書が憲法である。この原理は説明を要しないほど、はっきりしている。人民の決めた憲法が立法府による個々の法律が間違っているか否かの基準になるのである……

---

[55] それまでの連邦最高裁の判決文はイギリスの例に倣い、各裁判官が個別に意見を列記する形であったが、マーシャルは法廷の結論を代表するものを多数意見として、1人が代表して記述する方式にし、以来それが定着した。

以上の理屈は、人々が頭の中でそうだと思っているだけではない。そのこと自体、憲法の文言として刻み込まれている（Ⅵ）。つまり、憲法とは相容れない立法府による法律は法ではないと、憲法自体が言っているのである」。

② 主権者は州？　連邦？　それとも双方？

　二重司法の観点から連邦最高裁が州裁判所の判断を覆したケースに一言しなければならない。そこでは、二元国家成立直後から州最高裁側の執拗な抵抗があった。反抗物語りは１つではないが、州と連邦最高裁との間を押問答式に２回往復したケース、次の（イ）事件を先ず挙げる[56]。

（イ）憲法自体は流石に、「連邦最高裁が州裁判所に対し更なる判断権がある」ことを明文でいってはいない[57]（しかし、前注の最高法規条文を受けて第１回連邦議会で制定された例の司法法（25）がそれを定めている）[58]。

（a）上記 Marbury v. Madison から10年後から始まった注56の事件の実体は、故 Fairfax 卿遺産の土地を巡る、いかにもこの時期の Virginia らしいケースである[59]。

（ⅰ）1736年のヴァージニア植民州議会が可決した法律により確認されたチャールズ２世王とジェイムズ２世王から特許された18世紀中葉から続く土地権を巡る古い争い。イギリスの貴族で元の不在地主の遺言が絡んでいた。その間に革命戦争があり、イギリスとの1783年和平条約があり、往時の植民州議会による法律と和平条約

56　Martin v. Hunter's Lessee, 14 U.S. 304（1816）.州法を無効とした最初のケース。
57　州という主権者に対する他の主権者連邦による review を明言してはいないにもかかわらず、州裁判所に対する review 権があるとする憲法上の根拠としては、専ら憲法の最高法規条文（Ⅵ）に加え、憲法が、連邦事件を連邦裁判所の管轄権として定めている（Ⅲ, 2）ことからも、間接的に肯定されている。最初の司法法から1914年まで、最高裁の管轄は州裁判所が連邦法を無効とするか、連邦憲法ないし連邦法に反する州法を州裁判所が有効と判断した事件に限定されてきた（1914年の司法法改正後は現在は 28U.S.C.1257 の定めるように、それよりも拡げられている）。
58　第１回連邦議会が、このような条文制定をよくもすんなり認めたものだと感心するほどであるが、その第１回連邦議会では、州権論者らによる中央の司法権に対する反撥は、前出のように下級裁判所の設置（ordain）自体に対して向けられていた。
59　Martin はイギリス臣民、Hunter は Virginia 州民。

との衝突が焦点となっていたから、正に連邦憲法の下での連邦法に係るケースであった。1789年にVirginia州知事の印章ある証書でHunterをLesseeとする権利証が発行されていた。

(ⅱ) 一審のVirginia州裁判所では、一審原告Hunterによる立退請求は否定され、土地を使用させていた被告Martinが二審のVirginia州最高裁（控訴裁判所）に控訴して、そこでMartinが1810年に逆転敗訴、連邦最高裁へ上告した。1813年、連邦最高裁はVirginia州の一審裁判所と同じ判断を示していたが、州最高裁で再逆転の判決が下された。

しかし、問題は実体法よりも手続法、その判決について連邦最高裁がヴァージニア州最高裁に対して上告命令を発し、その上級審となる権限を有するか否かであった。

(b) ヴァージニア州最高裁の次の言葉が反抗物語りの第1幕であった（連邦最高裁による3年前の判決[60]に対しヴァージニア州最高裁の全裁判官が叩きつけた挑戦状である）。

「上級審としての連邦最高裁の管轄権限はヴァージニア州最高裁には及ばない……それが我々による連邦憲法の解釈である……それを及ぶかのように定めた司法法（25）は連邦憲法に沿っておらず、この事件での上告命令は、この司法法により間違って発令されたものであり……それゆえ、本件での不正当な法廷（coram non judice）である最高裁への服従を拒否する……」。

理由として次を挙げていた。

(ⅰ)「……成程、最高性（supremacy）条文には従わなければならないが、その最高性は、主権者である州最高裁が判断したところに従うことを意味している……」、

(ⅱ)「しかも、それには原告が憲法問題を主張して先ず連邦の法廷に事

---

60 Fairfax's Devisee v. Hunter's Lessee, 11 U.S. 603（1813）.

件を持込むことが先決である……そうでなければ連邦司法権は生じない……」。

(c) これに対して連邦最高裁は、全員一致の決定をジョン・マーシャルに代ってジョセフ・ストーリ判事が書いている[61]。州と連邦の主権間の争いと真正面と取り組んだ本件の最終判断を、Story 判事は次の結論的言葉により結んでいる（なお、ジョン・マーシャルも本件につき賛成意見を補充する発言をしている）[62]。

(ⅰ) 州と連邦の主権のどちらが上かは憲法成立史をみれば、そして憲法前文をみれば明らかであり、連邦政府はその権力を人民から直接与えられている。

(ⅱ) 連邦裁判所が州裁判所の最終判断を更に判断できることは、憲法の言葉からも明らかである[63]（Ⅲ、2、(2)）。

(ⅲ) 連邦法の下での事件で州裁判所に持込まれたものにつき、連邦裁判所による review 権がないとすると、州最高裁が連邦法の下での事件を受理できないことにつながる。

(ⅳ) 以上により、ヴァージニア州最高裁の判決を取消し、ウィンチェスタ郡内州裁判所の判断を支持した（条約に基づく権原を支持）。

(ロ) 以上は、条約問題という連邦憲法の規定する連邦問題についての州最高裁の判決を覆えしたものであったが、次のケースは連邦最高裁が単に州最高裁の判決を覆えしただけではなく、州最高裁の判決の基礎となっていた州法の効力をも、州議会の立法が連邦憲法に違反しているとして

---

61 ジョン・マーシャルは、彼の弟が問題の土地の一部を原告マーチンから買っていることを理由に回避し、例外的なことであったが、自らは判決を書いていない。
62 ジョン・マーシャル長官は「原告が憲法問題を主張して先ず連邦の法廷に申立ねばならなかった……」との州側の主張に対し、応えていっている。
　「正法も衡平法も、問題は原告だけでなく被告も持ち出す権利を有するのであって、その問題の解決に連邦憲法が、法の解釈が必要というならば、持ち出す権利が存在するといえる」
　「……この連合の意味を、それがどんな根本的な原理から出来ているかを考えてみれば、……連邦憲法の言葉の解釈をねじ曲げ、狭めなければならないような馬鹿気たことは言えない筈だ」。
63 同条は、「……その他すべてのケースにつき（……in all other cases……）上級審管轄（appellate jurisdiction）がある」と定めている。

否定したものである。(イ) と比べると、その点で二元国家による連邦司法を一歩進めた意義が大きい。

(a) トラブルは比較的単純な事実から生じた。連邦政府が設立した合衆国銀行のメリーランド州内ボルチモア支店が、同州議会による立法で必要とされた年次の納付金を納めなかった、というものである。しかし、法律、憲法問題という点では深刻な思想的対立を生んだ。銀行を含む**法人設立を認可する**という、かつては王（だけ）が特許状を与えることができた、この主権行使のシンボル的権限を有するのは、連邦政府と州政府のいずれか、二元国家の根幹に係る命題である。

(b) 一審の同州ボルチモア郡裁判所は、州政府の請求を認めて、被告の銀行員マカロック氏に対し支払命令を発し、メリーランド州最高裁もこれを支持したので、本件となった[64]。

ジョン・マーシャルは先ず、16 年前の Marbury 事件でレールを敷いた**最高法規性**に基づいて、被上告人メリーランド州（その最高裁）は主権者であり、連邦法との衝突が生じている本件で、黒白をつけられるのは、この連邦最高裁のみであるとした。ここでも彼の判決は長いが、結論は明快である。

（ⅰ）メリーランド州法は、連邦憲法に反し無効（void）、

（ⅱ）ボルチモア郡裁判所の判決を支持したメリーランド州最高裁判決は間違い（erred）、

（ⅲ）ボルチモア郡裁判所は、上告人マカロック氏を勝たせるべきであった。

(c) 上記判決の結論に至る前に彼が展げた最大の争点、人民の直接代表である州議会のほかに[65]、連邦議会が国法銀行のような法人を設立できるかに係る**連邦憲法論**は長く多岐にわたる。

64　McCulloch v. Maryland, 17 U. S. 316（1819）.
65　彼は、州権論に立って弁論する被上告人代理人の議論を受けて、確かに制憲会議のメンバーは州議会により選出された代表が勤めたという。「しかし、それ以外にどんな方法があったというのか……全植民州民を州境を無視して一堂に集められたか……」と反論した。

うち法人設立認可に係る主権論の柱を次に列記した。
（ⅰ）彼が先にいったのは、「中央政府は人民から直接権力を与えられている」である（その根拠として連邦憲法の短い前文を引用）、その前身だった連合議会（友達の集り）とはその成立根拠も含め、違うと述べた[66]。
（ⅱ）成程、連邦議会の権限は連邦憲法が列挙した項目に限るとする限定主義がある。だが、州と連邦との間でのその具体的な限界は常に個別に問題となっており、それを決められるのは連邦最高裁のみだ。
（ⅲ）このことは、**結論は1つしかありえない**、との道理に加え、連邦憲法の明文でも示されている（Ⅳを援用）。
（ⅳ）法人の設立は限定列挙の中に含まれていないが、主権者の属性の1つとして当然であり、連邦憲法の列挙の最後の文節によりそこに入っている[67]。

（ハ）このように、連邦司法は連邦憲法の最高法規性を現実の世界のものとした。最高法規性の有権的最終判断者が連邦最高裁判所であることを貫ぬき、しっかりとレールを守り固めた。

他方で、その点を危くしない限り、審査権を2方面で抑制気味に用いてきている。

（a）第1は、中央政府との、殊に立法府との関係である。以上の点を危くしない限り、連邦議会による立法の合憲解釈で議会の裁量を立ててきた（憲法解釈での抑制理論〔avoidance rule〕は前出のとおりである）。

（b）第2の州主権への配慮からくる法解釈では、州の司法（主権）への礼譲をも強調してきた（Bondi 事件で参照された Younger 事件での Black 判事による「わが連邦制について」Our Federalism についての意見は第4章注76参照）。

（c）かつては、連邦裁判所が州裁判所の判決などに対し差止め命令

---

[66] 「制憲会議が纏めたのは、単に提案にすぎない……その成案が、各州への提案文として送られるよう求めて過渡期の連合議会に提出された……各州議会に送られると、人民の代表により討議され、承認され……制憲会議、過渡期の連合議会、各州議会を通して人民に計られている……」。
[67] 最後の文節とは、「前項の諸権限を実施するに必要かつ適切なすべての法の制定」（Ⅰ、8、(18)）である。

(injunction) をかけたりして、連邦議会が差止禁止法を立法せざるをえないような背景もあったが、その中で連邦の自制を謳った1つが Younger 事件であるといえる。

(d) Black 判事が事件の判決中で比較していたのが、第1回連邦議会により立法された連邦司法法（後出の Judiciary Act）の追加として制定された差止め命令制限法（Anti-Injunction Act, 1793）と、その1970年改正条文の 28 U.S.C. 2283 である[68]（なお、同名の連邦法はもう1つある）[69]。

---

[68] 原法は「州裁判所が自らの決定に対し連邦裁判所から差止め命令が出されることを内心恐れながら判決を書かなくて済むように」と制定された。1793年の原法と改正法との唯一の違いは、差止め命令を制限した原法の例外条文を設けたことであるが、Black 判事は、例外条文の利用実績も殆んどないくらい、連邦の自制がその間利いていることを述べている。

[69] 1867年、Anti-Injunction Act（26 U.S.C. 7421 (a)）、こちらは連邦税絡みの法律（1986年改正の IRC of 1954）で、2012年度の連邦最高裁判所で最も高名な事件となってきたオバマ大統領による**連邦医療保険法の一部が連邦裁判所により無効化されうるかの問題**で、その適用が争われていた。

第3章

ニューヨーク州法により商事契約を裁く

1. 契約の成立が争われたケース

(1) 予備的合意は全くの空か

① Old Navy はどう争ったか

　前章でプロフィールだけ眺めたニューヨーク州商事契約法が現にどう使われているか、具体的な紛争で観察する。本件は、「**契約がそもそも成立しているか**」の入口での争いである[1]。同じコモンローでも、イギリスとアメリカとでは信義則義務の解釈の点で**少し違うな**、と実感させる例といえる。

　1980年代後半のニューヨーク、世界的に名前を売り出した服飾デザイナー Todd Oldham 氏と、同氏が主宰する会社、原告 L-7 Design 社にまつわる話[2]。

　一方、被告は衣料小売の雄 GAP の関連会社、北米全体で 1000 店超の店舗を構える Old Navy である。ただし、2007 年にかけて、その業績は下向きであった。Old Navy は業績回復のため世界的なデザイナー Oldham 氏を取込もうと、同氏との間で**ニューヨーク州法による**、と定めた創造的サービス契約 Creative Services Agreement (CSA) を結んだ。

（イ）創造的サービス契約（CSA）締結とそこに至る交渉内容

---

[1] L-7 Design Inc. v. Old Navy LLC, No. 10-573-cv.（2011年6月1日）
[2] たとえば、L-7 と Todd Oldham とは協力して Mattel, Inc. の Barbie 人形コレクションのデザインをやってきていた。

(a) 被告 Old Navy は原告 L-7 にアプローチして次の提案をし、その結果、2007年9月21日に原告と被告が CSA にサインした。
（ⅰ）Old Navy は Todd Oldham ブランドの衣料品のシリーズを製造して販売し、売上げの 5% 相当のロイヤリティを支払う。
（ⅱ）世間には Todd Oldham を Old Navy のデザイン創造担当取締役として発表する。
（ⅲ）Oldham は Old Navy に対し CSA 添付の Scope of Work（SOW）に記載されたように、(x) Services を提供し、(y) 一定の物（Deliverables）の引渡義務を負うことになる[3]。
（ⅳ）Todd Oldham の印をつけたブランドの衣料品を含め、サービスの具体的な細目は、2008年10月1日までに作成される License Agreement で決める。
(b) Old Navy は、こうして 2007年9月21日に L-7 がある種の役務（Services）を提供し、一定の品物（Deliverables）を納入すべきことを定めた SOW を CSA の添付文書として用意するとともに、残りの細目は別契約の License Agreement 中で決めるものとした。
（ⅰ）SOW 中では (x) ブランド衣料品の売上げの 5% 相当金額のロイヤリティを Oldham 氏に支払うこと[4]、(y) ブランド衣料品の具体的なシリーズやグループ分けを行うこと、が合意され、
（ⅱ）同じ日に、その旨のプレスリリースを行った。
(c) このように Oldham 氏は、（細目は別の License Agreement によるにしても）、CSA の添付文書 SOW の下で 2 百万米ドルの報酬で 3 年間 Old Navy にデザインを提供することに合意していた。
(d) SOW には、一方当事者による**少なからぬ違反**（material breach）があっ

---

[3] Services とは、Oldham 氏がデザイン上の Services を提供すること、一定の物（Deliverables）の引渡しとは、Oldham 氏がデザインした製品グループを Oldham 氏の名を付して、1000 以上の被告の店で独占的に売り出すことであった。
[4] 以上の Services と物の引渡しの代価として、Oldham 氏が受取るのは 3 年間で 2 百万米ドルの報酬（プラス 1.25% のロイヤリティ）と決められていた。

て[5]、他方当事者からの書面通知を受けてから 30 日以内にそれを治癒しなければ他方当事者は、その旨の通知を送って直ちに契約を終了させることができる、とも定めていた（§ 5）。

(ロ) この**創造的サービス合意**という意味の CSA 作成後の事情

Old Navy 社が CSA は単なる予備的合意（preliminary agreement）であって契約としての法的拘束力はない、と争った本件は、CSA 作成後の事情も見過ごせない。

(a) CSA 作成直後は、双方とも具体化に向け歩み出すかに思えたが、その矢先にサブプライム問題が表面化する。

(ⅰ) 被告 Old Navy の担当役員は、10 月 3 日に L-7 の担当役員に e-mail を送っている。

「話し合いを始めましょう。ただし、来年 10 月まで間がある。急ぐ必要はない。新年度 4 月にでも入ったら……」。

(ⅱ) 半年後の 2008 年 4 月 2 日、L-7 の担当役員は、e-mail で、L-7 のライセンス契約（licensing contract）の定型書式と、その中に入れるべき 11 の項目を送った。(x) 当初 3 年の期間とし、(y) 年次のロイヤリティの最低金額を定める、ことも記した。

(ⅲ) L-7 の担当役員は、Old Navy がこれら 11 項目につき基本的な考えを纏めるよう求め[6]、それを元にして双方の代理人弁護士が正式な契約文言を練ることにしよう、と提言した。

(b) この 4 月 2 日の L-7 によるライセンス契約の書式提示に対し Old Navy はどう対応したか。

(ⅰ) 一方では、「やってる、やってる」といいつつ、Old Navy は 6 月になるまで L-7 に対し返答をしなかった[7]。

(ⅱ) 6 月になって L-7 から会合の話しに対しては「新会社の社長を誰

---

5 コモンロー契約で違反（breach）の形容詞としての material は、重大なとの積極的かつ結論的ニュアンスではなく、**少なくない**、**見過ごせない**のニュアンスであることにつき E. Allan Farnsworth, *on Contracts* 3d ed., Ⅱ、〔8.16〕p. 517 参照。

6 L-7 は、考えをまとめたうえで 5 月には Oldham 氏まで返答してほしいと述べていた。

にするかが問題」と e-mail し、「もうちょっと先に延ばしてほしい」と提案した。

(c) これに対し L-7 の方は、「10 月には締結期限が来るから……」と反論していたが、2008 年 9 月 2 日になって、4 月 2 日の e-mail で交渉して決めようといっていたライセンス契約の 11 の細目について、「決めよう」と催促し、更に、9 月 7 日、9 月 9 日、9 月 10 日にも e-mail と電話で催促した。

(d) 2008 年 9 月 30 日になって Old Navy は、ライセンス契約にサインして締結することを無期限に延ばすことを初めて提案してきた。これに対して L-7 は返事する。

(ⅰ) 無期限では困る、いつまでか定めてほしい。

(ⅱ) 2008 年 10 月 1 日から遅れる分については、損害金で穴埋めをしてほしい。

(ハ) こうした経緯の末、交渉は Old Navy の社長から Oldham 氏への初めての直接の電話、双方の弁護士によるやりとりに入り、Old Navy による別提案の提示へと展開した。

(a) 2008 年 10 月 7 日に L-7 の社内弁護士が「Old Navy は信義則に沿って交渉するという CSA に違反している」と主張し始める。

これに対し、その次週に Old Navy の弁護士が「CSA は、Old Navy が別のライセンス契約を締結すべき法律上の義務を課したものではない」と反論。「事業環境次第で、将来ライセンス契約のための交渉に入る可能性を排除しないが、今はそのような先のことまで約束する状態でない」と言明してきた。

(b) 翌日、Old Navy の社長が電話をしてきて、Oldham 氏に「誠に申し訳ない、この状況で約束したライセンスのことをやれなかった……」といった。

---

7 裁判所の認定では、Old Navy (Fix 氏) は 5 月 8 日に「我社の法務は既にライセンス契約の検討をやっている……」と L-7 (V 氏) に嘘をいっていたとなっている。

これを受けて L-7 の外部弁護士は、

- （ⅰ）2008年10月7日から30日以内に75百万米ドルの損害金と、第2年、第3年の料金として4百万米ドルを支払うよう要求書を送付した。
- （ⅱ）これに対し Old Navy の弁護士は、約2ヶ月後の2008年12月3日（x）Old Navy はライセンス契約を締結する法的義務を負っていないし、（y）Old Navy がライセンス契約締結のため信義則に沿った交渉をしなかったという事実もない。
- （ⅲ）Old Navy 側からみて両者間で問題があったとすれば、（x）どんな製品を Oldham のシリーズに入れるかで意見が一致しなかった、（y）何ヶ店の Old Navy でそれを売り出すかが決められなかった、（z）いつ、何人くらいのスタッフを使うかも決められなかった、ことであると主張した。

(c) その一方で、Old Navy は新しいライセンス契約で交渉しようとの提案をしていた。

- （ⅰ）Old Navy によるライセンス契約で交渉しようとの姿勢を受けて、L-7 は2008年12月15日に新しいライセンス契約の案を渡した。
- （ⅱ）それを基にしたコンファランスコールを2009年1月8日に予定していたところ、その1時間前になって Old Navy は、（x）売り出す店は100店とし、（y）ロイヤリティは150万米ドル／年、（z）2010年の春にスタートして、期間は1年間、との新提案を出してきた。
- （ⅲ）Oldham は、この新提案にすぐ e-mail で、（x）100店ではまるで契約責任を否定しているようなもので話しにならないし、（y）1年間という期間も短すぎる、と反論し、
- （ⅳ）3年で37.5百万米ドル、2年目は20百万米ドルのミニマム・ロイヤルティ、という反対提案を出した。
- （ⅴ）これに対し Old Navy は、2009年2月2日になって、「とても協力的な共同事業はできそうもない」と返事をしてきた。

（ニ）2009 年 2 月 18 日、L-7 は遂に S.D.N.Y. に訴えを提起した（主な請求原因は、Ⅰ. 契約違反、Ⅲ. 信義則違反、他は営業棄損、コモンローの詐欺などである）（L-7 は、その後、更に請求原因をⅠ～Ⅴに追加修正している）。

2 日後の 2 月 20 日 Old Navy は、「デザイン・プロセスで協力しない、会議で協力的でない」など、契約違反をしたのは L-7 の方であると主張する CSA の解除（終了）通知（Termination Letter）を送ってきた。S.D.N.Y. は 2010 年 1 月 19 日に判決を下した。

(a) アメリカでの訴状では 10 余りの請求原因が並べられることが少なくないが、その中でも軽重の差はある。本件で、L-7 が力を入れたのが、請求原因Ⅰ～Ⅴのうち、(ⅰ) 請求原因Ⅲの「Old Navy が CSA の定めていたライセンス契約作成のため信義則に沿って交渉しなかった」こと、(ⅱ) 請求原因のⅠ、治癒期間を設けないで Old Navy によりなされた「CSA の終了通知が不適法であり、契約は終了していない」との確認であった。

(b) S.D.N.Y. は請求原因Ⅲについて、SOW §5 が当事者に信義則に沿って交渉すべき義務を課した法的な約束であることは肯定したが、Old Navy がライセンス契約を締結するとの約束に反したとの L-7 の主張は採り上げなかった。

　（ⅰ）L-7 の訴状やその後の交渉の細目を記録したものをみても、Old Navy が信義則に沿って交渉しなかったことを「十分に示すものはない」。

　（ⅱ）多くの e-mail や電話も交えた約 10 ヶ月の交渉の記録があり、2008 年秋の交渉決裂後も、12 月と 2009 年 1 月に交渉を再開し、その後、L-7 が Old Navy の新提案を蹴っている。

　（ⅲ）また、交渉が暗礁に乗り上げたと主張するが、暗礁に乗り上げたこと自体が信義則の欠如であるとはいえない。L-7 がとても高額の要求をしていたことから、Old Navy がそれに抵抗していたことは理解できないではない。ロイヤリティでミニマムの金額を設けるこ

とに同意しないことが、信義則の欠如であるともいえない。

（iv）L-7 の主張の中でもしっかりしている「Old Navy が 2009 年 1 月 8 日に提案を出しておきながら、自らそれを否定した。これが Old Navy の信義則の欠如を示している」との主張についても、L-7 は提案をそのまま受諾したというが、2009 年 2 月 2 日の L-7 の e-mail は、Old Navy の提案をそのまま（in its entirety）受諾したものとはいえず、説得力に乏しい。

(c) S.D.N.Y. は、L-7 が確認判決（declaratory judgment）を求める請求原因 I も斥けたが、理由は次である。

（i）L-7 の主張した 3 つの事実とは、(x) Old Navy が、L-7 の契約違反を通知するにつき、SOW の定めたとおり 30 日以内の治癒期間を与えなかった事実[8]、(y) それゆえ 2009 年 2 月 20 日の終了通知書（Termination Letter）は無効であること、(z) 更に L-7 が訴訟を起こしたことを理由として Old Navy が CSA を終了させたことは不適法（wrongfully）であること、である。

（ii）確かに 30 日以内の治癒期間は与えなかったが[9]、仮に Old Navy が治癒期間を与えていたとしても、Oldham が訴訟を提起した後となっては、CSA に定めるようなデザイン創造取締役（Design Creative Director）として Old Navy の中に溶け込んで親身になって役務を提供できるとは考えられず、治癒期間は無駄（futile）であったろう[10]。

（iii）Old Navy の終了通知書は、その他では問題なく、有効に CSA を

---

[8] SOW では当事者が治癒期間に合意しているが、厳格な履行を要求していた古いコモンローには治癒（cure）の観念自体がなかった（物品売買契約についても、UCC 以前には売主に治癒権があるかは明確ではなかった）。

[9] UCC の下の治癒権は、当初の履行期間がまだあるなど、§ 2-508 (2) の要件に沿ってのみ認められ、制約がある（再述法（第 2）§ 237 は、UCC を参考に物品売買以外の契約にも、これをルール化した）。

[10] 対向履行が無駄であることによる相手方の義務が消滅することは、再述法（第 2）(225, 235) にルール化されているが、S.D.N.Y. は、先例として州最高裁の 1977 年の先例を引いている（Allbrand Discount Liquors, Inc. v. Times Square Store Corp., 399 N.Y.S. 2d 700, 701〔1977〕）。

終了させうるものであった。

(d) S.D.N.Y. は更に、営業棄損（trade disparagement）と、第2と第5の請求原因（詐欺）をも斥けた。そのうえで、Old Navy の申立てを容れて、L-7 の訴えを棄却した。

② 2d Cir. によるコモンロールールの形成

L-7 が上訴、登場した 2d Cir. は、主に信義則に則った交渉義務違反（請求原因Ⅲ）を中心に判断し、S.D.N.Y. の判決を覆した（その他の請求原因では S.D.N.Y. の判決を支持した。ただし、請求原因Ⅰの確認判決請求を除く）。

(イ) まず本件に当てはまるニューヨーク州法に言及して 2d Cir. はいう。

(a) 予備的合意（preliminary agreement）にも**法的拘束力のある予備的合意**のあることを前提に[11]、SOW §5 のような法的拘束力のある予備的合意の当事者は、最終合意（final agreement）に達するよう、「信義則に則って交渉する義務を約束している」と述べた[12]（......commit to negotiate......in good faith in an effort to reach final agreement）。

(b) その義務は、契約の最終目的に達する義務ではないが、合意の枠内で未定の問題点につき最終契約のために信義則に則って交渉する義務である（本件でも Old Navy がライセンス契約を締結しないことが義務違反であるとの主張は S.D.N.Y. により斥けられ、2d Cir. もそれを支持している）。この義務は、当事者が（x）交渉を止め、放り出すこと、（y）予備的合意にそぐわない条件を主張することを禁ずる、とした（逆にいうと、予備的合意にそぐわない条件を主張したのではないのに、一致が得られなければ、当事者は適法に取引に入らないことができる）[13]。

(c) イギリス法とは違って、**合意しようとの合意**（agreement to agree）は「無」ではない。それによって当事者に「真の不一致（genuine

---

[11] preliminary agreement についてのルールはまだ再述法になっていない。1つ1つの説示毎に先例を引用している。

[12] 1987年の S.D.N.Y. の Teachers Ins. & Annuity Ass'n of Am. v. Tribune Co., 670 F. Supp. 491, 498 を援用。

[13] 自らの1998年の先例（Adjustrite Sys., Inc. v. GAB Bus. Servis., Inc. 145 F. 3d 543, 548）を引用。

disagreement）でのみ、取引は没になるとの安心感を与え、資金や時間の予定を樹てることを可能にし、それと相談のうえ先へ進むことができるようにする」[14]。

（ロ）以上から基本的に原告の主張を認めつつ、2d Cir. は次の追加要件を出した。

(a) 信義則に則って交渉する義務の違反を契約違反と位置づけるためには、信義則に則って交渉する一般的な義務違反をいうだけでは不十分で、違反に相当する特定的場面か行為（specific instances or acts）を主張しなければならない[15]。

(b) それができたとしたら、（信義則違反を契約違反として構成することができ）逸失利益（期待利益）としての損害金は請求できないが、信頼利益の請求は可能となる[16]。

(c) 信義則義務違反を契約違反として請求できるためのニューヨーク州法の要件は上記のとおり他州より厳しいとされている[17]。

（ハ）2d Cir. は以上の太字法ルールに本件で認定した細かい事実を当てはめた。そのうえで、次の (a)〜(d) がこのルールの違反に当たる**特定的場面か行為**といえるとした（事実認定に当り、訴状に加え多くの e-mail を含む訴状の別添文書〔exhibits〕を綜合して、それらからの合理的な推論により出したとしている）。

(a) Old Navy は、L-7 の送ったライセンス契約の draft に対し、2008 年

---

14 Penguin Grp. (USA) Inc. v. Steinbeck, No 06 cv 2438, 2009 WL 857466, 2 (S.D.N.Y.) (2009 年 3 月 31 日) から引用。
15 ニューヨーク州裁判所の先例 Prospect St. Ventures I, LLC v. Eclipsys Solutions Corp., 804 N.Y.S. 2d 301, 302 (1st Dep't 2005) から引用。
16 この期待利益と信頼利益については、再述法（第 2）がルール化しているが（344 (a)、(b)）、それでも、州裁判所の先例とともに、自己の先例を引用している。
17 本件とは少し別の局面であるが、仮に当事者の間にタイプ II の予備的合意（preliminary agreement）しかなく、契約としての拘束力は働かなかったとしても、マサチューセッツ州法では黙示の信義則義務（implied covenant of good faith and fair dealing）の違反として請求ができるものの、ニューヨーク州コモンローでは、契約として主張されていた事実と同一ならば、黙示の信義則義務も生じない（その違反が actionable でない）との判示がある（FCOF UB Securities Lit et al. v. Morequity, Inc. 663 F. Supp. 2d 224, S.D.N.Y.〔2009 年 9 月 29 日〕）。

4月から12月15日までの間、確かに1回の実質的なコメントも返していない。

(b) その一方で、「ライセンス契約についても、ちゃんと本気で交渉するよ」と少なからず思わせる表示を何回もしている。6月のe-mailも、この延長作戦（dilatory tactics）の1つだった。

(c) 自ら本気でないことを知りつつ不公平な条件を提案しておいて、L-7がそれでも歩み寄ると、合意を否定した。

(d) ライセンス料のミニマム保証（minimum guaranteed royalties）は、「当社の社是に反しているからできない」ことが話し合いが壊れた理由の1つだとOld Navyはしているが、2008年12月3日のメモや2009年1月29日の会議電話のいずれにもそれが、両者間の4つの不一致点として入っていなかった。

(ニ) 2d Cir. はL-7の請求原因Ⅰ（Old NavyによるCSAの終了が不当であることの確認判決を求めた）についても、Old Navyは終了通知書中でL-7に治癒期間を与えていない、などの不備を指摘して、S.D.N.Y.の判断を覆えし、L-7の主張を認めた。

(a) CSA添付SOWは終了要件として、（ⅰ）少なからぬ違反があったことの通知、（ⅱ）30日間の治癒期間と、その間に治癒のないこと、（ⅲ）終了した旨の通知、を定めていた(55)。一方Old Navyは、違反の通知（即時終了）を出したのみである。

(b) L-7にCSAについての**少なからぬ違反**（material breach）があったかも疑問で、正当な理由がなくOld Navyが契約を終了させたとのL-7の主張が次により裏づけられる。L-7がOld Navyとの好ましい環境作りに反するような態度をとり、「とてもCSAを履行できそうもないと思わせた」というが、終了通知前までOld NavyがL-7の非協力を問題にしたことは一度もなく、訴訟を起こした以外に、好ましい環境作りに反するような一般的な事実は何もなかったし、反対にL-7のいうとおり、Oldham氏はGAPやOld Navy内でいつも称賛され

てきた。
(c) S.D.N.Y. は L-7 が訴訟を起こしたことが、CSA の下での友好的履行への期待を実りないもの（futile）にし、Old Navy による自己の義務履行の条件を不生起にしたというが[18]、一義的に断定できない。

(ホ) 本件は、このように原告が争ったものの、契約の成立自体は認められなかった。代りに、コモンロー（ニューヨーク州法）の下で醸成されてきた予備的合意の形成が認められ、その下での**目的に向けた努力義務**が肯定され、原告 L-7 と Oldham 氏は信頼利益分の請求が認められた。ここでの教訓は、法律はやはり美術などとは違うから創造的な契約を結ぶときは、ガッチリと作らねばならない、ということであろう。

契約解釈での紛議の多さに比べると、契約成立自体を巡る紛争は少ない。本件はその中でも比較的歴史の浅い preliminary agreement に係るコモンローの問題である。次のケースでの問題はガラッと変り、古いコモンローの契約形成要件、書面やサインがどんな意味を持つかに係る。

(2) 契約を作成（execute）したとは？ ―書面とサインの意味で争われたケース

① アメリカの書面契約主義

具体的なケース②に入る前に、コモンローで**書面**と**サイン**が果してきた役割を管見しておこう。

(イ) アメリカの書面契約主義の源がシェイクスピアやエリザベス1世女王時代、17世紀イギリスの Statute of Frauds にあることは広く知られていよう（本書でも、これに一言しないで先へ進むことはできない）[19]。同法の§4、§17 が「契約に係る書面主義」を定めていた。アメリカの書面契約主

---

[18] 他方の対向約束による義務の履行が、一方の義務履行の**契約条件**になる一般的な場合と、そのコモンロールールにつき以下の 3.（1）参照。

[19] 正式には Act for Prevention of Frauds and Perjuries, 1677。更にその改正法（Amendment）である Lord Tenterden's Act of 1828 は、書面によることを契約継続や契約変更の要件とし、その絡みで元利金の弁済による時効中断効果を定める。

義には、イギリスの1677年法以来のコモンローとアメリカでの一般継受法、個別制定法を経た成文、不文の法すべてが入る[20]。

(a) アメリカは1677年法を殆んどの州が、またTenterden's Actを約3分の2の州が、継受立法により（初めは一般継受法として、後には特定分野の法律の継受立法として）受け継いだ（独立宣言時の改めての一般継受立法につき第1章注24参照）。ただし、(ⅰ)ルイジアナ州を除き、(ⅱ)メリーランドとニューメキシコ州は制定法によらず先例（コモンロー）として受け継いだ。バラバラだった植民州時代からの流れで、細かい点での各州間の差が少なくない[21]。

(b) 共通部分を全国的ルールとして太字法化したのが再述法（第2）第5章（111～150）の40 sectionsである。

(c) イギリス法での書面契約主義は、捺印証書（sealed deed）などの厳格書式（solemn form）と同じで[22]、取引人保護の流れから生じ、やがて廃止された。一方、再述法は今でも書面契約主義が適用される特定の契約種類を列挙する[23]（110(2)、(3)）。

(ロ) 各州毎に細かい点で異なる書面契約主義であるが、共通的な要件と効果としてmemorandumとサイン、の2つの要素がある。

(a) 先ず、memorandumとは要するに、sealed contractではない、サインされた書面契約の意味である。加えて次が求められる（再述法（第2）

---

20 イギリスでのこれら制定法は相次いで廃止になった。
 (a) §17は売買契約法（1893）により、
 (b) §4のうち、不動産（売買）契約は1925年の不動産法中に移され、その他は廃止された。
 (c) 保証契約については、例外として残されている。
21 本文のような理由により各州法（コモンロー）中でStatute of Fraudsは、州毎に差が生じて了っている典型といえる。このため、再述法（第2）第5章は、書面契約主義（Statute of Frauds）について各州の立法状況と主な違いを一覧できるStatutory Noteを置いている。
22 捺印証書の法理は死んだ訳ではなく、アメリカでは今日も有効である（再述法（第2）95(1)(a)）。何がsealかについても定める（96）。同条はsealに係るコモンローにはノルマン侵攻時代に遡り、その時代（中世）のイギリスの法理を受継いだとするとともに、今や、sealの要件もとても緩められていることを示す。
23 民商事の分野では、物品売買契約、非不動産権担保など、UCC中で定めるもの（110(2)、(3)）、保証契約（112）、履行が1年を超える契約（130）である。

131)²⁴。

(ⅰ) 当事者または代理人によりサインされ、

(ⅱ) 契約の主題を特定し、

(ⅲ) 当事者間での契約成立（またはサインする人から他者への契約申し込み）が知りうる程度の記述があり、

(ⅳ) 未履行の約束の要素（element of unperformed promise）（契約の内容）を相応に記し明らかにしている。

(b) サイン自体に係るルールとして次がある。

定義的な定めとしては、サインそのものが、サインする人のサインであることが間違いないことを示す意図（外見上のものを含む）をもってなされることが大切で、その意図であったことの要件が示されれば、どのような印しの作出でもよい²⁵(134)。

(c) 更に、memorandum とサインとの関係についても色々規定されている。

(ⅰ)「memorandum は、同一取引にわたることを明示していれば、1つでなくてもよいが、その場合、少なくとも1つの memorandum にはサインがあることが必要である」(132)。

(ⅱ) そのサインしたものが、たとえば日記であって相手方にみせていなくても（知られていなくても）よく、契約用の memorandum としての力は変らない（131cmt. b）。

(ⅲ)「サインする時は、契約成立の前後いつでもよい」(136)。「その memorandum を紛失し、それが破壊されても効力は左右されない」(137)。

24　再述法（第2）(131)「契約の主題を特定し」とか、(ⅲ)「当事者間での契約成立（またはサインする人から他者への契約申し込み）が知りうる程度の記述」という言葉は、UCC の言葉（§ 2-201, 8-319, 9-203 が挙げられている）をモデルにしている（cmt. b）。

25　UCC も総則中でサインについて定義し、「サインされる（signed）」とは、「文書を肯認（authenticate）する現在の意図をもって何らかのシンボルを作ったり、採用したりすることを含む」とされている（UCC § 1-201（39）参照）。

    (d) 最後に（部分履行の場合など）事実を重視するコモンローの効果として、形式上書面契約主義に不適合であっても一定の意味が与えられる場合の13条を配列している（138～150）。
② 作成（execute）とサインの意味で争われたケース[26]

改装ビルの取壊し工事現場で、工事人の1人が怪我をした。アメリカで所有しているビルの周辺で人身事故が生じたときの問題も大変だが、本件はそれとは異なる[27]。中心となった法律上の争いは、**保険契約のコモンロー的解釈論**が1つと、前提となる条件の成否である。本件の条件は、保険会社に求償するときまでに、**建築契約（memorandum）が作成（execute）されていること**、であった（改装のためビルに入っていた建築業者などが事故との関係で、付保することを含んでいる）。

その**作成の要件**の1つ、**サイン**（signature）の意味（要件）も、商取引の実際を映して19世紀後半から注25のように緩やかになってきている（コモンローについての短評を読むと必ず出てくる一節「先例主義をとるコモンローは少しづつしか変われないが、氷河のように長い期間では大きく変わる……」は、捺印〔seal〕やサインのルールについてもいえる）。このほか、（ⅰ）予審判事、（ⅱ）略式判決のルールにも一言している。

(イ) 原告は、ビルの所有者（ⅰ）5182 Group 社と、そのビルの改装工事のマネジャー（construction manager）としての（ⅱ）10Ellicott Square Court の2社である。被告 Mountain Valley Indemnity は保険会社である。

　(a) 原告らがビルの改装工事のため雇った工事業者 Ellicott Maintenance 社は、注文主としての原告らとの約定に従い、工事中の万一の事故に備えて包括保険（umbrella insurance）と、個別保険（primary insurance）との2つを被告 Mountain Valley 社を相手として契約した。

26　Ellicott Square Court Corporation LLC v. Mountain Valley Indemnity Corporation No. 10-0799-cv.（2011年1月31日）
27　筆者が多少関係したケースは2件、（ⅰ）エレベータ事故と、（ⅱ）ポーチ（玄関）へのアプローチでのものであった。

第 3 章　ニューヨーク州法により商事契約を裁く

(ⅰ) Ellicott Maintenance 社は、原告らとの工事契約で求められたとおり、原告ら 2 社を追加被保険者（additional insureds）とするべく Mountain Valley Indemnity 社に依頼した。

(ⅱ) そこで、Mountain Valley の保険代理店 LRMP 社は、保険証券に代る 2 つの保険証明書を原告らに対し発行し[28]、その中で、原告ら 2 社をいずれも追加被保険者として表示していた。

(b) トラブルは個別保険中の定め、「本保険の下での保険金を請求できるためには、その事故発生以前に基礎となる工事契約（underlying written agreement）を作成していること（execution）が必要である」から生じた。原告らと Ellicott Maintenance 社との間の工事契約がサインされる前に、工事人の 1 人 Del Prince が怪我を負う事故が発生して了ったからだ[29]。

(c) Del Prince が原告らに対する損害賠償請求を求めてニューヨーク州 Erie 郡内裁判所に訴訟を起こしてきたので、原告らは被告保険会社に対し州裁判所での訴訟で原告らの代りに被告となって闘い、「危害が原告らに及ばないよう」要求した。これに対し、被告保険会社 Mountain Valley は、工事契約が先行して作成されていない本件では、上記の付保要件が充たされておらず、「保険義務はない」と応じなかった。

(ロ) 原告らは、典型的なコモンロー（州法）事件の本件を多州民事件を理由にニューヨーク州西部地区連邦裁判所（W.D.N.Y.）に訴えた。連邦裁判所は、事件を先ず予審判事（Magistrate Judge）に回付した。

原告らは、予審判事の前で更に次を追加していった。

「確かに原告らと Ellicott Maintenance 社間の工事契約は事故発生時

---

[28] この保険証明書（certificate of insurance）は、証券（policy）が有効（……is in force）であると謳う一方、証明書が単なる情報目的で、付保の証明ではないとの文言になっている。
[29] ただし、ここでの書面とサインは、強制しようとする相手方（保険会社）との間の契約成立要件ではなく、本来の書面契約主義（Statute of Frauds）の問題ではない。

にサインはされていなかったにしても、当事者の**部分履行**により保険証券でいう意味の**作成**はされていたし[30]、第1、当事者はサインは単に事務的（ministeriat）なものと理解していた」。

これに対し予審判事は W.D.N.Y. 宛の報告中で、被告 Mountain Valley は次の理由により「契約の不成立を主張することができない」と推薦した[31]。

(a) 書面でサインがなくても[32]、また履行が完了してなくても、ニューヨーク州法の下で、契約が必ずしも常に不成立ということはない[33]。彼女はこの結論を出すにつき、2点指摘をした。(x) 日常会話的に（in light of common speech）職業人の相応の理解（reasonable expectations of a businessperson）から判断し、(y)「サインし（signed）……」と定めることもできたのに、契約書作成者である保険会社が「作成され（executed）……」としたことで、**サインがなければ保険できない**との主張には共感できない。

(b) 仮に、契約が不成立であったとしても、被告 Mountain Valley の代理店 LRMP 社が原告らを被保険者と表示した保険の証明書を出している本件では、先例によってエストッペル（estoppel）の法理が働く[34]。

---

30 再述法（第2）は、一部履行で補いうることのルールをコモンロー契約形成の2大要件となる**約因の瑕疵**（80）と、サインの瑕疵（141）について定める。
31 この推薦は Report and Recommendation（R&R）を提供して行う。
32 本件の工事契約は、本来のコモンロールール上は口頭でもよい。ただし、ニューヨーク州でもそうであろうが、建築関係契約は、当局の規制法上書面作成が義務づけられる例が多い。これは、規制法上の理由で、コモンロー上の契約の成否とは別の話しである。
33 履行（ただし「一部履行」といっている）により、契約の形成を認める再述法（第2）中のルール（140～143）は「防票方法として」とか、「原状回復のため」に主張できるとの制限つきである。
34 estoppel により**契約成立あり**とする法理も、コモンロー上広くルール化されている。再述法（第2）中にも、いくつかの文脈でそれを定めるが、最も広い文脈では§90がある。本件と同じく、約因もサインのある書面も存在しないのに、契約が形成されるという文脈で働くルールで、次の場合に、約束に法的強制力が与えられる。
（ⅰ）「甲が乙に約束をする、
（ⅱ）甲は、自らが約束をすることにより、乙または第三者に行為または抑止を齎すと相応に予測し、かつ実際にもそれらを齎した、
（ⅲ）その約束を強制することでのみ不正義が防げる。
（ⅳ）ただし、その不正義を防ぐ範囲内での強制に限られる」（90（1））。

第3章　ニューヨーク州法により商事契約を裁く

（ハ）W.D.N.Y. は、上記の Magistrate Judge による R&R をそのまま採用し、結論として原告らの請求を容れる形で判決した。この連邦裁判所の判断に対して被告保険会社は直ちに控訴した。2d Cir. の判断は、次である。

（a）結論において違わず原告勝訴であったが、理由は一審とは違う[35]。サインがなくても、また履行が完了してなくても、契約が成立しているという理由づけを否定し、原告が事故に対する備えとして買った第1の個別契約の下では、被告 Mountain Valley に保険金支払義務はないとした。

（ⅰ）2d Cir. が先ずいったのが、契約文言の平易解釈（plain language meaning）である。本件の争点、**作成された**（executed）の意味を巡ってである。平易解釈のためニューヨーク州の裁判所が共通して行うのが（common practice）、**辞書をみること**である（と、ニューヨーク州裁判所とニューヨーク州最高裁の先例を各引用する）。

（ⅱ）そのうえで Black の法律辞典を基礎に、**作成された**"executed"とは、契約が**サインされる**か、履行がフルになされた意味であるとした[36]（やはりニューヨーク州裁判所の先例を引用）。

（b）しかし被告には、補充として働く意味の包括保険 Umbrella Policy の下での支払義務がある[37]。なぜなら、包括保険契約は、「基礎となる契約」の作成を要件としていない。（ⅰ）反対に、Umbrella Policy の 3（c）は、「何らかの事故以前に貴社が書面で相手に対し付保されると合意している人は被保険者となる」と定め、また（ⅱ）3（d）は、「基

---

[35] 2d Cir. はいう。W.D.N.Y. とは異なる理由によるが、たとえ事実審の理由と異なる理由によったとしても、事実審の判決を確認することは、事実審の記録によって支持される限り、別の理由によってもできる（2006 年の自らの先例を引く）。

[36] Black Law Dictionary 9th ed., 2009 から（ⅰ）サインされた、（ⅱ）（約因などが）なされ、与えられ、または履行された、の2つを参照し、更に、"executed"とは、次のどれにも当てはまる**紛らわしい**（slippery）言葉であるとの注書きをも引用している。（文書が）（x）サインされた、（y）サインされ、かつ捺印して引渡された。

[37] 一般に、特定の種類のリスク（たとえば第三者からの請求権）に備えるものとして、個別保険（primary insurance）があり、その金額で不足するときのための補充の保険を excess insurance といい、また色々な種類のリスクに備える補充の保険として umbrella insurance がある。

礎となる保険の下で被保険者となっている人は、すべて本保険での被保険者となる。ただし、基礎となる保険の保険金の限度以外の**すべての制約つき**（subject to all limitations）の制約である」。

　コモンロー契約では予め、相手方（被保険者）の範囲を特定しないで約束文を出すことでも契約形成が認められ、義務を負わせられる。この点、ニューヨーク州法は固まっている[38]。

(c) Mountain Valley は、Umbrella Policy の 3 (c)、3 (d) の解釈でも 2、3 の異論を唱えた。中でも 3 (d) の「限度以外の制約つきである」には、Primary Policy 中の要件、**工事契約が事故より以前に作成される**が含まれ、要件となると主張した。

　これに対し、2d Cir. は、3 (c)、3 (d) は誰が被保険者になりうるかを定める条項である。2つの条項の間に裁判所が勝手に"and"を加えて解釈し、被保険者としての要件を加重し、複雑にすべきではない（裁判所は**解釈**〔interpretation〕の名の下に、文言を足したり引いたりして**構成**〔constructions〕だと称してはならない）、と述べた。

(二) 一審の裁判所が述べていたもう1つの点について 2d Cir. はいう。

(a) Mountain Valley の代理店が保険証明書（certificate of insurance〔COI〕）を出していたことにより、本件のような個別保険での要件を充たしていない請求であっても、エストッペルの法理が働いて、原告ら追加被保険者に対する支払義務が生ずるか。ニューヨーク州契約法一般の問題として"COI"そのものは、契約成立の証拠の1つにすぎず、契約自体でないことが固まっている（4つの先例を引く）。

(b) 2d Cir. は、次の理由からこの点をニューヨーク州最高裁判所（Court of Appeals）に照会すると述べ[39]、最高裁の判示を求め、回答を待って判

38　再述法（第2）29 cmt. b は、offeror が不特定多数の人に各別に acceptance の権限を与える形での offer をすることができるとしている。

39　このように意見を照会（certify）することは 2d Cir. Local Rule 27.2 によるとしつつ、certify することを必要とする本文のような3要素を挙げている。

断した。(ⅰ) ニューヨーク州裁判所 (Supreme Court) 控訴部 (Appellate Division) の意見がまだ統一されていない、(ⅱ) それが、州法上の大切なポイントである、(ⅲ) この点を明らかにすることが事件解決に必要。本件はこの要件を充足する[40]。

(ホ) 以上の実体判断に加え 2d Cir. は、判決手続上で2つの訓しを示した。
 (a) 1つは、一審の W.D.N.Y. の立場で略式判決を出せるための要件についてである。W.D.N.Y. は、略式判決 (summary judgment) で (原告らに個別保険の Policy の下での保険金の支払を命じる) **原告ら勝訴**を言い渡しているが、その誤りの指摘である[41]。

　争いのない事実を適用される法規に当てはめて当然得られる結論については略式判決を出しうる (いずれも自己の先例を引く)。つまり、少なからぬ事実上の争点がないときにのみ (......no genuine issue of material fact......)、略式判決は可能である。
 (b) 第1の争点、個別保険に法規が適用される限り、本件での W.D.N.Y. の判断は間違っていたが、第2の争点、包括保険では (保険会社は反論していたものの)、少なからぬ事実 (工事契約の先行する作成) が争点にならなかったとして、2d Cir. は自らの略式判決を是認した。

2. 書面契約の解釈に係るコモンローのルール

(1) アメリカでの契約と書面 (解釈) との関係

　以上は、**書面が契約にどんな影響をもっているか**、をみることができる事件であった。次に、**書面と契約の解釈との関係**でコモンローのルールをみる。

---

40 (ⅰ) ニューヨーク州裁判所控訴部、第3部と第4部は、COI が権限のある保険代理店により発行され、当事者が相応にそれに依存していたときは (たとえば工事を開始するなど)、禁反言が働くとしている。
　(ⅱ) 一方、裁判所第2部は、COI 上で正しくない当事者が表示されたケースで、被保険者となることを否定しており、第1部もそれを認めることに消極的 (reluctant) である。
41 結論でこそ一審の判断を支持したが、2d Cir. が支払を命じたのは、包括保険の Policy によってであって、略式判決を出すことが**本来おかしかった**。

① (書面以前の) すべての言辞、表明に係る解釈原則
　(イ) 契約の成否よりも契約解釈の争いの方が、更に契約解釈よりも契約履行に絡む争いの方が多い (もっとも、履行の段階になってから発現する契約解釈の争いも少なくない)。
　　(a) コモンロー契約は、人が他人とバーゲン (bargain) をして約束を交換して生活を築き、運命を切拓いていくことに、その理念を置いている。甲が他人から克ち取った約束の値打ちがどうか、甲が考えていたとおり乙は掛値なく履行するか、何らかの解釈論を振りかざして義務の範囲を狭めたりしないか。再述法 (第2) の第9章が解釈ではなく、**契約義務の範囲** (scope of contractual obligations) という題名なのも、そのような意味からである。
　　(b) 再述法 (第2) は、発せられた言動、書かれた言葉などの最も根本的な解釈に係る古くからの 31 の sections (200〜230) を有する。
　　　(ⅰ) その中には、(x) 広く受入れられている意味について、(y) 技術用語、専門分野での用語について、の解釈原則などのルールもある (202)。
　　　(ⅱ) 言葉の解釈ルール、条項 (terms) 間の解釈ルールに続き[42]、書面全体としての解釈ルール (複数書面の解釈ルール) についても定める (202)[43]。

---

[42] 契約中の各条項間の解釈上の優劣に関する原則もルール化されている (203 (a)〜(d))。
[43] 再述法 (第2) が言葉の意味の解釈でいかに根底まで遡ったルールを用意しているかを示すものとして、「解釈とは、約束、合意または条項の意味を確定すること (ascertainment)」である」とする §200 の次に、§201 により次のルールを定めている。
　「甲、乙間で約束、合意または条項に同じ意味を与えているときは、その意味が支配する (201 (1))」。
　甲、乙間で異なる意味を与えているときは、次によりその一方 (甲) が考えていた意味とする。
　(ⅰ) 甲はその意味以外に、乙が約束、合意または条項に与える意味を知らず、乙は甲が約束、合意または条項に与えた意味を知っていた。
　(ⅱ) 甲は乙が約束、合意または条項に与えた意味を知る由もなく、乙は甲が与えた意味を知り得た (201 (2))」。
　「以上のほかは、仮にそれが「相互の合致」(mutual assent) をフイにすることになっても、甲も乙も、他方が約束、合意または条項に与えた意味に何ら縛られない (201 (3))」。

(ロ) すべての言辞、表明を解釈する考え方、態度に大きく2通りが存在する。外形を重んじるか、表明者の内心を重んじるか、である。
　(a) 今日のアメリカの契約解釈で支配的とされるのは、古典派 (classicism) とも呼ばれる客観主義 (objectivism) によるものである[44]。客観主義の解釈基準は、**内心の眞意**という個人の特殊的意思(真意)を探求するのではない。契約当事者により発せられた言動、書かれた言葉などの外形を見て、聞いて、それを平均人がどう受取るかによりその法的意味を決定しようとする[45]。Farnsworth 流の考えでは、19世紀を通してアメリカ社会は、契約解釈を一般人(素人)の判断 (reasonable person test) に委ねる方向に動いてきたことになる (以上は、理論的な単純化の面があり、再述法も契約目的などを軽視した解釈ルールに組するものではない)[46]。
　(b) 注47の有斐閣書が引用する理論は、今は多少変化してきたかも知れないが、大陸法はむしろ反対であるといわれてきた[47]。コモンローと大陸法の双方に通じ Exeter 大学で比較法学を教える人の注書はその点で参照価値があろう[48]。
　(c) コモンローと大陸法との比較でその基準以上に大きいのが、前章でも述べた法典の言葉の大まかさ、そこで認められている自由法学(自由

44　注5書の Farnsworth も、根拠となる20世紀前半の各州の先例を広く紹介しつつ、「19世紀末までに客観主義の勢いが上昇し続け、今日では裁判所は、どこも客観主義を受容れている」と記している(注5書、I の p. 210)。
45　Farnsworth は、前注に続き述べている。
　「これらの先例から知りうるとおり、一般に普通だとされているような言葉の慣行 (linguistic usage) によって当事者が縛られるのが客観主義である。ある言葉の慣行が一般に普通だとされているかどうかというのは、事実問題(陪審問題)といってよい場合が主であろう」(注5書、I の p. 212)。
46　「契約の主要な目的が確定可能ならば、それに大きなウエイトを与える」という(再述法(第2) 202 (1))。
47　「契約意思表示の内容を明らかにする」ことに関し次のような引用がある(谷口知平編『注釈民法　債権 (4)』有斐閣、1985年、p. 21)。「ドイツ民法 (133) は意思表示の解釈にあたっては真意を探究すべく字句に拘泥すべきでないと定め、スイス債務法 (18) は契約の評価に当っては、合致する真意を探求すべきことを、フランス民法 (1156) は合意において、使用されている文字の意義よりも契約当事者の共同の意欲が何であったか、を探究すべきであると定める。」

解釈や自由心証主義）と、コモンローの厳格さ、それによる当事者が発した言葉の厳格解釈、この違いである。

（ハ）コモンロー契約につき平易解釈原則（doctrine of plain meaning）がよくいわれる。人の言辞を客観的な基準により解釈すべしとする客観主義とは同じではないが、上述のような**平均人**による**常識**（アメリカの判事が好んで使う言葉の１つ）を重視する範囲で近似のルールといえよう。

(a) Williston によれば平易解釈原則とは、書面の意味が表面上平易で一義的であれば、その書面による約束の意味（義務）の範囲は、「四角い紙の四隅」から決めるべし、外部証拠（extrinsic evidence）をみてはならない、というものである[49]。**書面が表面上平易で一義的**ということは、再述法（第2）のいう（以下の③でみる）**統合合意**（integrated agreement）にほかならない。

(b) Williston の場合、表面上平易で一義的か否かの判断は、**普通の商的慣行**[50]**に一応通じた良識ある平均人が行う**としている。そこから、平易解釈原則に対する諸々の批判にある程度応えうるものといえなくもない[51]。別言すれば、自らの言動に普通とは異なる特殊的意味を与えたいならば、その人は Corbin のいうように**説明のための 2、3 の言動を惜しんではならない**、ということである。

---

48 Leone Niglia, *The Transformation of Contract in Europe*, Kluwer Law International, 2003 は、筆者の要約によれば、英、独、仏、伊の４ヶ国の契約法を（主として標準約款と消費者保護の点から）大まかに比較して次のような図式を述べる。英と独……標準書式契約は業界（市場）が主導して作り、政府はウォッチャーの役割に留るのに対し、仏と伊……標準書式契約の業界（市場）による自主性は乏しく、政府がプレイヤとなっている（具体的には、消費者保護判決中で政治的議論がポロッと出たり、理由づけが抽象的であったりすることが、より多い）。

49 Calamari & Perillo, *Contracts*, West Pub., 1997, p. 117.

50 普通の商的慣行としては UCC の定義する３つ、取引の経緯、履行の経緯、市場慣行が挙げられている。再述法（第2）は、UCC に倣って業界の慣行（usage of trade）も解釈補助ルールとしている（203 (b)）。これは、しかし条項（terms）間の優劣に関する原則であって、その用語自体としては、当事者の合意がその部分で欠けていることが前提となる。

51 前注49書（p. 118）は、平易解釈原則は今でも間違いなくアメリカの大半の州で、屢々ないし時々、採用されているとし（undoubtedly……frequently or on occasion by the great majority of the jurisdiction of this country）、そのケースの数は、**びっくりするほど**（staggering……）多く、脚注では「引用不能」だとする。

(c) ケースを読む中で、2d Cir. の裁判官が Black の法律辞典その他の言語辞典を引いているのに屡々出会う。つまり、コモンロー契約の解釈は、**辞典引き**から始まるといってもよいし、それが平易解釈原則のもう1つの意味だともいえる。

② コモンロー契約と書面
(イ) 書面が契約成立の要件となる書面契約主義 (Statute of Frauds) は前 1. (2) でみたが、コモンロー契約は契約義務の範囲を画定する（解釈）上でも、書面 (writing) をとても重視してきた。平易解釈原則も、Williston が「四角い紙……」というように、その応用の柱は書面についてである。上記の再述法（第2）の解釈原則も**書かれた言葉**の意味が大きいし、③でみるような書面に係る**統合契約**と**外部証拠**の原則も編み出してきた。

(a) この書面重視は現在でも続くが、他方で（たとえば商人間での日常取引において）略式的なものもドシドシ認められている。1000年ものスパンをもち、氷河のように少しづつ動く法律であるから、新旧の要素が混合することは否定できない。

(b) アメリカ社会で州境を越えて手広く商いをする商人らは、常時の取引先とは19世紀後半から簡単な電報一本でかなりの財貨を動かすようになった。売主、買主間で交叉する電報の中には不一致の点もありえたが、それでも物品売買取引は進んでいった。

(ロ) その結果が、1960年代に一部で提唱（命名）されたいわゆる**書式間の闘い** (battle of forms) ルールの成文法化である。内容が不一致な電報の交換（書式を後送する形）に関し、2003年改正までの UCC §2-207 が定めていた書式間の闘いのルールには異なる2つがあった。

(ⅰ) §2-207 (1) は、先行する電報などによる offer の内容が合意内容になるとし、

(ⅱ) §2-207 (2) は、（初めの電報を）**少なからず変更する** (materially alters……) のでなければ、後行する電報、書式などが契約内容を規定するとした[52]。

(ハ) 以下の解釈事例は上記（ロ）のルールとは関係ない。コモンロー契約の古くからの解釈上の２大原則、（ⅰ）平易解釈原則[53]と、（ⅱ）書面契約で必須の原則といえる統合契約と外部証拠に関するルールに係る。2d Cir. が判示に用いる再述法（第2）のそのルールに関する言葉を十分噛みしめてみたい。

③ 統合契約と外部証拠に関するロッキード・マーチン社の争い

これは、21世紀になっても四角い紙の四隅の中で平易解釈をするという原則が生きていることを示すケースである。ひところ Spin-Off ということがよくいわれた。本件は、ミシンで有名な Singer 社（その社名も Old Singer）を買収したロッキード・マーチン社と、買収に先立って Spin-Off により誕生した New Singer 社、今の Retail Holdings N. V. との間の、従業員の年金資産を巡る争いである[54]（ERISA などの年金法上のむつかしい問題が争われた訳ではない）[55]。買収（M&A）で、従業員らの年金資産 EOFS が New Singer（被告 Retail Holdings N. V.）に移ったか（M&A の資産中に含まれていたか）、それとも豊かな準備金（約6百万ドル）は Old Singer 社の手元に残ったか、の争いである。

答えが懸っていたのが、コモンロー契約解釈の最も基本的な点の１つ、（ⅰ）一体的解釈ルールと、（ⅱ）統合契約と外部証拠に関するルール、であった（ほかに、陪審制と外部証拠の問題にも一言している）。

(イ) M&A 契約と年金プランに係る経緯

(a) 1950年代、数千人の従業員を抱えていた Old Singer 社は、多国籍企業として世界的にミシンや家具の製造を行っていた。1957年に海外の従業員のための年金プランとして **EOFS Plan** をスタートし（第1 Plan）、そのため Metropolitan 生命保険と契約した[56]。同契約の下で

---

52 いずれの場合も、これらのルールは解釈原則とともに、その時点で契約が成立するとのルールを定めていた。
53 平易解釈原則は、再述法（第2）より１世紀余り早い先例に遡るとされている（Green v. Biddle, 8 Wheat. 1〔1823〕）。
54 Lockheed Martin Corporation III v. Retail Holdings N.V. No.09-2766-cv.（2011年4月26日）
55 Employee Retirement Income Security Act. 1974, 29 U.S.C. § 1001 et seq.

メットライフは退職者に直接年金を支払い続けるとともに、最後に**残った資産はシンガー社（Old Singer）に戻る**と定めていた。
(b) 1972 年になり Singer 社は、この第 1 Plan を閉じ、その後入社の従業員のため新たな別 Plan を作った（今までの従業員にとっては、第 1 Plan がそのまま生き続ける）。
(c) 1980 年代は Singer 社にとってニュービジネス、殊に航空機ビジネスの飛躍の年であった。このため、Singer 社は大幅なリストラが必要と考えた。
(d) そこで、同社は New Singer 社（SSMC 社）を設立するとともに、リストラ目的に沿っていわゆる**資産分離方式により**古いミシン事業を Spin-Off しようと、New Singer 社と Old Singer 社との間で本契約 Spin-Off Agreement（SOA）を作成した。
(ロ) 本契約 SOA は、何をどう定めていたか
　(a) その § 2.01 は、従業員の年金、EOFS Plan につき次の（ⅰ）、（ⅱ）を定めていた（その文言が後に解釈を巡って揉めることになる）。
　　（ⅰ）本譲渡日（1986 年 7 月 18 日）以前のすべての「SSMC グループ債務」と「SSMC 資産」が完全に New Singer 社に移転するよう、Old Singer 社としては相応の努力を払った（……has exercised reasonable efforts）。
　　（ⅱ）本譲渡日（1986 年 7 月 18 日）以前にすべての「SSMC グループ債務」と「SSMC 資産」が New Singer 社に法的に移転したか否かに係りなく、両社は、New Singer 社（SSMC 社）がすべての SSMC 資産の唯一の完全な権利者であり、またすべての「SSMC グループ債務」の引受人であることに合意する。
　(b) 定義条文として次があった。
　　（ⅰ）"SSMC Assets" とは「Old Singer 社、その子会社、関連会社の

56　例の法律 ERISA § 4044（d）により、同 Plan の下で Singer 社とその従業員とは、一定額の拠出を義務づけられていた。

ミシン・家具部門でのすべての資産で、その契約の下での権利を含む」。

(ⅱ) SSMC グループ債務（SSMC Group Liabilities）とは、Old Singer 社とその子会社のすべての債務で、Article Ⅳ と Article Ⅷ の下でNew Singer 社が引受けたものである。

(ⅲ) この「SSMC グループ債務」でいう債務（Liabilities）の引受けについては、更に「引受けされたと明定されているその他の Liabilities に加え、New Singer 社は、ここに Old Singer 社のミシン・家具事業中に含まれていた一切の事業と経営に係る債務（Liabilities）を引受けることに合意する（4.02）」と規定していた。

(c) それ以前に存在した家具事業に関する年金資産としては、Hourly Plan と呼ばれる 3 つの別の Plan があったが、それらは「すべて（in entirety）New Singer 社に移転され」（8.02）[57]、他に 2 本ある Hourly Plan のうち 1 本は Old Singer 社に残し、もう 1 本は、「New Singer 社に移転されて新設される Plan と合体され、New Singer 社により New Singer 社の下で管理・運用される」（8.02（b））ことに加え、次を定めていた。

(ⅰ) Old Singer 社が、Hourly Plan も含め**列記されたすべての Plan**（Enumerated Plan）がアメリカの国税庁（IRS）の定める基準に適合していた、と表明し、それに係る記録を New Singer 社に交付するが、

(ⅱ) §8.02 中では、（海外の従業員のため 1957 年にスタートした）EOFS Plan なる用語は用いられていなかった（これが第 1 Plan と呼ばれ、新しい Plan にとって代られたことは上記（イ）のとおり）。

(ⅲ) 以前に Singer 社で働き、Enumerated Plan 以外の年金 Plan の下で Old Singer 社年金を受給していた従業員については、Old Singer 社だけが引続きその支給を専ら負担するものとする（8.03）。

57　Article Ⅷ は年金の処理についてであり、§8.02 は Pension Plans と題され、6 つの Plan を Enumerated Plan として、全部または一部が New Singer 社に移行するとしていた。

(d) 本契約 SOA と並び、これと同日付の**事務管理サービス契約**があった。

（ⅰ）同契約の下で、Old Singer 社は New Singer 社に移行した年金についても 1987 年末まで管理サービスを提供することに合意していたが、実際には 1987 年末がすぎても、Old Singer 社は当局への年次報告などの管理サービスをそのまま継続して行っていた。

（ⅱ）Old Singer 社の取締役会は、SOA（1986 年 7 月 18 日）より後となる 1987 年末前に旧来の EOFS Plan と他の年金 Plan とを融合させ、一本化したアメリカでの従業員の年金（U. S. Plan）として管理することを決議していた。

(ハ) 一審はどう判断したか

準備金（約 6 百万ドル）が Old Singer 社の手元に残っているか、それとも New Singer 社（SSMC 社）に移ったか。SOA を中心とする契約文言と、その間の当事者らの行為（管理行為を含め）をどう解釈するかである。Old Singer 社を承継した Lockheed Martin 社が原告となって、New Singer 社に対し EOFS Plan についての権利を主張、S.D.N.Y. に訴訟を起こした。

(a) S.D.N.Y. は 2009 年 4 月に審理をし、SSMC 社に譲渡した資産・負債の中に旧来の EOFS Plan の資産が含まれない（Old Singer 社に残っている）と判断した[58]。

(b) 審理の中心となったのが、コモンロー契約の解釈原則、統合合意と外部証拠の問題であった。

（ⅰ）コモンロー契約のルールでは書面契約があって、統合合意（integrated agreement）であることが明白な場合は[59]、外部証拠

---

[58] EOFS Plan について当事者は何ら追加の証拠を出していないが、その後の行動、中でも Old Singer 社が、ずっと Plan の管理も続けていたことが主な理由であるという。

[59] 統合合意とは、読者になじみがあるところでは、大抵の国際契約の末尾近くにある、「……本契約は当事者間でのこれまでの合意、了解すべてを含んだもの……」などの条文である。ある書面が 1 つの主題についての当事者間の必要かつ十分な合意を表しているものをいう。再述法（第 2) は書面契約を、この完全統合合意と一部統合合意と標準合意（standard agreements）の 3 つに分け、統合合意であるか否かは、裁判所が他のルールに先行して決定すべき問題であるとする (210 (3))。

(extrinsic evidence) を顕出することを許さない。明白 (definitive and unambiguous) の判断は、その書面の意味が多義的でない (一義的である) との判断を内包する。

(ⅱ) S.D.N.Y. は、豊かな準備金が§ 2.01 と 4.02 の言葉そのままでは譲渡した資金・負債の中に含まれるが、§ 8.02 では"EOFS Plan"が (Enumerated Plans) 中に入っていないから、書面の意味がはっきりしない (uncertain) 場合であるとして、SOA を統合 (integrated) 合意とは判断せず、外部証拠の提出を許し、それら証拠 (事務管理サービスなど) の力により (a) のとおり判断した。

(c) コモンロー契約のルールで書面が一義的でなく外部証拠 (extrinsic evidence) の顕出が必要で、それを許すかどうかの判断は裁判所の専権であり[60]、仮に陪審制であっても、裁判所の判断に委ねられる[61]。しかし、一旦、外部証拠の顕出が許されれば、顕出が許されたその外部証拠の評価・判断は陪審員だけができる[62]。

(ニ) 二審の 2d Cir. は、S.D.N.Y. によるこの書面契約の解釈に対し、

(ⅰ) SOA は EOFS Plan の下でのすべての資産を New Singer 社に移転させる一義的意味を有した統合契約であると判断し、

(ⅱ) 外部証拠顕出の必要を認めず、結論として S.D.N.Y. の判決を覆し、次のように述べた。

(a) 当事者がその適用に合意しているニューヨーク州法の下での契約解釈の基本が、**表示された意図に効果を与える** (give effect to the expressed

---

60 証拠を採用するか否かは裁判所の判断である。書面契約がその契約主題についての統合合意で、主題についての一義的な意味を与えると判定されれば、外部証拠顕出の必要はなくなる。このため裁判所は、書面契約が統合合意か否かを先ず判断しなければならない。

61 「統合契約の解釈が、外部証拠の信用性か、そこから帰納されうる合理的推論を加味して行われるときは、その解釈は事実の評決者 (tryer of facts) によって決められるが、外部証拠を参照しない (統合契約内の解釈、それだけの解釈の) ときは、法律の問題 (question of law) として解釈される」(再述法 (第2) 212 (2))。

62 ここで挙げる 2d Cir. の事例の第一審 (その大半が S.D.N.Y. で行われている) は、すべて陪審員なしの bench trial であり、事実の判断も第一審の裁判所の専権に委ねられる。

intentions）にあることは、もう格言に近い。そのために、まず書面契約が統合されているか否かをみて、その書面だけで当事者の意図が明確に表示されているのか、外部証拠をみなければ判らないのかを決めることになる。

(b) 分水嶺となるのは、その契約の意味が不分明（ambiguous）で一義的（unambiguous）ではないかどうかである。

　（ⅰ）一義的とは、用いられている言葉が明確かつ正確な意味をもち、**異なる意見を容れる相応の基礎がない**、ことをいう（やはり、先例を援用）。反対に、相応に理解力のある人が、その文脈も含め吟味したうえで、２つ以上の解釈が成り立つというのであれば、契約は二義的（ambiguous）である。我々の先例は、そのことを示している。

　（ⅱ）不分明さ、二義性を判断するのは、書面の外ではなく、「四角い紙の四隅の中で」先ず確定することとされる（ニューヨーク州裁判所の先例に依拠して自らの出した先例の言葉を援用する）。

(c) 書面契約が一義的か否かは、「法律問題」（question of law）であって、（陪審問題ではなく）裁判所が決すべきであるところ、判断に当って裁判所は、書面契約を**全体として（as a whole）一体的にみる**、ことが必要である[63]。もし、文書が全体として当事者の総合的意図（over-all intention）を明示しているならば、我々は、かけ離れた条文を吟味するに当っては、その契約目的を平易に解釈して、それに沿った構成を行うべきである。

(d) 以上のルールに沿って解釈・構成すると、SOAの意味するところが二義的（ambiguous）であるという風には考えられないから、条文自体の文言の意味を吟味すればよいところ、柱となるミシン部門のEOFS Planの移転をカバーする条文（2.01と4.02）の言葉は、**資産・負債すべて**（……"all" of the assets……）としており、EOFS Planの資産・負債

63　一体的解釈ルールとして「書面は全体を一つとして解釈し、また一つの取引がいくつかの部分書面からなるときは、すべての書面が一体として解釈される」がある（再述法（第２）（202（２）））。

すべてを広く含む意図を表している。

④ キリギスタン通信会社の主張と条約の自己執行力
 (イ) キリギスタンの通信会社 KATEL がアメリカの通信会社 AT & T Corporation（AT & T）を S.D.N.Y. に訴え、そこにキリギス電々会社（KT）が訴訟参加したという事件で、契約の**一体的解釈**のルールなどを巡る争いとなった[64]。KATEL と AT & T 間の本契約は 1993 年とかなり古いが、
 　(ⅰ) その第 7 条では、「KATEL と AT & T 間で直接回線ができ次第、キリギスタンとアメリカ間の通信では互いに相手方を利用する……（will begin routing traffic......）」と定め[65]、
 　(ⅱ) 非専属権（Non-Exclusive Privileges）と題された第 19 条では、「本契約のいずれの合意も、一方が第三者との間でこれと似たような契約を結ぶことを妨げるとみなされない（no......shall be deemed to restrict ......）」と定めていた。
 (ロ) 本契約後の推移
 　(a) KATEL と AT & T は互いに送信を始めたが、1997 年には AT & T はキリギスタンとアメリカ間の通信のためキリギス電々会社（KT）との間でも、契約を結ぶとともに、KATEL への送信を止めて了った。更に、その後間もなく AT & T は KT への支払も止めて了った。
 　(b) KATEL、KT および AT & T 3 社の代表は紛争を解決しようと、1999 年 10 月 11 日、AT & T のニュージャージー州本社に集った。その席で AT & T は KATEL および／または KT に 112 万ドル余の料金支払債務を負っていることは認めたが、問題の根本的解決には至らず[66]、その後も AT & T は 2002 年 5 月までは、KT には（間接ルートによるものも含め）送信を続けていた。

---

[64] KATEL LLC v. AT & T Corp. No. 09-1575-cv.（2010 年 5 月 27 日）
[65] 仮に、通信が巧くいかないときは、そのときにのみ、ロシアとトルコ経由を利用するとの例外も定めていた。
[66] KATEL と KT 間の根本的解決の意味には、政府による監督、出資、免許などを含むキリギス共和国内の複雑な問題があった。

(c) AT＆Tは、2002年5月に中間のサービス会社を介して送信する"refile"方法を採用し始め、KATELおよび／またはKTを経由することは一切なくなった[67]。

(ハ) KATELは、2002年3月28日に本件訴訟を提起した。KATELはKTをも事件の当事者に加えようとしたが果せず、連邦訴訟規則FRCP上で必要とされる当事者を確保した形にするため[68]、KTとの間でKTが2002年5月までにAT＆Tに対して有した権利についての譲渡契約を結んだ[69]。

(a) ところが2003年9月4日にKATEL v. AT＆T訴訟にKTが自ら参加してきた（KATELはAT＆TがKTを唆して、**そうさせた**と主張する）。

(b) 訴訟が3角訴訟の形となったところで、AT＆Tは、AT＆Tが2002年5月分までの料金としてAT＆Tおよび／またはKTに負っているとして3当事者間で合意した金額である112万ドル余りをS.D.N.Y.に預託して裁定（interpleader）を申立てた。

(c) S.D.N.Y.はこのAT＆Tの裁定申立てを許容し、それを基礎として3者間で（ⅰ）その112万ドル余の金額は争わない、（ⅱ）KATELとKT間で互いの取分がいくらになるかは、両者間に下される仲裁判断に従う、という**訴訟上合意**（stipulation）が交された[70]（その後の仲裁判断ではKATELに全額が帰属するとされ、2006年10月S.D.N.Y.は預託金のKATELへの払渡しを命じた）。

(ニ) 肝心のKATEL v. AT＆T訴訟でS.D.N.Y.はすべての請求原因につきAT＆T勝訴の判決を下した。

(a) KATELの請求原因とは（ⅰ）本契約7条違反、（ⅱ）AT＆Tが

---

[67] 連邦通信委員会（FCC）による1997年8月18日付規則により、これがFCCによっても「国際通信の安価で合理的方法」として認められた。
[68] 判決中で言及するRule 12（b）（7）は、係争物につき権利を主張する者などのRule 19による必要的当事者の併合洩れである。
[69] ロシア語で6ページのもので、訴訟用に英語版も作られた。
[70] 訴訟上合意についてのコモンロールールは再述法（第2）§94にあり、係争物についての当事者（または代理人）間の約束事で書面かつサインを要する、とする。

KATEL — KT 間の取引利益を不法に侵害した (tortious interference with business relationship)、(ⅲ) AT＆T が KATEL 回線の利用を止めた後の期間についても、AT＆T は国連の国際通信規則 (ITR) により KATEL に料金の支払義務があるというものであった。

(b) これに対し、S.D.N.Y. の判断は次である。(ⅰ) 第 19 条は本契約の非専属性を明確に定めたものであり (本契約第 7 条は単なる回線利用の合意であって)、AT＆T による本契約違反の事実はなく、(ⅱ) KATEL — KT 間の取引利益を不法に侵害したとの主張には証拠がない (唯一 KATEL の代表者 J 氏の証言は何らの特定の事実も示すことがなく抽象的な内容で終っている)[71]。

(ホ) そこで KATEL が 2d Cir. に控訴した。

(a) 控訴理由書中では 5 つを挙げている。(ⅰ) AT＆T の契約違反、(ⅱ) 仮に契約違反を構成しなかったとしても通信業界の慣行上 AT＆T は KATEL に対する料金支払義務を負っていた、(ⅲ) KATEL — KT 間の取引利益を不法に侵害した点についての証拠は十分である、(ⅳ) 国連の国際通信規則は私人に直接請求権を与えている、(ⅴ) J 氏の証言につき S.D.N.Y. が更なる補充証言を認めなかったのは裁量権の乱用に当る。

(b) 2d Cir. は KATEL の控訴申立理由第 1 につき、本契約がニューヨーク州法によるとしていることを前提に、ニューヨーク州契約法の解釈原則では「当事者の意図がすべてである……(……intent of the parties governs)」と、先ず判示する (自己とニューヨーク州裁判所の先例との両方を援用)。

(ⅰ) **当事者の意図**とは、その合意中で使用された言葉の平易な意味により確認される (ニューヨーク州裁判所の先例を援用)。また、合意書中の条文すべてに十分な力を与えなければならない (ここでもニュー

---

[71] KT の方が KATEL よりもキリギスタン内で有力な事業免許を有していると AT＆T が信ずるに相当な基礎があった。

ヨーク州裁判所の先例を援用）。当事者の意図が合意文の表面上決定できるときは、その解釈は法律問題であり、事件は略式判決に熟している（ここでもニューヨーク州裁判所の先例を援用）。

（ⅱ）その上で本契約に立ち戻り、第7条と第19条とに十分な力を与え併せ読むことが必要であり、そうなると第7条は、アメリカの物品売買契約の1つのタイプとして存在する全量契約（requirements contract）ではないし、そう解釈しないと第19条との折れ合いができない。従ってAT＆Tは、KATELに専用義務を負っていた訳ではなく、契約違反も存在しない、と述べた[72]。

(c) 第2点のAT＆Tが訴訟上合意（stipulation）した112万ドル余以外にも料金支払義務があるかのような主張に対する反論は次である。（ⅰ）1997年から2002年5月分の料金としては、当事者は一旦、**訴訟上合意**をした以上、当事者がそれに縛られるのは勿論、裁判所もそれに立ち入れないし、入るべきではない[73]。（ⅱ）2002年5月から後の期間についても料金支払義務があるとして業界の慣行を挙げるが、ニューヨーク州法では、契約（合意）自体が不明確（二義的）なときにのみ、業界の慣行を呼び込める（ここでもニューヨーク州裁判所と、自らの先例の2つを援用、なお前注50参照）。

(d) 次の取引利益に対する不法侵害もニューヨーク州法の問題であり、（ⅰ）その下での要件は、(x) 原告が、原告と第三者間の有効な契約の存在を示せる、(y) 被告がその第三者をして契約違反をさせるべく故意に不法な働き掛けをし、(z) それにより第三者による契約違反とその結果としての損害金の発生がある、となるところ、（ⅱ）KATELは二審でも例のJ氏の証言しか出してこないが（2d Cir.は、同

---

[72] この絡みで、KATELが、自らの回線を利用するのが**第1（順位）**だと本契約中にはない"primary"の語を使ったのに対し、2d Cir.はRandom Houseの英語辞典を引いて、意味が違うとしている。

[73] 裁判所が立ち入れる例外は、詐欺などのみとするニューヨーク州裁判所のと、自らの先例の2つを援用。

氏証言の該当部分を全文引用する)、それでは他の要件のことは兎も角、必要な具体的な事実（介入の場面、態様、方法など）が何一つ示されていない。それなのに、KATEL は略式判決を求めている。

(e) 残る大きな実体法上の争点は、ITR が KATEL による AT＆T に対する請求などの私権を認めることに用いられるのか、つまり条約 ITR の自力執行（self-executing）が認められるかである。

（ⅰ）2d Cir. は、国連の機関の 1 つである国際通信連合 International Telecommunications Union（ITU）が 191 の加盟国から成る責任ある国際機関であり、それが作成した規則 International Telecommunications Regulations（ITR）が条約としての力をもつこと、かつアメリカもキリギスタンもその加盟国であることを確認している。

（ⅱ）そのうえで、この問題（条約の自力執行力）につき次のように述べた。(x) 明示で反対の言葉がない限り、条約が私的に強制可能な権利を創造することはないとの推定（presumption）がある（自らの 2008 年の先例より）。(y) 加盟国は、条約により私人に強制可能な権利を与えたいのであれば、一義的な表現を求めるし、更に、(z) 私人に何らかの権利を与える条約であっても、それだけで国内で私的な請求権が生ずるのは一般的ではない（ここで刑事〔人身保護令状〕との絡みではあるが[74]、最高裁の先例を援用する)[75]。

---

[74] Medellin v. Texas、552 U.S.491.506 n. 3（2008 年）なお、この先例の n. 3 では本文と同じ文言（ただし、presumption の代りに、"background presumption" といっている）の後、再外法（第 3）§ 907 cmt. a に言及する。また、n. 2 では条約の自力執行（self-executing）とは、連邦法としての自動的国内効力（automatic domestic effect......）の意味であるとし、そのような self-executing のものか否かは連邦議会の立法によって決まるとしている。

[75] Medellin 事件では、国際司法裁判所の判決（Medellin を含む 51 名のメキシコ人についてアメリカ政府がウィーン領事条約違反を犯したとする）を受け、大統領も同判決に沿って善処する旨の言明を出していたが、連邦最高裁は、条約自体がその旨を明文で定めるか、連邦議会がそれに沿った立法をするまでは、人身保護令状発令を制限している Texas 州法にその是正を求めることはできないとした。

(2) 金融などの契約分野による解釈例とルール

① 借主による第1拒絶権は行使されたか

前 (1) がコモンロー契約総則中の代表的ルール、統合合意と口頭証拠排除原則[76] の解釈で争っていたのに対し、この (2) では、契約各論（融資契約 (①)、預金契約 (②)、保険契約での代位の問題 (③)、代理契約 (④) など）での解釈論が争点となっている。その第1の本件では、第1拒絶権 (first right of refusal) が争点の1つであった[77]。

アメリカでも Loan Agreement (LA) などの金融契約は、商事取引の重要な柱の1つで、それには当事者間の予めの合意でニューヨーク州と定める例が圧倒的に多い（第2章2.）。本件は、LA 中の「第1拒絶権」条文の解釈を巡る争いのほか、コモンロー契約で時に争いとなる「定時履行特約」(time is of the essence) の意味についても論じられている。

(イ) アメリカでは、殆んどの金融取引で借入人が LA にサインするほかに、手形 (Note) も作成して提出する (……make and deliver……) ことを求める。本件でも借主 Trafalgar Power 社と貸主 Aetna Life Insurance 社は、LA の作成に加え、A、B、2本の Note がその間で振出された。

(a) 生保による融資契約一般によくみられるように、本件 LA でも、(ⅰ) Aetna Life がローン債権や融資契約そのものについて譲渡権を有するとする条文があり、(ⅱ) 貸主が Note A、Note B を譲渡するときには、借主が first right of refusal を有することを定めていた。つまり、貸主が Note の譲渡による譲渡権を行使するためには、借主 Trafalgar の「第1拒絶権」発動を促す必要があった[78]。

(b) 貸主 Aetna Life は、LA の下で借主 Trafalgar が振出した A Note と

---

[76] 口頭証拠排除原則 (parol evidence rule) は、教授によっては大きく扱って教科書の章のタイトルにしてアピールしているが、再述法（第2）では、統合合意ルール section の1節としてしか出てこない (212 (2))。

[77] Christian Falls Corporation, Trafalgar Power v. Algonquin Power Fund Inc. No. 09-4408, 4610-cv,. (2010年11月1日)

[78] option の太字法ルールはコモンロー契約の再述法（第2）中には存在するが (25)、第1拒絶権のルールはまだ太字化されるところまでいっていない（個別の先例に当たるしかない）。

B Note を Algonquin グループへ上記の譲渡条文により譲渡した。これに対し、譲渡が Trafalgar の**第 1 拒絶権を侵害した**、というのが本件である（被告には Algonquin の外に Aetna Life Insurance がいる）。

 （ⅰ）関連する争いとして、借主 Trafalgar が LA の下でデフォールトになり、そこで Algonquin が B Note の期限の利益を有効に失わせられたかがあり[79]、

 （ⅱ）次いで焦点の、Aetna Life が Algonquin に B Note を譲渡するにつき、Trafalgar との第 1 拒絶権合意に沿ったかがあった。

（ロ）コネティカット州内の裁判所は、Aetna Life による LA 違反を否定した。

 （a）コモンロー上のオプション（option）に似た第 1 拒絶権を生じさせるのは、元の（original）契約である LA であるところ、そこでは、各 Note は、「借主が第 1 拒絶権の『行使通知』中に特定した日に借主へ売戻され、移転され、定めどおりに借主が Note を買戻さなければ、借主は権利を失い、貸主は Note を売却できる」と定めていた（15 条）。

 （b）B Note 譲渡に係る Trafalgar の第 1 拒絶権について、借主 Trafalgar が拒絶権を適切に行使しなかったとして、第 1 拒絶権を失った（......forfeited）とした。具体的には、借主 Trafalgar が「行使通知」中に定めておいた指定日（sale date）に買戻しを**実行しなかった**ことである。

 （c）上記 B Note の失期問題については、Algonquin が期限の利益喪失条項の定める手続をとらなかったとして、Algonquin の求めていた略式判決の申立てを棄却した。

（ハ）双方が不服申立てを行ったところ、2d Cir. での検討は、次のようになされた。

 （a）上訴理由中で借主 Trafalgar は、第 1 拒絶権の行使日時について契約中には"time is of the essence"の定めがないから、自社が行使通知中に特定した日の解釈は厳格に考えなくてよい筈だと主張した[80]。こ

---

[79] 期限の利益を失わせられなければ、コモンロー本来の厳格さから分割弁済スケジュールどおり忠実に少しずつしか請求できない。

れに対して 2d Cir. はいう。

（ⅰ）time is of the essence は、「そのような文言が存在するか否かという形式的な理由により判断するのではなく、すべての要素、中でも option を作り出した元の契約から推して当事者の意思を判断すべきであり」、

（ⅱ）「本契約第 15 条の文言からすれば、当事者が厳格に日時を定め、それを守ることが当事者の意思であったと判断するのが妥当であり、一審の決定が支持されるべきである」。

（ⅲ）2d Cir. はまた、別の先例によるルールも引いている。

「契約条項が、履行のための日時を定めるだけでなく、それを守らないときの結果についても定めているとき、それは普通、"time is of the essence" を定めているものと構成される（……usually……construed to make……）」。

(b) 以上は B Note についての攻防であったが、A Note についての判示もある。

（ⅰ）Trafalgar は、Algonquin が A Note につき買受けのオファを Aetna Life に対ししてきたことにつき、Aetna Life が適切に Trafalgar に知らせることを怠ったとし、それゆえ Trafalgar は未だに option 行使権を保持していると争った。

（ⅱ）2d Cir. はいう。

「記録によれば、Aetna Life が『貸主による通知』と印された手紙を Trafalgar に送付し、それとともに、Algonquin による A Note 買取り条件などを送ったことが明らかである。つまり Aetna Life は、LA が求めていたような通知義務を果している。Trafalgar は、そのような通知に適切に対応しなかったことにより第 1 拒絶権

80　time is of the essence については、コモンロー契約に太字法としてルール化されている（再述法（第 2）§ 242 (c)）。その要旨は、たとえ、書面合意中に "time is of the essence" と書いていても、契約の中味・性質から実質的に判断される、という。本件は、逆の場合（"time is of the essence" と書いていない場合）に、履行期につきどう判断すべきを問うている。

を失い、Aetna Life が A Note を Algonquin に処分することを許した」。

(c) 最後に Trafalgar の主張、「Algonquin が元の LA の定めどおりの失期手続をとっていなかった」に対しては、本件ローンの受託者 State Street Bank をして通知 (notice) などの失期手続をとらせており、それが LA 中の通知条文の文字どおりでなかったとしても、通知についてのコネティカット州のコモンローは実質主義であり[81]、問題はない。

(二) 本件はこのように、(ⅰ) 契約 (第1拒絶権) の意味の解釈と、(ⅱ) 義務履行時期を巡るコモンロー上の争いである。コモンロー上オプション (an option) と比類される first right of refusal の太字法化はどこまで進んでいるか。

(a) 再述法 (第2) のルールでは、第1日に、申込人 (offeror) 甲が被申込人 (offeree) 乙に対し (世間一般に対してでもよいが) 撤回不能な offer をすることで、契約 (contract) が形成される (今は廃された古いコモンローの分類での unilateral contract に当る)。第5日でも、乙が offer を accept すれば、その日から乙も offer 中の約束に拘束されるが、それまでの乙は、何らの法的拘束も受けない。

(b) 再述法 (第2) 中に太字法化されるところまでいっていないが、第1拒絶権につき Farnsworth は、次のように記述している[82]。

(ⅰ) offer のみで契約 (contract) が形成される option との違いは、第1拒絶権は、それのみでは休眠状態 (dormant) という点である。第1拒絶権の付与者 (grantor) が、第三者から付与者の受入れ可能な offer を受けるまでは、何らの法律効果も生じない。

(ⅱ) 第1拒絶権の権利者 (所持人、holder) は、その付与者 (grantor)

---

[81] notice についての実質主義はコモンロー一般のルールでもある。形式主義でないことは、被申込者 (offeree) が受諾 (accept) したことをその他の事情から申込者 (offeror) が知らないであろう思われるときにのみ、被申込者 (offeree) に受諾通知を義務づけていることからもわかる (再述法 (第2) 54)。
[82] 注5書 (I. p. 351 以下)。

から将来 offer を受けうる権利を有するのみである。optionee は accept さえすれば、契約当事者となれるのに対し、holder の権利は、付与者（grantor）が第三者から受けた offer を受入れ可能と判断することを条件とする。

(iii) 第三者から offer があり、それを受入れ可能と判断すれば、付与者（grantor）は、第1拒絶権者（holder）に対し offer すべき義務があり、offer 内容は、第三者からの offer 内容に（全く同一でなくとも）、略近いものであることが要せられる。

② シティバンクと五番街の法律事務所の不渡りを巡る争い[83]

アメリカのコモンロー契約で例外的に制定法が作られる分野では、コモンローの自然な展開を妨げないよう、制定法文の意味は狭く解釈される。本件はニューヨーク州制定法（UCC 条文）と、銀行取引約定書との関係で、その例を示すと同時に、制定法がある限り、その力は不文法（コモンロー）より優先することを示す。

(イ) 事実は次のようである。

(a) マンハッタン五番街の法律事務所 Fischer Mandell LLP（F&M 法律事務所）は、2009年1月、新規の顧客から Wachovia Bank の小切手22万ドル余りを受取って、Citibank にある F&M 法律事務所の顧客信託口座へ入金した。

(i) 新規の顧客からは、「ある先からの返済金の一部として受取ったものだ」との説明を受けたという。

(ii) 1月19日、その顧客から、顧客口座資金の一部18万ドルの電信送金依頼があり、F&M 法律事務所がインターネットでチェックしたところ、顧客からの要請額を超える金額が**資金化**（available）、と表示されていたので、依頼どおり18万ドルを韓国へ送金した。

(iii) 更に、2日後の1月21日、顧客からまたもや送金の依頼を受けた

---

[83] Fischer Mandell LLP v. Citibank No.10-2155-cv.（2011年2月3日）

F&M 法律事務所は、再びインターネットでチェックした。6万ドル余りが利用可能となっていたので、依頼されたとおり、2万8000ドルほどをカナダへ電信送金した（Citibank は送金を BOA 経由で行った）。
  (b) その日の午後、Citibank は、ニューヨークの連邦準備銀行（FRB）から「小切手が偽造であることが発覚した」として、不渡り通知を受けた。
    （ⅰ）Citibank は、F&M 法律事務所の別の口座から不足額（不渡り小切手分）を引落した。
    （ⅱ）不渡り通知を受けた F&M 法律事務所は、その日の 3：30 pm 頃、2つの電信送金を取消すよう、Citibank に要請した。しかし、Citibank は、取消手続を翌1月22日の6：00 am すぎまでとらなかった。
    （ⅲ）その後、1月27日と1月28日になって、2つの電信送金は、いずれも1月21日の上記 F&M 法律事務所による取消依頼の前に既に払出されていたとの連絡が入った。
(ロ) 上記の事実の下で採られた法的手続は、次の経過を辿った。
  (a) F&M 法律事務所は、S.D.N.Y. に（ⅰ）2つの連邦法違反と（ⅱ）州法違反の請求原因を主張して2月9日に提訴したが、S.D.N.Y. は、（ⅰ）連邦法の下での請求を棄却し、（ⅱ）州法上の請求については、任意的な管轄権の行使を拒否した。単なる電信送金を巡る私人間の争いで連邦裁判所に提訴するには、多州民（diversity）でなければ、連邦法違反を理由とする必要があった[84]。
  (b) F&M 法律事務所は、S.D.N.Y. の判決に対し上訴する代りに、7月14日になって、契約違反と過失というコモンロー上の理由によりニューヨーク州裁判所に訴えを提起した。

---

[84] 連邦問題についての第1章2. 参照。なお、2つの連邦法とは、（ⅰ）Electronic Fund Transfer Act, 1978、（ⅱ）Expedited Funds Availability Act（12、U.S.C.4001）である。前者は、Fed の規則 Reg E が実施細目を定めるが、消費者保護法の1つであり、後者は、Fed 経由の金融機関間の資金決済法である。

（ⅰ）実体法（ニューヨーク州コモンロー契約）の議論では先ず、CitibankとF&M法律事務所との本契約（Agreements）がどう取決めているかが問題である。本契約には、事業利用者規定（Business User Agreements）のほかに、証券類の預金口座への受入れ、不渡り問題について易しく説明したCitibankの手引き（Manual）と追補（Addendum）が含まれていた。

（ⅱ）銀行の預金取引に係る本契約は、制定法であるUCC Article 4 [85]か、非消費者による電信送金取引法であるArticle 4Aか、いずれかの中に含まれる強行法規に反しない限り、すべて当事者間の合意（本契約）どおり有効である。

（ⅲ）UCC Article 4、Article 4Aは、基本的に任意（補充）法規であるが、ニューヨーク州裁判所の先例には、「商取引の安定性と可視性を高める目的がある」、「大量の小切手などの処理の統一化のため商取引（取立などの契約）を規律する必要性がある場合」などにその一部につき一定の強行法規性を認める[86]。

(c) F&M法律事務所の第1の請求原因の**契約違反**とは、本契約（Agreements）の違反、具体的にはCitibankのウェブサイト上の表示、**利用できる**（available）に問題があったということになる。また、第2の主張、Citibankの過失（negligence）とは、相応な注意を欠き送金の取消しをするのが15時間遅れたことにある。

（ハ）これに対し、一審のS.D.N.Y.は判示した。

(a) ManualやAddendumの諸契約の文言中の、**利用できる**（available）の意味が、「暫定的なもの」（provisional……）と説明されており、本件のような証券類の預金口座への受入れとの絡みでは、不渡りで戻って

---

[85] Article 4は、1950年に当初作られ、1990年に改正されたが、主な狙いは、アメリカで多用されている（いた）小切手入金に効率的に対処するため、証券類の預金口座への受入れ、不渡りに対する規定を充実させることにあった。
[86] Putnam Rolling Ladder Co., v. Mfrs. Hanover Trust Co., 74 N.Y. 2d, 340, 349 (1989).

きたら「払い戻して貰いますよ」という charge back の定めである。契約に反したとはいえない。
  (b) 第2の主張、過失についても判示した。
    Citibank の Agreements 中の過失責任を否定する定めも UCC の強行規定に反するほどのものはない。更に、仮に 15 時間遅れが過失に当るとしても、それとの因果関係で損害金が生じた訳ではない。
  （ⅰ）銀行が契約中で、信義則義務や普通の注意力を欠くときにまで無責任を定めていれば、それは Article 4 に反する[87]。
  （ⅱ）しかし、ここでの Manual や Addendum が強行規定に反するような権利を Citibank に生じさせている訳ではないから、文言どおりに判断してよい。
  (c) 条文 § 4A-211 (2)、中の "sender" と "receiving bank" の意味解釈を巡っても、意見が分かれた。
  （ⅰ）F&M 法律事務所側は、Citibank は receiving bank ではなく、sender であると主張したが、
  （ⅱ）S.D.N.Y. は、同条でいう sender とは、送金取消しを撤回しようとする F&M 法律事務所のことであり、Citibank は、その指示についての receiving bank であるとした[88]。この議論では sender とは「……指示を与える人」であると定義する 4A-103 (a) が足がかりにされた。
 (ニ) F&M 法律事務所は、これらの S.D.N.Y. の判示を不服として、上訴したが、二審の 2d Cir. も、契約違反、過失、4A-211 (2) の解釈適用、いずれの点でも、S.D.N.Y. の判断をサポートした。

---

[87] 銀行が普通の注意を欠いていても、charge back できる期間を延長する旨の定めは、Article 4 に反し、無効とされた (Sunshine v. Bankers Trust 10, 32 N.Y. 2d 404, 410 (1974))。
[88] § 4A-211 (2) は次のように定める。"communication by the sender canceling or amending a payment order is effective……if notice of the communication is received at a time and in a manner affording the receiving bank a reasonable opportunity to act on the communication before the bank accepts the payment order."

このほか２つの連邦法違反も再び主張したが、いずれも適切ではないとされた。
③　保険約款中の代位条項はどこまで有効か
　これは保険契約中の（限度以下の）自己負担部分についてコネティカット州のコモンローによる"doctrine of make whole"原則と、保険約款中の代位条項（subrogation clause）との闘いである[89]。
（イ）事実的背景の要点
　（a）保険代理店 TD Bank North は、2005 年に Haynes 建設が A 団地の建築工事を請負うにつき、工事請負業者の Haynes から然るべき保険契約を斡旋するよう依頼を受けた。そこで TD Bank North は、（ⅰ）Peerless 保険から建築工事保険を、（ⅱ）Hartford 保険から火災上の責任保険を、それぞれ契約する斡旋を取得した。
　（b）ところが、2006 年 2 月 Haynes が請け負っていた通称"Lot 14"の工事現場で火事があった。Haynes は Peerless 保険に対し、その火災保険金の支払を求めたが、Peerless 保険は、Lot 14 が対象となる工事現場として保険証券上にリストアップされていなかったとして、保険責任を否定した。
　（c）そこで Haynes は、TD Bank North に対し契約を斡旋するうえで、Lot 14 の記載を漏らしたことの過失責任を追及した。TD Bank North は、予めこのような過失責任に備えて、Fireman Fund 保険から自己負担額 15 万ドルの制限付の過失責任保険（E&O 保険契約）を買っていた[90]。TD Bank North は、Fireman に対し保険事故（過失）について適時の通知をした。
　（d）7 月、TD Bank North、Haynes と Fireman は、三者間で和解し、

---

[89] Fireman Fund Insurance Company v. TD Bank North Insurance Agency Inc. No. 10-0797-cv.（2011 年 4 月 29 日）
[90] この E&O 保険契約は、「TD Bank North がそのプロとしての仕事のうえで、過失やエラーや漏れがあったことによる法的に支払うべき損害金」をカバーする約定となっていた。

TD Bank Northが15万ドル、Firemanが20万ドル余り合計35万ドル、事故による損害に略等しい金額を支払って決着した。それと同時にHaynesは、Peerless保険およびHartford保険に対する保険金請求権をFiremanとTD Bank Northに一括譲渡した。

(e) そこで、FiremanとTD Bank NorthはPeerless保険およびHartford保険に対して35万ドル余の支払を求める訴訟を起こし、これまた和解により、TD Bank Northからの完全な免責状（release）と引き換えに[91]、Peerless保険が9万ドル弱、Hartford保険が12万ドル余りを支払って、決着した。

(f) その際、Peerless保険およびHartford保険が支払った21万ドル近くは、エスクロウ勘定に預け入れられていたところ、その分け方を巡って、TD Bank NorthとFiremanとの間で話しがつかなかった。具体的には、TD Bank Northが自己負担額15万ドルとして支払った分につき、Fireman保険とTD Bank Northのどちらが、いくら権利を有するかが未解決のままとなっていた。

(ロ) この決着を求めてFiremanが申立てていた第一審の（コネティカット州内）連邦裁判所は、Fireman保険が全額これに対する権利を有するとした。これに対し、TD Bank Northは、コネティカット州コモンローの下では、自己負担額について回復権（make whole doctrine）が認められ、自社がFireman保険より優先してエスクロウ金額を受取れると主張した。

(a) この主張に対し、第一審裁判所は、E&O保険契約中の代位条項の解釈からすると、そうした回復権（make whole doctrine）は否定されていると判断した（この第一審裁判所の判断は代位条項の文言からは無理もないものであった）[92]。

---

91 コモンローの免責状についての再述法（第2）のルールは§284である。
92 そこでは、"If any insured [TD Banknorth] has rights to recover all or part of any payment we [Fireman's Fund] have made under this policy, those rights are transferred to us. The insured must do nothing after loss to impair them. At our request, the insured will bring suit or transfer those rights to us and help us enforce them." といっていた。

(b) しかし、2d Cir. は、代位権は契約の問題ではなく、衡平法上で当然生ずる権利であるとしてこの判断に反対する考えを述べた。

(ⅰ) コネティカット州では保険契約中に代位条項が欠けていたとしても、保険会社は代位権が認められるというのがコモンローである（この考えを支持する 1996 年の州裁判所の先例を引く）。本契約中の代位条項ゆえに代位権が生じたとは考え難いから、条項の文言を理由に make whole doctrine も当然に否定されるとは考えない。ゆえに、第三者からの支払が被保険者の一切の損失を補うのに不足するときは、保険会社は第三者からの支払を先ず被保険者への支払に充てるとの解釈を条項による代位権が変えるものではない。

(ⅱ) 衡平法上の代位権は、被保険者が回復権により自己負担額を回復して一切の損失について完全に補償された後にのみ行使できる、と解釈すべきである（2009 年のコネティカット州内の連邦裁判所の先例）。もっとも、衡平法上の回復権も、当事者間で明示で異なる合意をすることで否定することはできるが、Fireman による E&O 保険契約の代位条文には、コネティカット州の通例として被保険者 TD Bank North がしてはならないこと、Fireman ができること、などが書かれているだけで、代位権自体の処分については定めていなかった（コモンロー〔衡平法〕の一般的ルールに委ねていた）、との解釈が妥当である。

(ⅲ) 一審のコネティカット州内の連邦裁判所は、E&O 保険契約の代位条文を、被保険者が回復権を処分したかのように解釈したのだが、それが間違っていた。

④ シカゴ商品取引所 No. 1 ブローカーのコーポレートガバナンス[93]

（イ）アメリカの代理法（law of agency）は、植民州時代からの古い契約法の一部ではある。UCC 編纂のときでも除かれ、独立した領域、分野と

---

[93] Kirschner v. KPMG LLP No. 09-2020-cv（L）, 09-2027-cv（CON）（2010 年 11 月 18 日）

して未だにコモンローに委ねられている（後注のように再述法が存在する）。次は、そのニューヨーク州代理法中の**ワゴナ・ルール**（the Wagoner doctrine）と、乱れたコーポレートガバナンスに係るケースである。同ルールは、会社の役員らが会社の代理人として行為したときの法律効果に係る[94]。

(a) アメリカの連邦破産法の下で倒産会社甲の管財人（trustee）の仕事の１つが、第三者乙に対する甲の債権の取立てである。これには、乙が甲会社に対し行った不法行為を原因とする債権が含まれる。

(b) しかし、その不法行為に甲会社（その元の役職員ら）が係っていた（たとえば、役職員らが乙と共謀し甲会社に不利な契約を結んでいた）というときは、どうなるか。

(c) 管財人は一向にお構いなく乙に対する債権を主張できるか。代理法の本則が曲げられなくてよいか。それとも、不法原因給付（民法708）の法理に似たルールとなるか。

　（ⅰ）原則として甲会社は乙に対し取立てができないが、

　（ⅱ）具体的な事情により更に細かい調整のルールが必要になるか。

(d) これが正に Wagoner ルールの問題である[95]。その会社が犠牲者となり、潰れた場合でも代理法の原則を貫いてよいか、その例外を探るルールである。

(ロ) 本件での Wagoner ルールに係る主な事実は次である。

(a) 甲会社に当るのが 2005 年 10 月破産した Refco, Inc. である（当時シカゴ商品取引所〔CME〕No. 1 のブローカーであった）。その Refco の破産管財人 Kirschner が原告となり、先ずイリノイ州裁判所に同社の元支配株

94　日本の会社法の代表のような包括的・継続的な代理制度がないアメリカでは、会社の役員の行為もすべて代理法の問題である（かつ法律行為のコンセプトのないコモンローでは不法行為も代理法の問題とされる）。

95　そんなに古いルールではない。Shearson Lehman Hutton Inc. v. Wagoner 944 F. 2d 114 (2d Cir.) とニューヨーク州最高裁（Court of Appeals）が 1991 年に作った先例によるニューヨーク州のルールとされる。

主でも執行役員でもあったP. R. Bennett氏などを詐欺、忠実義務違反などで、またRefcoの外部専門家（会計事務所、法律事務所）、複数の投資銀行を、その幇助・教唆などで訴えた[96]。

(b) これに対し被告らは共同して事件を先ずイリノイ州内連邦裁判所へ申立て、次いでS.D.N.Y.へ移送することに成功した。

　Wagonerルールの出発点は、よくラテン語の"in pari delicto"「等しく悪い」（ときは強制できない）で表される。この衡平法の法理は、甲会社の役員と外部者の双方が**等しく悪いとき**（外部者による幇助・教唆の場合も含め）は、それにより会社甲が被害を被っても**外部者に請求できない**、というものである。前注の先例で示されたWagonerルールは、いわば、その悪さが違うときに、例外的に請求を認めるルールである。

(c) Bennett氏らの悪事は、会社Refco資産の隠蔽、証券法違反などであり、それが嵩じてRefcoは倒産に至っている。それには被告ら外部者が係ったことが大きい。つまり、被害者でもある。

　代理法では、会社役員の代理行為は本人たる会社にその法律効果が帰せられる[97]。"in pari delicto"のルールでは、Refcoは悪事を働いた外部者に対し請求権を有しない。このルールにその後の先例が例外を設け出した。会社が外部者に対し請求権を行使できる例外である。

(ハ) ニューヨーク州は、2つの例外ルールを他州より狭く（より厳格に）とらえる。

　（ⅰ）第1のinnocent insider ruleは、一部の役員が悪事を働いたにし

96　外部専門家などによる幇助・教唆は、Bennett氏などが4億ドル以上の取立不能債権を会社資産に計上したり、粉飾決算をしたこと、LBOを多用した企業買収などで利益相反を届出なかったことなどについての幇助・教唆である。

97　アメリカの会社法制には、日本（会社法349）のような代表の考え方がない。取締役（director）などは、代理人として行為する、と一般に理解されている。しかし正確にいうと、取締役やオフサーが代理人として行為するためには、会社（機関）によるそれなりの授権が必要である（Restatement of the Law, Second, Agency 14Cは、取締役が代理人であることを否定し、同条のcmt. bは、その中で、まだ多少は代理人に近いのは取締役会であって、個々のdirectorは、代理人からはより遠い存在としている）。

ても、他の役員または会社全体が悪事に手を染めていなくて、かつその悪事を知り、止めうる立場にもなかった場合、

(ⅱ) 第2の adverse interest rule は、悪事を働いた会社の役員が完全に会社とは敵対的立場で行為し、会社の代理人として行為したとは到底みられないような場合。

(a) Refco 事件では、管財人が正にこの (ⅱ) の方の例外を主張した。つまり、Bennett など旧役員らが会社に対し完全に敵対的立場で行動していたとの主張である（正確には、Refco Group Ltd., LLC とその関連会社 Refco Capital Markets, Ltd., Refco, Inc. に対する行為である）。その結果、Refco は被告ら Refco の元役員、法律事務所、会計事務所やゴールドマン、BOA に対し請求権を有すると主張した。

(b) S.D.N.Y. はこの管財人の請求に対し、2009年5月8日にその訴え却下を申し渡した。理由は、管財人は正当な当事者ではないという"lack of standing"であった（Refco が請求権を取得していないとの前提）。

(c) 管財人の上訴を受けた 2d Cir. は、ニューヨーク州法の下で adverse interest exception の主張につきどこまで広く例外を認めてよいかがはっきりせず再確認を要するとして、ニューヨーク州最高裁に意見を求めた（この求意見を certify という）（求意見を面倒がって、代りに憲法違反を持ち出した第5控訴裁判所の決定を連邦最高裁が非難して取消したケースがある）[98]。

(d) 州最高裁は、次の (ハ) のように、従来の（例外を狭くとらえた）ニューヨーク州法の傾向を確認する形の判断を示し、S.D.N.Y. の判断を支持した[99]。

---

[98] Clay v. Sun Insurance Office, 363 U.S. 207 (1960) で控訴裁判所は、フロリダ州内の連邦地裁がイリノイ州内で契約した他州民の被告にいきなりフロリダ州法を適用したのは適正手続 (due process) に反するとしたが、実体法につき、その所在する州の最高裁のルールがはっきりしないからと、かつ certify の手続を踏んでいると時間がかかり面倒だからと、連邦一州間の重要な均衡を崩すのは不当であると述べている。

[99] 求意見には、連邦法典 (28 U.S.C.) 中で定める state court から連邦裁判所宛のものと、本件のように、連邦裁判所が、その州の最高裁に対し行うものとがあり、後者は、2d Cir. では、同裁判所の local rule により定める。

(ⅰ) 管財人は一審のS.D.N.Y.で主張していた。

「本件では外部者のすすめによりRefcoが向う見ずなLBOによる企業買収をやり、その絡みで資産調達のため巨額の借入とIPOをすることになった。会社はそれにより大変害された（IPOで株式を買った人々から証券詐欺を理由の集団訴訟により巨大な債務で訴えられたほか、返済予定の立たない負債14百万ドルを負ったなど）。また、外部者が勧めたRefcoグループ内での特定の企業への負担の皺寄せ工作もあった」。

(ⅱ) これに対しS.D.N.Y.は苦境にある企業が与信を受けられることはその企業にとって害とはいえないし、Refcoグループ内企業の一社が害されても、グループ全体が虚偽情報で利益を得たと反論した（Refcoグループ内では、財務状態を隠蔽し、仮装するため、一社から他社へと資金を付け替えたり、その情報を操作することが、それら外部者の助言と金融協力により行われ、破局を先送りしていた）。

（二）2d Cir.からの求意見（certify）で、ニューヨーク州最高裁（Court of Appeals）は、このWagoner Ruleとその例外adverse interest exceptionにつき、

(a) 先ず、Wagonerルールの本則、役員の行為が会社に帰せられることは変らないとしたうえで、ニューヨーク州法のadverse interest ruleによる例外を、内部の人間が会社を害する方向で専ら自己または第三者のためにのみ情報を操作することが必要であると、狭く制限する考えを示した。この点で、「内部の人間の係っていた虚偽情報により会社がやがて倒産すれば、会社も被害者になりadverse interest ruleの例外に当てはまる」との管財人の主張を斥けた。

(b) 管財人の第2の主張、「倒産したRefcoには無実の株主や社債権者などの債権者も多くいる。彼らに救済の道を閉ざすことになる」に対しては、被告となった投資銀行側にも無実の株主や社債権者などの債権者などが多くいるのに、なぜ、Refcoの株主らがそれら株主よりも保護されねばならないのか、と反論した。

3. 契約の履行・不履行と、コモンローの救済（権利行使）

(1)対向約束は契約条件、の法理

　法典法の形をとらないコモンロー契約で、日本の民法典中の第3編「債権」、第2章「契約」のうちの第1節「総則」のような**法の塊り**（a body of law）に近いものとして、再述法（第2）があることは第2章2.(2)で述べた。

(イ) 2人とも少しでも生活をよくしようと考えて、甲が乙とバーゲン（交渉）する。甲の約束aに対し、乙は対向的に約束bを出す。2人とも契約、履行のことで頭が一杯である。履行内容、条件も交渉して決める。合意したら、マイナスにならないように2人とも言葉を選んで合意書に落す。

　(a) 再述法（第2）の前文は、自らの機能を「約束（promises）から生ずる法律関係と、ある約束（a promise）が破られたときの救済（remedies）を一般論として扱う……」と記す。確かに、バーゲンの時点で、甲と乙が頭を絞るのは、相手が履行することの中味で、不履行には半分も頭を使わないだろう。

　(b) しかし、不履行には履行の何倍もの亜種があり、**思い掛けない**ような多くの変形がある。そこで当事者の予想してなかった不履行に係るルールが法の塊りの中に必要となる。

(ロ) この第3章3.では、契約の「履行、不履行」と「救済」に係る太字法の働く様を実際のケースから眺めようとする[100]。大きく「契約形成」、「義務の範囲」や「履行と不履行」、そして「救済」に分かれる再述法（第2）の1～16章中の不履行の章には、解除に当る章も、条文もない（合意解除に当る rescission agreement という名の section が1つあるのみ）。

　では、再述法（第2）では一旦成立した契約は未来永劫に残るのか。

　(a) コモンロー契約も間違いなく終了（terminate）するが、代表的な終り

---

[100] 日本民法には救済という言葉はなく、そこにあるのは、コモンローで余りいわない「解除」に係る9条である（条文数からすると、履行、不履行に当る「効力」の7条よりも多い）。

方（言葉）は、**義務の消滅**（discharge of duty）によってである。（ⅰ）多くは履行によって、（ⅱ）例外的に取消（avoid, cancel）されることで（契約成立プロセスに詐欺などの瑕疵が介在するときに）、消滅する。

(b) 互いに自らの義務を履行することによる義務の消滅の次に多いのが、相手方乙がその義務の履行をしないことによる甲の義務の消滅である。これが正に、日本民法典の**解除**に当ろう。しかし、コモンローでは、**甲の義務が消滅する**といい、解除の言葉を用いない。そのための普遍的な理論が、コモンローの条件（condition）である。相手方乙が約束した義務履行をしないことにより、甲の義務履行のための条件が成就しない（non-occurrence of contractual condition）。

(c) この条件理論により、（ⅰ）相手方乙の義務の履行の未完は甲の義務の休止となり、（ⅱ）確定的違反があれば、甲による履行条件は不成就となり、義務が消滅する[101]。

換言すれば、条件理論があるから、甲、乙は相手方が義務の履行をしない場合のことを余り考えないでバーゲンを進められた。

(ハ) 再述法（第2）の考え方をもう一度復習的に辿ってみよう。

(a) 先ず、約因か書面など契約形成（formation of contract）の要件があったか否かを問い、イエスならば、当事者がそこで約束した義務の内容・範囲を、合意を基に法的に確定する作業、コモンローの契約解釈がある。これを**契約義務の範囲**（scope of contractual obligations）を確定する、と括っていた。

(b) 契約解釈 sections は第9章だけではない。バーゲン時には余り不履行のことまで考えていない甲、乙の具体的な紛争は、甲、乙の**いずれが最初の少なからぬ未治癒の不履行**（first material uncured failure）**を犯したか**、と屡々履行に差しかかってから生じる。こうした履行に

---

[101] 再述法（第2）（225 (1)、(2)）。交換した各自の約束が当事者相互間で条件となることを contractual condition ともいう。

当って浮上する責任のなすり合い的な疑問に対する答えが第 10 章「履行、不履行」中のルール、太字法（black letter law）である。

(c) その中心は、甲、乙が交換した各自の約束を履行の各段階で互いにどう条件づけ、どんな順序にするか、の相互間の条件づけのルールになる。単純型では、日本民法の同時履行条件になるが、再述法（第 2）中の多くの sections は、当事者相互間の相対関係を綴り込んだより細かいルールになっている[102]。

(d) 相手方が履行しない、履行できないで、自分の義務履行の条件が生起しないことがはっきりすると、損害金のルールにいく（再述法（第 2））。

要約すれば、損害金を請求できるためには、原告は、（ⅰ）契約の存在、（ⅱ）原告自らの履行、（ⅲ）被告の不履行、（ⅳ）不履行から生じた損害金、の 4 つを主張・立証しなければならない。

以下の事例（2）は、最も一般的な物品売買契約で、履行に瑕疵がある場合の損害金ルールの争いであり、（3）は、コモンロー独特の**予告的不履行**があったか否かの争いである。

(2) 結果的損害金のルール

① 曲っていた鉄パイプ

（イ）これは蒲田や東大阪の町工場にでもありそうな商取引（物品売買契約）上の争いである[103]。この種のトラブルは、日常生活でもなじみのあるものであろう（しかし、**結果的損害金**という契約実務でよく問題になる用語が法理的に深掘りされたことに加え、裁判所がどこまで仲裁判断の中味を再吟味してよいかの基準についても、しっかり論じたという意味で、興味ある事件といえる）。

(a) ニュージャージー州の鉄問屋 T.CO Metals, LLC は、2005 年 2 月と 4

---

102 この順序づけ、段階づけのルールを定めるのが 235 ～ 249 の sections である（再述法（第 2）第 10 章「履行、不履行」のⅠ、Note はこのルールが大事だという）。日本民法の同時履行条文（533）の細則化に当ろう。

103 T.CO Metals, LLC v. Dempsey Pipe & Supply, Inc. Nos. 08-3894-cv(L), 08-4379-cv(XAP),（2010 年 1 月 14 日）

月の２回、ニューヨーク、マンハッタンの Dempsey Pipe & Supply, Inc. に鉄パイプ 2440 トン分を販売した（製造はチリ工場で、フィラデルフィアで陸上げされた）。

(b) ところが、かなりのパイプが曲った状態で届き、かつ強度にも疑問をもった Dempsey は、４回の出荷のうち、第２回分出荷の一部を受納（accept）することを拒んだが、その他は、曲げを直して使うことにした（Dempsey がトン当り 922 ドルで売れたのに対し、買入値段は、トン当り 780 ドルであった）。

T.CO メタルは、199 万ドル余りのインボイスを Dempsey に送ってきたが、Dempsey は、うち 165 万ドルだけを支払った。

(ロ) ニューヨーク州法を適用法と定めていた契約中には仲裁条項があったので、T.CO メタルは、33 万ドルほどを請求するため 2006 年６月に仲裁を申立てた。これに対し、Dempsey もその仲裁の場で、T.CO メタルが契約に不適合なパイプを引渡したことにより、185 万ドルの逸失利益を被ったとして、その支払請求をした。

(a) 仲裁は、AAA の Dispute Resolution Procedures に沿って[104]AAA の International Centre of Dispute Resolution（ICDR）で進められ、2007 年４月に仲裁判断が示されたが、５月には双方が AAA の規則に従った変更申立てをし（ICDR §30 (1)）、６月に変更仲裁判断が出された。

(b) 変更後の仲裁判断にも不服があった当事者双方は、その変更または取消しを求めるため、連邦法に従って[105]S.D.N.Y. に訴え出た[106]。

(ⅰ) S.D.N.Y. での T.CO メタルの主張は、Dempsey の求める逸失利益がニューヨーク州法の定義では結果的損害金になり、契約中で否定されている、**請求できない**というものであるが、

---

104 仲裁手続は American Arbitration Association's International Rules（1997 年４月１日）によると合意していた。
105 FAA, 9 U.S.C. §10, 11.
106 コモンロー世界の仲裁判断は法律に基づいていることが求められ、法律を離れて妥協するというのとはかなり趣を異にする（しかし、仲裁手続の件は第５章に譲る）。

(ⅱ) Dempsey は、確かに結果的損害金については契約中で否定していたが、その後の口頭合意により変更された。また仮にそうでないとしても、Dempsey が求めているのはパイプの減価相当額であるから、結果的損害金とは区別される、と主張した[107]。
(c) これに対し、S.D.N.Y. は T.CO メタルの申立てを認めず、Dempsey の申立ての一部だけを容れたため、T.CO メタルは 2d Cir. へ控訴した。
(ハ) ニューヨーク州 UCC の解釈問題についての 2d Cir. の判断は次である。
(a) T.CO メタルは§ 2-714 (2) の下で仲裁人が品質保証違反とした損害金が逸失利益と同じで、結果的損害金に当るというが、§ 2-714 (2) がいう**契約で期待できた（保証された）利益**相当の損害金と、その契約から後の別取引で買主が予定する利益（逸失利益）とは区別される[108]。
(b) 契約中で結果的損害金を否定しているときでも、約束した物品の減価について差額の請求を認めたニューヨーク州の先例も存在するし[109]、2d Cir. の先例としても、結果的損害金の否定は、終着地での物品の価値に応じた逸失利益の請求を否定しないとしている[110]。

② 法の明らかな無視

(イ) T.CO メタルが 2d Cir. へ控訴できたのは、仲裁判断中に、「法の明らかな無視」があると主張したからである。その法律とは、(ⅰ) コモンロー契約上の損害金に係る基本原則と、(ⅱ) その具体的な一例としての UCC § 2-714 (2) で、仲裁人が "benefit-of-the-bargain" の意味で与えた損害金は、契約で否定していた結果的な損害金と同じだとの主張である[111]。

---

107 ニューヨーク州 UCC § 2-714 (2) でいう**バーゲンの利益**（benefit-of-the-bargain）相当の損害金として、結果的損害金ではないから権利がある、との主張。
108 ニューヨーク州 UCC が物品の減価条文のほかに、結果的損害金条文 (2-715 (2)) を別に設けていることも、この 2 つが必ずしも同一のカテゴリではないことを示すとしている。
109 Carbo Indus, Inc. v. Becker Chevrolet Inc., 112 A. D. 2d 336, (N.Y. App. Div. 1985 年)。受納済みの車の修理費が§ 2-714 (3) の損害金として認められた。
110 Jessica Howard Ltd. v. Norfolk S. Ry Co, 316 F. 3d 165, 169. 8 (2d Cir. 2003 年 1 月 10 日)。
111 T.CO メタルの代理人は、この主張を裏づけるために White and Summers の著書から引用した。

(a) 先ず基本原則とは、（ⅰ）第1に被害者は、その契約により得られることを期待していた利益（期待利益）に等しい損害金を請求でき、（ⅱ）それには、逸失利益などのような結果的な損害金も含まれうるとともに、（ⅲ）結果的な損害を含めるか除くかなど、すべて著しく不公正でない限り、当事者の契約自由で、如何ようにも取決められる[112]。

(b) UCC-2 は、相手方に契約違反がある場合の買主と売主の請求権につき各別に定め、買主の請求権につき§2-712〜2-715で定める[113]。そのうち§2-714（2）は、買主が何らかの意図で受納して了った物品の保障違反（breach of warranty）に対する損害についてのルールである[114]。T.CO メタルが「合意で否定していたのに」仲裁人が認めた、と争ったのはこの損害金である。

(ロ) 2d Cir. は、T.CO メタルの代理人による White and Summers の引用は不正確であるとし[115]、§2-715（2）による結果的損害金は、§2-714（2）の下での価値の減価差額と重なり合うこともあり、まぎらわしい。ときには、仲裁人が法の明らかな無視をしたかは、法自体が十分に明確でない、とりわけよく見究めねばならない。そう述べたうえで、仲裁人による法の明らかな無視はなかったとした（買主による主観的な逸失利益などではなく、物品の客観的な価格から出しており、適切な評価をしていると）。

---

[112] 再述法（第2）（356）。
[113] 再述法（第2）が援用する UCC §2-715（1）は、買主に生じる付属的損害金と結果的損害金についてのルールを定めるが、その（2）(b) では売主の違反から生じる結果的損害金として、その品質保証違反に起因する（proximately resulting）第三者の人的・物的損害金を定めている。
[114] 保障どおりだったとしたら有した価値と受納時の実際価値との差額。ただし、特殊要因による例外がある。UCC-2 は、相手方に契約違反がある場合の救済として、売主の請求権につき、§2-702〜2-710により、また買主の請求権につき§2-711〜2-718で、各別に定める。そのうち§2-714（2）は、買主が何らかの意図で受納して了った物品が保障どおりだったとしたら有したであろう価値と、受納時の実際価値との差額（ただし、特殊要因による例外がある）につき損害金の請求を認める。
[115] Uniform Commercial Code 5th ed., Westlaw 2006 年§10-2 では、平均人も屡々この2つの区別で一致できないともいっている。

(3) 予告的不履行の法理

① 予告的不履行か相手の契約違反か

パワハラがあったとする雇用契約上のトラブルで、使用者による予告的不履行の主張が斥けられたケースである。それも単純労働者についての労働委員会事件などではない。テレビのニュース番組のアンカーと、それを雇ったMSNBC側との雇用契約に絡んだケースである（債務不履行や、更に不当労働行為があったかが争われた）[116]。

（イ）原告 DiFolco は、2004年12月2日の書面により（ただし、始期は2005年1月17日）、MSNBC と2年の雇用契約を結んだ（MSNBC 側は、本事件の共同被告の1人、社長の Kaplan がサインした）。契約は次を取決めていた。

(a) 原告 DiFolco の契約上の立場は、「"artist" としてアンカー／共同アンカー、コメンテータ、通信員、レポーターおよび／またはアナリスト、その他それに類するいかなる資格ででも……」と表現されていた。

(b) 契約期間については、（ⅰ）52週ずつの連続した2回のサイクルで、MSNBC 側は、第1サイクルが終る前の60日以上の書面による予告により契約を終了させられるとともに、（ⅱ）2回目の終期には当事者による何らの行為なしに自動的に終了する。ただし、当事者が別に合意するときを除く、となっていた。

(c) 2つのサイクル中の各報酬とともに、その他の雇用条件も雇用契約添付の別紙（Schedule）により詳細に定められていた。うち、彼女の職務の具体的な内容は、ロスアンゼルスで「映画における MSNBC と MSNBC 娯楽番組リスト」という2つの番組で、通信員としてインタビューやイベントのレポーターをすることになっていた。また、「それら番組のホストをしたり、他の MSNBC プログラムにも出演すること」にもなっていた。

116　DiFolco v. MSNBC Cable No.09-2821-cv. (2010年10月7日)

(ロ) 原告 DiFolco のいうところは、MSNBC 側、ないし特定の上司による"いやがらせ"、"意地悪"といったもので、次のとおり主張した。
 (a) 彼女は、上記役割を申し分なくこなしたうえ、MSNBC の仕事のため東海岸との間も（全くの自弁で）何往復かし、会社と上役の満足のいくように働いた。
 (b) それなのに、「耐え切れないほどのいやがらせを何回も受けた」。
  (i) プロデューサ長の Leon と DiFolco 担当のプロデューサ Casandra の 2 人が、示し合わせて意地悪をして、
  (ii) 何らの連絡もなく理由もなしに何回も、DiFolco の番組の中止を決めたりして、彼女の評判を台無しにし、
  (iii) 殊に、Leon による扱いは、Kaplan 社長が DiFolco をプライムタイム番組にも出させるようにいってから、より一層ひどくなって、「DiFolco がそのテスト番組を欠席した」と事実に反した報告をし、
  (iv) DiFolco が e-mail を送っても、一度も返事をくれたことがなかった。
(ハ) 中で、決定的な事件は、働き始めから 6 ヶ月余りの 2005 年 8 月 23 日に生じた。
 (a) 上記のような仕打ちに耐えかねた DiFolco が Kaplan 社長に会って直訴しようとし、その日「翌週、仕事でニュージャージーにいくので」と、面談を申し入れる e-mail を Kaplan 社長に送った。その中で、彼女は、(i) Leon とカサンドラによる妨害について訴え、(ii)「番組から離れることにつきお話ししたい」(discuss exit from the shows) と述べた（これを彼女は、「何とか番組を混乱させたくない」との希望を表す意味だったといっている）。
 (b) Kaplan 社長は、DiFolco のいう日時に彼女に会って、彼女の e-mail につき「話ししよう」と返事した。その日、DiFolco は Leon にも連絡した。(i)「9 月 1 日に Kaplan 社長と会うことになった」、「その週は、ニューヨークのファッションウイーク（週間）に当り、そちらにいかなければならないので、そちらの番組に出たい」（会社の費用が

それで少なくできる)。Leon は、そのときは、DiFolco がファッションウイーク番組に出ることに一旦同意した。

(c) Leon は、翌 8 月 24 日に急拠、そのファッションウイーク番組のレポータをニューヨークタイムズのスタイル編集者に当てることにしたと伝えてきた。そこで、DiFolco は、すぐその e-mail を Kaplan 社長にも送りつけ「どうして自分がこのようにして、番組から外されていくのか、理由を知りたい」といった。

(d) DiFolco は、自分を飛び越して社長にいいつけたことで Leon が反攻に出たと考えた。また、前日の Kaplan 社長宛の e-mail が誤解を生じさせ、口実として使われないか心配になり、はっきりと「私は昨日、辞めていません。9 月 1 日は予定どおりお会いすることになっています」、ともつけ加えた。

(e) しかし、彼女が西から東へ飛んでいる最中に、Leon は彼女の留守録に「Kaplan 社長との会談はキャンセルされた」と吹き込んだ。のみならず、MSNBC は、「彼女が辞めたので……」と、その代理店を通して退社合意書の原稿を送りつけてきた。

② 以上の事実を主張して DiFolco は、S.D.N.Y. に MSNBC や Kaplan などを訴えた。

(イ) 請求原因は、(ⅰ) 雇用契約違反、(ⅱ) ニューヨーク州労働法違反 (190～199)、(ⅲ) 契約への不当介入、(ⅳ) 3 つの事実を理由とした名誉棄損などである。

(ロ) これに対し S.D.N.Y. は、DiFolco の主張をすべて斥けている。

(ⅰ) 契約違反については、DiFolco が予告的不履行 (repudiate) をしたから[117]、コモンローのルールにより MSNBC の債務不履行は成立しない[118]、

---

[117] 予告的不履行とは、日本法には同じものがないが、コモンローは「義務者が権利者に向けて違反することを口上し、それのみで権利者に全部違反の損害金請求権を与えるか、自らの義務履行を不能によるような積極的な行為をすること……」という (再述法 (第 2) § 251)。

(ⅱ) 名誉棄損に係る3つの事実のうち、2つは、真実性の防禦（defense of truth）が成立し、3つ目は意見に属し、請求原因とならない（non-actionable）、

　(ⅲ) 不当介入とされる事実の主張は、名誉棄損中の意見に属する事実に依存しているから、これも成立しない。

(ハ) DiFolcoによる上訴を受けて、2d Cir. は、次のようにS.D.N.Y.の決定中の予告的不履行の一部分を覆した。

　(a) ニューヨーク州裁判所が述べた予告的不履行についての州法のルールに言及しつつ、

　　(ⅰ) 先ず、不履行の意図の表明は、**積極的かつ疑いの余地のないもの**である必要（……announcement of an intention……positive and unequivocal）があるとし[119]、

　　(ⅱ) その意図の表明があったか否かは普通は事実の問題だが、意図の表明が書面によるときの書面の解釈、その書面が完全統合合意（integrated agreement）を表すか否か、否として外部証拠（extrinsic evidence）の顕出が許されるかは、裁判所が決定することになる[120]（ニューヨーク州裁判所控訴部の1971年と、自らの1973年の先例を引く）。

　(b) DiFolcoが訴状中で8月23日、8月24日のe-mailに言及していたのだから、S.D.N.Y. は、8月24日のe-mailだけでなく、8月23日のe-mailをも一体化して検討すべきであった。そうすれば、彼女の意図が「辞める」ではなく、「関係が巧くいかない人の下から脱して、別の分野で働きたい」ということだと理解できた筈である。このように述べ、2d Cir. は、予告的不履行について差戻した[121]。

118　義務者による予告的不履行があると、権利者は、その対向的約束の履行を免れ（義務履行の条件の不成立となり）、それによって義務者に対する全部違反の損害金を請求できる。」(253)。
119　再述法（第2）（§251）の意味も、これに略同じである（cmt. c）。
120　書面合意についての解釈原則、殊にそこでの裁判所と陪審との役割の振り分けなどは、本章2.のお浚いになる（前出Lockheed Martin事件や注61参照）。
121　一旦、§251の文言に当り予告的不履行があった後にも、義務者は撤回（履行）することができる。

(4)係争物件の譲受け、供給業者と金融元との争い

① 係争物件の譲受けはニューヨーク州法では刑事事件となる

わが国では係争物件の譲受けは違法や無効とされないまでも、誰でも平気でやることではない[122]。しかし、アメリカでは、「係争物件の譲受けに当るのでは……」と思われるような債権売買が行われているのに出喰わすことが結構ある。事件は、メリルリンチが「1991年-C1」シリーズとして売り出した証券（CDO）について[123]、同証券の受託者（trustee）とされた信託法人が原告となってS.D.N.Y.に起こしたものである[124]。ところが、古い商人の街ニューヨークでは古い制定法が存在した。

(イ) この証券CDOに仕込まれた原証券は、住宅ローン債権のプールを証券化した、いわゆるパス・スルー証券である[125]。

(a) この住宅ローン債権をCDOに組込む過程で、アレンジャーとなって取引を媒介したのはLove Funding社で、また物件は、ルイジアナ州内の団地、アーリントン・アパートメントであった。Love Funding社は、1999年7月団地を開発したCyrus Ⅱパートナーシップに自ら640万ドルの住宅ローン担保融資を行っていた。融資前の同年4月、Love Funding社は、ペインウェーバ不動産証券会社を買主とし、Love Funding社を売主とする一種の売買契約を結んで自らの融資契約上の権利を譲渡する手筈を整えていた（Love Funding Mortgage Loan Purchase Agreement〔Love MLPA〕）（譲渡対象には、アーリントン・アパートメントを含む36件の基礎となる融資プロジェクトが含まれていた）。つま

---

[122] 弁護士法では禁止されていることは知られるとおりである（28）。
[123] CDO (collateralized debt obligations) は、ABS (asset based securities) の一種で、複数の tranches から成り、所持人 (holder) は、mortgage などの原証券 (base securities) からの回収金を pass-through により受取る。
[124] Trust for Certificate Holders of Merrill Lynch Investors Inc. 1999 C1 LLC v. Love Funding Corporation, No. 07-1050-cv.（2010年1月11日）
[125] pass-through とは、仲介機関がプールした一定の資産の集合に裏づけられた固定収入証券から費用などを差引き、証券所持人に分配することで、その典型は、モーゲージによって裏づけられたローンなどに係る証券。

り、初めから ABS ないし CDO に組込むことを目的として住宅ローンを融資し、それをそっくり売却する「トンネル融資取決」(conduit lending arrangement) である。

(b) ペインウェーバは、Love MLPA Contract により Love Funding 社から買入れた ABS 証券を、1997年11月1日にメリルリンチ・モーゲージ投資会社に譲渡し、そこでもまた MLPA Contract が作られた (Merrill MLPA)。Love MLPA にも、Merrill MLPA にも、譲渡して組込まれた「いずれの住宅ローンも、デフォールトにはなっていない」との表明と保障 (R & W) がなされていた。前者は、Love Funding 社によるペインウェーバ宛の、後者は、ペインウェーバからメリルリンチ宛の表明と保障である。Pain Webber はその後、スイスの銀行 Union Bank of Switzerland (UBS) に買収された。

(c) メリルリンチは、メリル MLPA により Pain Webber から買入れた住宅ローン証券 ABS を、原告 1999 LLC を受託者とする信託の仕組みを用いて「1991-C1」CDO シリーズとして更に複合化された証券としたうえで、その CDO 証券を一般投資家に売出した（その信託化に当っても契約中に**表明と保障**がなされ、ペインウェーバ、メリルリンチ間のそれらを反復していた）。また、すべての住宅ローン債権を管理させるため Trustee との間で Pooling and Servicing Agreement を締結した。

(ロ) 2002年3月8日、受託者 (trustee) は、Cyrus II パートナーシップが Love Funding 社からアーリントン・アパートメント・プロジェクトの借入れをするについて、不実表示 (misrepresentation) を行ったとして、アーリントン住宅ローンのデフォールトを宣告したうえで、基礎となっている住宅担保権の実行のため、ルイジアナ州裁判所に売却手続の申立てをした[126]。

---

[126] アメリカでは予め担保権者による担保不動産の任意売却に同意し、そのための代理権を与えておく例も多いが (sale by power of sale)、ここでのような複雑な案件では、裁判所による司法手続としての売却 (judicial foreclosure) が選択されることをいっている。

この司法手続によりアーリントン住宅ローンは、600万ドルで売れたが、それによって投資証券のごく一部が回収できたにすぎなかった。そのため受託者は、2002年9月と10月にペインウェーバの承継人であるUBSに対しても訴えを起こしたが、やがて次によりUBSとの間で和解をした。

(a) 受託者は、CDO証券の基礎として組込まれている全住宅ローンプロジェクトのうちの33件の融資案件についてUBSに免責を与える、
(b) この免責と引き換えに、UBSは融資案件32件分として19百万ドル余りを受託者に支払い、
(c) 残るアーリントン・アパートメント分住宅ローンについては、Love MLPAの下での譲渡によりUBSが取得したすべての権利を受託者がUBSから譲受ける。

(ハ) こうしてLove Funding社の権利をUBSから譲受けた受託者は、Love MLPA中の表明と保障（R＆W）違反を理由として2004年11月、Love Funding社に対し基礎となる住宅ローン債権の支払を求めた。

(a) 訴えを受けたS.D.N.Y.は、2005年10月11日、アーリントン・ローンがデフォールトをしていないとのLove Funding社による表明と保障がR＆W違反であったことで、受託者の主張するとおりの略式判決を与えた。
(b) これに対し、Love Funding社は、UBSから受託者への譲渡がニューヨーク州法上禁じられている訴訟売買（champerty）に当るとの抗弁を出し[127]、これを受けたS.D.N.Y.は、Love Funding社がその主張をよく整理して出すように命じた。
(c) S.D.N.Y.は、2007年2月27日主張の整理を受けて次のような判断を示した。

---

[127] N.Y. Judiciary Law § 489 (1). 専ら係争にすることを目的として金銭債権等を譲受けることを5000ドル以下の罰金をもって禁ずる（古いコモンローにはbarratryが罪とされ、William Blackstoneのイギリス法注釈中にもそのことが記されているという）。

受託者が特にアーリントン住宅ローンにつき「和解金の受領だけではなく、元の権利の譲渡を受けることを選んだのは、永年継続してきた紛争で溜ったローンの利息や延滞利息などが魅力で、その方がUBS（ペインウェーバの後者）と和解する以上の利益をえられることが動機であった。これは訴訟売買（champerty）に当る」。

（ニ）このS.D.N.Y.の訴訟売買に当るとの判断を受け、受託者は、「元来、自らが実質的に有していた権利の譲渡を受けて、形の上でも完全な権利者となったにすぎず、champertyに当らない」と主張して、2d Cir. に上訴した。

（a）ニューヨーク州法のchampertyの解釈に幅のありうることを考えた2d Cir. は、ニューヨーク州の控訴裁判所 the Court of Appeals（最高裁に当る）の意見を求めた（このような求意見〔certify〕につき前出のEllicott事件やKirschner v. KPMG事件参照）。

（b）ニューヨーク州最高裁はこれに答えて、与えられた事実の下では訴訟売買には当らないとの考えを示した。

（c）この回答を受けて、2d Cir. は、S.D.N.Y.の決定を覆し、損害金の決定のため差戻した（なお、基礎となる住宅ローン契約で〔R & W〕違反があった点では実質的な争いはなかった）。

② 供給業者と金融業者のどちらが優先するか

販売会社（カリフォルニア州）への商品供給元メーカー（イタリア）と、販売会社に対する金融会社（マサチューセッツ州）とが3つ巴で相争った。いくつものコモンローのルール（統合合意と外部証拠）のほか、契約条件（condition）の意味や、優先権（物権法）が絡む事例である[128]。

（イ）ディーゼル印の登録商標をもつイタリアの靴メーカーグループ Diesel S.P.A. が、2005年カリフォルニア州の Grobal Brand Marketing Inc. (GBMI) との間で販売店契約を結んだ（Distribution Agreement〔DA〕）。Diesel

---

128 Diesel Props v. Greystone Business Credit II LLC, No. 09-3899-cv, (18) 09-3900-cv (2011年1月6日)

S.P.A. が2つのメーカー子会社に商標使用権をライセンスし、大人用はDiesel Props S.r.l. が、子供用は Diesel Kid S.r.l. が製造販売していた（いずれも"Diesel"）。2006年夏以降の経営悪化でGMBIの金繰りがひっ迫し、2006年12月にはDieselへの未払金や広告料債務が11百万ドル以上となった。GMBIは卸販売金融をつけるため、金融会社（デラウェア州法人）Greystoneとの間で2006年12月4日 Loan & Security Agreement(LSA)を結んだ[129]。

再述法（第2）は、互いに約束を交換した甲、乙間での互いの履行、不履行、違反が契約関係に与える影響についてのルールはもっているが (235-240)、義務の消滅という契約関係に決定的な不履行、違反については、未治癒の少なからぬ違反（uncured material fault）という一般的言葉に委ねている (236)。また、同時履行のほか、先履行（後履行）などのルールはあるが、各当事者が少しづつ違反しているような事実にそのまま当てはまるルールではない。本件は、3者契約の当事者が、互いに多少の不履行を重ねながら取引だけは進行していったという、正にそのような事件の1つである。

(a) 整理すると、主な契約として2つがある。
　（ⅰ）当事者の一方をDiesel 2社（PropsとKid）、他方をGBMI（カリフォルニア法人）とする販売店契約（DA）
　（ⅱ）GBMIが販売店契約（DA）の履行で入要な金融を受けるためのGreystoneとGBMIとの間の担保付融資契約（LSA）
　　なお、DA中の条文により、Dieselは各年次末にその期のGBMIの顧客帳簿など（books and records）を情報として取得できる、としていた。

(b) 更に、Diesel、GBMI、Greystoneの3者間で内容が全く同じ letter

---

129 この担保契約の対象には、すべてのGMBIの事業資産（現存と将来の）、それにはGMBIの客先であるアメリカ各地の靴店に関する帳票類（books and records）が入っていた。いわば、暖簾の担保化である。

形式の協定（TPA）2つ（Props 分と Kid 分）が結ばれた。TPA の下では次の柱となる取決めがなされていた。

（ⅰ）まともな顧客からのオーダーがあってからでなければ、GBMI は Diesel にオーダーを切れない（オーダーの写しは Greystone にも送る）。

（ⅱ）オーダーを受け Diesel は、Greystone に対し GBMI に仕入れ資金があるか、LSA の下でのローン実行に問題がないか、GBMI に何らかのデフォルトがないか、などを確認する。

（ⅲ）以上の条件をクリアすれば、GBMI は Diesel と Greystone に GBMI の顧客へのインボイスの写しを提出し、TPA の下でのローン実行の3つの条件が充足される。Greystone は2営業日以内に該当金額（オーダーとインボイスに合致した）を Diesel 宛に送金する。

（ⅳ）反対に、GBMI に Diesel 宛送金に必要な資金がないか、GBMI が LSA 違反をしていたり、LSA の下でデフォルト状態にあるときは、Diesel は、Greystone に対し書面通知をするよう求めることができた。

（ⅴ）以上の当初の契約条件に加え、2006 年 12 月 2 日の Diesel の letter があり（Greystone はサインしていなかったが）、そこでは、TPA が適用されるオーダーは、「GBMI が顧客から注文オーダーを受取ってから Diesel に対し出すオーダーにのみ適用がある」と明記されていた。

(c) ところが、この TPA の条件は初めから守られず、実務は次のように進んでいった。

（ⅰ）GBMI は 2007 年夏用の靴を早く入手したかったので、顧客からのオーダーや Diesel と Greystone へのインボイス送付などの TPA の定めを守らず、香港にある Diesel の倉庫会社宛に letter of credit を発行して引取った。

（ⅱ）Diesel の方も、夏用の靴で上記のような便宜措置に応じただけでなく、GBMI の秋冬物販売に間に合わせるため、GBMI の顧客から

のインボイス写しを確認することなく、以後ずっと出荷を続けた。
(ⅲ) TPA の定め通りだと Greystone は、このような Diesel による便宜措置に見合う形で GBMI に対する融資枠契約（revolver）の下でのローンを実行できない。しかし、それでは GBMI は Diesel に送金できず、回っていかないので、GBMI からの払出し要求に応え、18 回にわたりローンを実行し、Diesel に送金していた[130]。

(ロ) 2006 年 12 月のレターによる取決めにもかかわらず 3 者ともが、以上のように必ずしも TPA の定めに沿わないでいた。その間も GBMI の業況は冴えず、資金不足、Diesel 宛の支払遅延、LSA の下でのデフォールトが生じ続けた。

(a) Greystone が 1 回も TPA の定めるデフォールト notice を Diesel に送ったことがなかったかというと、そうではない。自ら違反もし、他者の違反を咎めることなく履行を続ける形で、これは、コモンロー契約でいう条件の宥恕（waiver）、それも 3 者間で相互に宥恕し合った形になる[131]。

(ⅰ) 同年 2 月、7 月 18 日の 2 回送っている。しかし、Diesel はデフォールト notice を受けたからといって止めることなく、各回とも靴を GBMI へ送り続けた。また、

(ⅱ) それより前の 2007 年 1 月 16 日には、Diesel の方から Greystone にデフォールト notice を出す状態にあるかどうかを Greystone に照会しながら、Greystone からの回答期限として TPA の定める 2 営業日を待つことなく、靴の出荷をしていた。

(b) その後に次のやりとりが交わされ、事態が変化していった。

(ⅰ) 2007 年 9 月 4 日、Diesel は GBMI と Greystone に対し「支払が

---

130 S.D.N.Y. は、他方当事者の履行がないから条件が成立していないと自らの履行を否定することは、一般に好まれないが、ここでは明示の合意がそれを求めていたとした。

131 再述法（第 2）225 の下での条件の宥恕（waiver）について、Farnsworth は、自らの義務（履行）の条件の不生起を単に許す（excuse）ことと区別し、にもかかわらず自らの義務の履行するとの約束であるという（Ⅲ, p. 446）。

遅延している」との通知を送って、「30日以内に解消されない限り、どの契約もすべて終了する」と通知したが、GBMIもGreystoneもデフォールト解消の措置をとらなかったので、2007年12月17日に、10月4日付での契約終了を通告した。

(ⅱ) Dieselが上記契約終了を通知した後も、GBMIは顧客から2008年夏用として52万足以上の注文を受けていた。一方、Diesel S.P.A. は、アメリカでの販路確保のため、100％子会社Diesel USAを設立し、2007年11月にはGBMIの元従業員Fを雇入れた。

(ⅲ) 元従業員Fは、GBMIに入っていた2008年夏用の52万足以上の注文書など、GBMIの顧客情報などの帳簿 (books and records) をDiesel USAに渡した[132]。その結果、Diesel USAは2008年夏用として約37万足、14百万ドル相当の売上げを記録した。

(ハ) イタリア法人Diesel S.P.A. は、自らアメリカに子会社Diesel USAを設立したうえに、メーカー子会社PropsとKidの2社を原告として、GBMIとGreystoneを被告として約20百万ドルの損害金を請求する本件訴訟をS.D.N.Y.に起こした。

(a) Dieselの被告Greystoneに対する請求の柱は次のようなものであった。

(ⅰ) 貸主Greystoneは、借主GBMIが担保付融資契約 (LSA) でデフォールトしているのに、3者協定 (TPA) の義務に反してその事実をDieselに知らせなかった。

(ⅱ) GBMIが販売契約 (DA) に反して商品 (靴) 代金をDieselに対し支払わずにいるのに、Greystoneはその代金を自らの貸金の回収に当てたが、これはGreystoneによる3者協定 (TPA) 違反を構成する。

(b) これに対し、相被告とされたGreystoneも黙っていない。貸主Greystoneの担保物であるDieselの帳票類 (books and records) をDieselが不法に持去り不法利益を得たとして、30百万ドルの損害金を求める反訴

---

[132] Props内では「これは持参金だ……今年はX'masが1ヶ月早く来たネ……」などと歓迎した。

を起こした。

(c) S.D.N.Y. は、これらの訴訟物につき3日連続でbench trialによる審理（陪審なしの立証などの手続）を開き、3者間の関係で次のように決定した。

　(i) Dieselの請求をすべて斥け、反対にGreystoneによるPropsに対する不当利得返還請求を認め、

　(ii) DieselのGBMIに対する請求は、両者間のDA中に「……一切の紛議についてイタリア、ミラノの法廷を指定……」していたことを理由に却下（Bremen事件前まで否定されていた専属管轄合意の効力を肯定）、

　(iii) Greystoneに対するDieselのTPA違反を理由とする請求については、Greystoneの義務（履行）の前提条件"condition"成就を示す具体的な立証がなかった（コモンローの契約条件につき3.(1)①参照）[133]。

(ニ) Greystoneに対するDieselの条件の成就がないとの判断の基礎には、個別オーダー毎にTPAの要件が整わなければ、GreystoneはLSAの下でも送金権限がなく、反対に、LSAの下でのローンをその支払に充てるためGBMIがGreystoneに送金指示を出す必要があった。

　以上の事実をふまえ、S.D.N.Y. は次のようにいう。

(a) DieselはGreystoneがTPAの定めるnotice条文に違反したというが、その違反によってDieselの損害金が発生したことの因果関係を示していない（Dieselは、むしろGBMIの資金繰りが苦しいことを十分承知しながら出荷を続けていた）。

(b) 「この2回のnotice以外にもGBMIには確約違反があったのだから、GreystoneがTPAの定めるとおり、これら違反についてもnoticeを

---

[133] 当事者が合意していた条件はというと、(i) 同日付で作られた2つの3者協定（TPA）中に「担保付融資契約に服しつつ……」(subject to......LSA)と合意しており、LSA中では3者協定に服しつつ (pursuant to......TPA) と定め、互いに他方の契約が定める履行が条件となることを明示で言及している、(ii) その条件の成就が自らの義務履行の条件となる、その義務の履行には、GreystoneがDieselにGBMIの資産を送金することも入っていた。

出してくれていたら、Diesel は出荷は止めていただろう」との出廷した Diesel 側の証人の証言に対しても、「証言は、その後の実際の事態の進行と相容れない」として措信しないとした。

(c) Diesel のもう1つの請求原因はコモンロー契約に特有の"account stated"であったが[134]、S.D.N.Y. はこれに対し、その表明 (state) された債務残高 (account) は Greystone 自身のではなく、GBMI の account のことであり、ルールは成立たないとした。

(d) Diesel の今1つの請求原因は、Greystone が GBMI からローンの弁済金として回収したものの内には、GBMI の Diesel への未払金に相当するものが含まれているから、不当利得であるというものであったが、ローンの弁済金として回収したのであれば、それは契約 (LSA) により当然に受取りうるもので、不当利得には当らないとした。

(ホ) S.D.N.Y. は、Diesel Props が GBMI の帳票類を盗取したことによる Greystone による不当利得の反訴については、Diesel Props が DA 中で GBMI の注文帳 (Order Book) を各年のシーズンの終りには**コピーできる**と定めていたことと盗取との関係を判断した。

(a) Diesel Props は 2007 年 12 月 17 日に 10 月 4 日付で DA 契約を遡って終了させており、要件に合致していると反論したのに対し S.D.N.Y. は、Diesel が 9 月 4 日に催告したのは、時期的に DA の要件への合致を狙って打ったシナリオに違いない。

(b) 30 日の猶予期間の終りが丁度セールズ・キャンペーンの終了と一致している。更に、「各シーズンの終りに」とあるだけで、Diesel が **DA 契約を終了させたときも**、とは DA 契約中のどこにも定めていないからと、57 万ドルの損害金と 10 万ドル余りの法定利息との支払を命じた。

(ヘ) Diesel が上訴し、2d Cir. は Greystone による Diesel に対する不当利

---

[134] account stated についての再述法（第2）282 の定めは、合致の表明の1つである。表明者による自白 (admission) となる (282 (2))。

得の請求を認めた S.D.N.Y. の判断は覆したが、その他では次のように述べてその判断を支持した。

(a) 先ず、アメリカ（ニューヨーク州）での控訴審の構造・性格から自らの行う検証範囲につき一言した。本件は（陪審制ではなく、bench trial なので）、S.D.N.Y. の結論の正しさを、事実認定を含め新たに検証する[135]。

（ⅰ）TPA が一義的に明確な契約かどうか、この入口の問題で、これはニューヨーク州法の下では法律の問題である（TPA はニューヨーク州法を適用すると謳っている）。もし一義的でないと判断したのであれば、S.D.N.Y. が証人の証言など外部証拠を適切に斟酌することができる。

（ⅱ）そのようにして S.D.N.Y. が行った事実認定は、それが明らかな間違いである場合を除き、否定すべきでない[136]。この点は陪審制であった場合と同じである。証人の信用力判断も事実認定の１つである[137]。明らかな間違いがあるときのほか、控訴審がその判断をとやかくいうことはできない。

（ⅲ）以上の一審と二審との関係についての原則に照らすと、本件での S.D.N.Y. の事実認定を確認すべく、それに反する理由はない。

(b) Diesel の契約違反の主張を否定する理由については、次のニューヨーク州法のルールを述べた。

（ⅰ）原告は、(w) 契約の存在、(x) 原告自らの履行、(y) 被告の不履行、(z) その被告の不履行から生じた損害金、の４つを主張・立証しなければならない。

（ⅱ）中でも因果関係の立証、被告の不履行が直接かつ相当な関係で

---

[135] 事実認定の問題に関し、契約が一義的でない点を含んでいれば、証人など外部証拠を材料にしてよく、その場合、bench trial での一審の裁判官は陪審員と同じく、外部証拠の判断者となる（明らかな誤りがない限り、それを覆せない）と述べる。

[136] (……must not be set aside unless clearly erroneous……)と、ここで略この言葉通りのルールを述べた FRCP 52 (a) (6) を引いている。

[137] 一審が下した事実認定と反対の事実認定が可能であるからといって、その判断が誤りとはいえないし、特定の一方当事者に最も有利な光で評価した事実認定でなければならないともいえない、とも付加している。

第3章　ニューヨーク州法により商事契約を裁く

(directly and proximately) 損害金を原告に生じさせたことを立証しなければならない（中間に介在する原因によるものであってはならない）。

(ⅲ) 2007年1月の経緯をみると、直接の因果関係の立証があったとはいえない[138]。書証による立証不足に対し、原告の証人が反対の証言をしたが、「措信できない」、という S.D.N.Y. による証拠評価が、**明らかに過り**とはいえない。

(ⅳ) 2d Cir. は、対向約束の履行が自らの約束履行の条件であることについてもいう[139]。GBMI の顧客のオーダーのコピーを受領することが、Greystone が（ローンを実行し）代金を原告 Diesel に支払うことの条件になっていた。その義務履行の条件が不生起であった。

(ト) 最後に 2d Cir. が覆した Diesel に対し Greystone の求めていた不当利得（unjust enrichment）による返還請求についていう（その際、不当利得の**法理**は**準契約として法定**のもので、当事者間の合意があれば、それは出てこないともいう）。

(a) 不当利得の主張が立つためには、ニューヨーク州法では、（ⅰ）相手方が価値（の増加）をえていること（......be enriched）、（ⅱ）その価値が自分の費用においてであること、（ⅲ）衡平と良心が相手方によるその価値の保持に抗うこと（equity and good conscience militate against ......）が要件となる（州裁判所の先例と自己の先例とを複数必ず引用する）。

(b) S.D.N.Y. が不当利得の成立を肯定した理由では、（ⅰ）Greystone が LSA により Order Book などの GBMI 資産を担保にとっていた一方、（ⅱ）Diesel は DA の下で契約終了時の Order Book を取得できるな

138　原告は、（ⅰ）一旦は Greystone に「GBMI にデフォールトがあるか」と fax で照会しながら、2営業日を待たず、その同じ日に100万ドル近い商品を出荷している。また、（ⅱ）Greystone からの第1回目の GBMI デフォールトの通知後の3ヶ月間に13百万ドルもの出荷をしている。（ⅲ）第2回目の Notice 後の2週間にも100万ドル以上もの靴を送り、かつ GBMI に対し契約終了通知送付の前日の9月3日にも靴を送り続けていた。

139　ここで 2d Cir. は、コモンロー契約の condition precedent に係るニューヨーク州のルールを再述法（第2）225 とほぼ同じ言葉で述べる。その上で、明示の condition precedent は、当事者が表明する意思ゆえに有効とされ、当事者の約束（契約）と同じ神聖さを有するとする（州裁判所の先例と自己の先例を複数必ず引用する）。

どと定めていなかったことが大きい。

　そこから、S.D.N.Y. は Props が GBMI の Order Book を盗んだ (purloined) とし、Props 内で「今年は X'mas が 1 ヶ月早く来たネ」などの発言があったことの証言や、Props が Order Book を持っていることをひた隠しにしていたとの証言を援用する。

(c) これに対し、2d Cir. は、Diesel は契約終了時に Order Book を取得できる契約上の権利を有していたばかりか、この権利は Greystone の担保権に優先していたとの見方を示した。

（ⅰ）Props と GBMI 間の 2005 年の DA が定めていたのは、GBMI がセールス・キャンペーンの 15 日後に Props に対しキャンペーンの成果とともに Order Book のことを連絡することであった。Greystone は 2006 年に GBMI と LSA を締結したが、この定めについては 3 者協定 (TPA) でも言及しており、Greystone が Props と GBMI 間の 2005 年の DA につき承知していたと考えても問題ない。

（ⅱ）S.D.N.Y. も、Greystone もいっていないが、Props は DA の契約終了権を有していて、その終了権を行使した。そうすれば、キャンペーン終了時の Order Book についてのコピー請求権も発生する。この契約終了は、セールス・キャンペーンの終了と同じときに重なった。

（ⅲ）DA、LSA とも、この点では一義的解釈に問題がない統合契約といえる（Props の証言などの外部証拠を入れる余地はない）。

(d) 担保権者と、それと相争う関係にある債権者との関係につきいう。

（ⅰ）ニューヨーク州法は一般に "first in time, first in right" ルールである（州裁判所の先例と自己の先例とを複数必ず引用する）。

（ⅱ）ニューヨーク州法はずっと、**譲受人は譲渡人の靴の中に入る**としてきた。それゆえに、譲渡人による譲渡の後に譲渡人の財産を担保にとった担保権者は、その担保権を譲受人に対抗できないとされてきた。例外は、後の譲受人が善意の買主（bona fide〔purchaser〕）

でないときのみである。bona fide 取得者の地位は、相争う権利（adverse claim）につき知がないことを要し（その譲渡がある合意に違反してなされることの知でもよい）[140]、また譲受人の権利は必ずしも厳密な物的権利（ownership interest）である必要はない。

(ⅲ) Props による Order Book の保持を容認することになっても、不当利得のもう1つの要件、衡平と正しい良心（equity and good conscience）がそれに対し嫌悪を覚える（militate against）ということもない。

140　例示として、たとえば、他人が未完成の契約上の権利（unperfected contract right）を有するとの知があれば、その他人の権利に服するとする。

第4章

管轄、ニューヨーク州ロングアーム法など、手続法上の問題

1. 紛争解決手段としての民事訴訟に対するアメリカの規律

(1) 敵視してきた管轄合意に対する司法の変化

① ブレーメン号事件での大転換

　二元司法のアメリカで、当事者らが州、連邦、いずれの法廷を利用できるかは第1章2.(2)でみた。ここで問題にするのは、当事者らによる法廷利用のための予めの合意の効力である。前述したとおり、アメリカの司法、中でも連邦の司法は、当事者が自ら**適用法合意**、特に**専属管轄合意**を取決めることに対して、私人が国（の司法権）を排除（oust）するものだとして強い敵意を抱いてきた。

　たとえば、当事者が「メリーランド州の法廷でのみ……」と合意し、連邦法廷での裁判を拒否している場合などである。拒否の傾向は、州裁判所よりも連邦裁判所で強かった（リコー事件、1988年もそうである）。二重司法に対する州側の反感の歴史と、19世紀末になって漸く整ったにすぎない連邦司法の立場からすれば、これは判らないでもない。第2章2.の現代アメリカでの「なぜニューヨーク州か？」調査からは信じ難いかも知れないが、それが事実である。しかし、そういった状態が20世紀後半に次第に雪解けしてきたことも、また事実である。

（イ）1960年代になって、パラパラといくつかの先例が出て、適用法合意を**それ自体強制不能**（per se unenforceable）とする Joseph Story 判事時代か

らの変化を示す動きがあった[1]。

　潮流の変化を受けて NCCUSL が Model Choice of Forum Act を発表し、相応な利便性（reasonable convenience）を基礎に当事者の管轄合意の効力を肯定した[2]。ALI も管轄合意についての太字法の再述抵触法第 2 版（Restatement Second Conflict of Laws）を発表。

　「当事者は、州の司法管轄権を排除することはできない（……cannot oust a state of judicial jurisdiction……）……」（80）と定める主文に続き、第 1 版にはなかった次の副文を加えた。

　「合意が不公正ないし不相当（unfair or unreasonable）でなければ有効とされよう……（will be given effect……）」。

（ロ）専属的管轄合意の点で画期的な大転換を示したのが、上記再抵法（第2）の翌年に出た有名なブレーメン号（1972 年）判決である[3]。事件での当事者は、正に専属的管轄（ロンドン）を約束していた。

　このブレーメン号事件は、実体法の面でのエリー鉄道事件と並ぶ重要な手続法（管轄）上の先例といえる。少し詳しい紹介に値いしよう。

(a) 当事者はドイツの Unterweser 社と反訴共同原告となった同社が運航する曳船ブレーメン号[4]、反訴被告はテキサス州ヒューストンの Zapata 社である。

　（ⅰ）Unterweser 社と Zapata 社間の契約は、Unterweser 社がルイジアナからイタリアのアドリア海沖 Ravenna まで Zapata 社の石油掘削機を Bremen 号を使って曳船する内容であった。

　（ⅱ）契約は、Zapata 社が競争入札により公募し、Unterweser 社が最安値で落札して締結された。どれをとっても、ロンドンとはまるで

1　1834 年に Boston で出版された彼の *Commentaries on the Conflict of Laws* には、適用法合意といった考えを容れる余地は全くなかった。
2　この Model Act に倣った立法は、New Hampshire 州（1969）と Nebraska 州のみのようである。なお、NCCUSL と ALI につき第 2 章注 11 参照。
3　The Bremen v. Zapata Off-Shore Co., 407 U.S. 1, 1972.
4　コモンローでは人（person）だけでなく、物（property）、地位（status）も、管轄権の対象となる（後注 17、ニューヨーク州制定法 C.P.L.R 301 参照）。

関係がなかった。
- （ⅲ）曳船中のメキシコ湾上での激しい嵐のため、曳航していた掘削機は壊れ、近くのフロリダ、タンパ港に避難したBremen号。Zapata社はBremen号を差押えるとともに、海事事件として地元Tampa連邦裁判所へ訴訟を起こした。Unterweser社に対し350万ドルの損害賠償を請求する。

(b) Unterweser社は、ロンドンの裁判所での専属管轄合意があることを楯に、訴えの却下を申立てた。
- （ⅰ）一審は、先例を引用し[5]、専属管轄合意の効力を否定し、またUnterweser社が併せて主張した不便宜法廷（forum non conveniens）の申立ても却下した。
- （ⅱ）控訴裁判所も多少の波瀾の後、一審判決を支持した。多少の波瀾というのは、賛否が分かれたので、全判事による合議（rehearing en banc）にかけられ、14人の判事の8：6で決った点である。

(c) 中でも、forum non conveniensの申立却下で一審に裁量権の乱用があったとの主張に対し、答えている（不便宜法廷の抗弁につき注13書[3.16]参照）。
- （ⅰ）事件は、Tampa連邦裁判所などの管轄区域外という訳ではない。
- （ⅱ）Zapata社の乗組員など、多くの証人が湾岸地区にいる。
- （ⅲ）航海の準備、検査などの仕事も湾岸地域で行われた。
- （ⅳ）Bremen号乗組員の証言はdepositionで得られる。
- （ⅴ）イギリスは、この紛議に何ら係りもない。
- （ⅵ）Unterweser社に事故の大幅な免責を与えている契約中の**特約**につき、イギリスの弁護士は、「イギリスの法廷では、**有効とされるだろう**」と証言したが、これは、アメリカでは最高裁の先例により公益に反し、無効である[6]。

5　Carbon Black Export, Inc. v. The Monrosa, 254 F. 2d 297.

(ハ) 最高裁は、これら下級裁判所の判断を否定し、差戻した。
- (a) 先例の Carbon Black 事件では、その合意管轄裁判所が（当事者にとり）より便宜な法廷でなければ、そのような合意は強制できないとしていた。当事者も、契約内容もイギリス、ロンドンとはまるで無関係の本件では、却下判決も十分予想された。
- (b) しかし、バーガー（Warren Burger）長官は、これらの考えを国際時代にそぐわない「時代遅れで田舎町的発想」だとし、国際取引で当事者が自由に合意した内容は、特別の事情がない限り司法が支えるべきであるとした。「少なくとも過去20年間でアメリカ企業がその活動を海外へ広げる動きがぐんと伸びた。今までのような地元根性（a parochial concept）で、当事者間の厳格な合意（solemn contracts）を踏みにじることは、アメリカ企業の海外展開を妨げかねないだろう。……」などと述べている。
- (c) 判決はこう結論したうえで、なお次の補足説明を加えている。（ⅰ）契約中の法廷選択条文（forum selection clause）は、アメリカの裁判所によって好まれなかった歴史があり、今なおこの考えがかなり残っている。（ⅱ）しかし、海事法廷では、少なくともその状況下で不相応（unreasonable）とされない限り、そのような合意条文を強制してよい。（ⅲ）イギリスはじめ、他のコモンロー諸国ではこの考えが通っている。（ⅳ）他国のビジネスマンも、アメリカと同じく、自国の法廷で訴訟をやりたがる。互いの主張が折り合わず、それが適わないときの次善の策は、中立的で知識、経験ある法廷ということになろうが、イギリスの法廷はこの基準に合致する。（ⅴ）このような法廷選択条文を**司法権を排除（oust）するもの**というのは、法的フィクションの遺物（vestigial legal fiction）である。
- (d) アメリカでの訴訟と並行して、Unterweser 社は、ロンドンの裁判所

---

6 Bisso v. Inland Waterways Corp., 349 U.S. 85（1955）と、Dixilyn Drilling Corp. v. Crescent Towing & Salvage Co., 372 U.S. 697（1963）.

にも訴求していたが、そこでは、「それが当事者の交渉 (bargain) なら、他に強力な反対理由がない限り……」と、イギリスでの管轄権があっさり認められている[7]。しかも、判決もアメリカの最高裁より早く下されている。

② 合意管轄条文でも平易解釈の原則

販売店に関する契約中の合意管轄条文の解釈を巡る争いで、それが専属管轄か否かを争った事例[8]。Bremen 号事件から 40 年近く経ったこの事件では、2d Cir. は、当事者による専属的管轄の主張を、管轄権を**排除 (oust) した**、などと非難することもなく、問題にしていない（合意が強制可能であることは当然の前提としているかのようである）。

日本企業が販売店契約 (distributorship agreement) により販売権を相手方に与えるにつき、それが専属的販売権 (sole distributorship) かどうかが、入口での大きな問題となることは、日常経験することである。ここでの問題は、同じ専属性を巡る争いでも、販売権のそれではなく、予めの紛争解決手段としての管轄での専属性である。いずれも、sole とか exclusive の言葉により表示されるのが普通であり、本件でも 2d Cir. は、正にそのように判断した。

(イ) 本件の事実は複雑ではない。

(a) コネティカット州法人 Global Seafood 社 (GS 社) とアイルランド共和国法人 Bantry Bay Mussels 社 (BBM 社) とは、1996 年に "Heads of Agreement" と題した文書にサインした。この文書の要旨として、GS 社は Bantry 湾産のカラス貝を BBM から輸入して北米全体で販売しようとしていた。

(b) 2007 年 1 月 BBM 社は、GS 社との関係を 30 日後に終了させると通知した。

(ロ) 両者の主張のうち上訴して争われたのは、合意管轄条文の解釈であ

---

[7] Unterweser Reederei GmbH v. Zapata Off-Shore Company, (1968) 2 Lloyd's L. Rep. 158 (Ct. App.). これにつき、ALI の報告書覚書は、「アメリカの裁判所は、自国への管轄権（拡張）に多分これほどまで意欲的 (willing) ではあるまい」と述べている。

[8] Global Seafood Inc. v. Bantry Bay Mussels Ltd. No.08-1358-cv. (2011 年 10 月 20 日)

る[9]（その意味で、契約文言をコモンローがどう解釈するかの事例でもある）。
(a) 一審の裁判所で原告GS社は、次のように主張した。
   (ⅰ) 本文書 Heads of Agreement は、Bantry湾カラス貝につき原告に被告の北米での代理店としての一手販売権を与えた拘束力ある契約であり、
   (ⅱ) 被告BBM社は、本契約の下で定額の月次契約料と、売上高比例の口銭を原告に支払う義務がある。
   (ⅲ) 被告は、6ヶ月の予告と終了手数料の支払を定めた本契約中の契約終了条文に反した形で契約の終了を告げ、本契約に違反した。
(b) 対する被告は、本文書が拘束力ある契約であること自体を争った。
   (ⅰ) アイルランド法で"Heads of Agreement"とは、拘束力のない"letter of intent"を意味する言葉であり、
   (ⅱ) 仮に、本文書が拘束力ある契約であったとしても、その定め（……is governed by Irish Law and Irish Courts）により、当事者がアイルランドでの専属的管轄に合意しているから、原告の訴えは却下されるべきである。
(c) コネティカット州内の連邦裁判所は、上記のような被告による専属的管轄合意の存在を認め、実体法上の問題に入るまでもなく、先行する入口での管轄問題で訴えを却下した。その際、同裁判所は"govern"の意味を、「権威をもって指示、支配するなどの権限」（power to direct, control and rule……）とし（Blackの法律辞典）、"……governed by……Irish Courts"は、**予めある法廷に合意する意図**を意味するとした。
(ハ) これに対し原告GS社は管轄合意の専属性を争い、2d Cir. に控訴した。2d Cir. は次のようにいって、コネティカット州内連邦裁判所の下した却下判決を覆し、事件を一審の裁判所へ差戻した。
   (a) 当事者はHeads of Agreementの意味と、その範囲を巡って争って

---

[9] 一審のコネティカット州内裁判所での争いは、他にもあり、原告GS社の有利に解釈できた争いがあったかも知れないが、先決問題で負かされて了った。

いるが、Heads of Agreement 中に、「本合意は、アイルランド法とアイルランドの裁判所により規律される」（……is governed by Irish Law and Irish Courts）との定めを含むことにつき、当事者間に争いはない。

(b) 同条文の意味が、アイルランドの法廷に**専属的**に管轄を与えたものか否か。この解釈問題に当っても、先ずその合意書面の文言にいき、言葉の客観的な意味を基準として解釈すべきである。

　　当事者が単に管轄（jurisdiction）で合意しているのか、それとも裁判所を特定すること（venue）まで求めていたのか[10]。単なる合意管轄ならば、更に管轄を限定する何らかの言葉がなければならないとする。

(c) そのうえで、2つの先例を引きつつ、"exclusive"などの文言を欠く本合意中の定めが専属的合意であると考えることは（平易解釈に反し）、「受容れられない」とした。徹底して文言中心の客観主義的解釈論を展開している。

　（ⅰ）ギリシヤ法により規律され、構成される（……shall……governed and construed……）とだけ定めていた第1の先例では、合意に「専属的」などの限定がないから、「ギリシヤの法廷でもできる」以上のものではないとしていた。

　（ⅱ）第2の先例では、"……governed by English Law"との定めに加え"……proceedings……are to be brought in England."となっており、管轄合意に加え、イギリスの法廷での訴訟係属ないし訴訟行為まで合意していると判断した（venue）。

---

[10] jurisdiction と venue の区別は、jurisdiction が主権者である州（state）に宿るのに対し、venue は、州内を地域毎に区切り、それぞれの裁判所の地区毎の管轄を定めるため州法によって規律される。venue は、一般に一審（事実審）のみに当てはまる。また、venue は、入口で主張しなければ治癒されて了い、後日何もいえないのに対し、jurisdiction の誤りは、判決後、いや上級審でも、判決の瑕疵となる。James & Hazard, *Civil Procedure*, 2d Ed., Little Brown, 1977（§ 12. 1）.

(2) 2d Cir. の人的管轄権はどこまで外国人や州外人に及ぶか

① 人的管轄権とは

　　上記の Seafood 事件は、当事者が約束していた管轄合意の意味を巡る争い、契約解釈の1つであった。これとは異なり、当事者がその旨合意している訳ではないのに、企業などがニューヨーク州の人的管轄権に服し、出頭しなければならなくなるのはいかなる場合か？

　　ニューヨーク州の管轄権といっても、以下の（c）のように二重訴訟が少くないアメリカでは、州の法廷なのか、州内の連邦裁判所かの区別がある。しかし、管轄権ルールに関しては、実は連邦には独自の人的管轄権法はなく、両者を区別する必要がない（連邦裁判所は、その所在する州法によって管轄権〔呼出状の送達権〕を行使するルールになっている）。ただし、第1章2.(2)に記したように実務上の違いは少なくなく、州裁判所へ訴えられたアメリカの企業も、必ずといってよい（枚挙のいとまがない）ほど、連邦裁判所への移送を申立てる。日本企業も州と連邦間の管轄の違いをふまえて進める必要がある。

（イ）具体的な事件より前に先ず、**人的管轄権論**に一瞥を与えよう。

　　(a) コモンローでは、アメリカ国内（州内）にいない被告に対する人的管轄権は送達により生じる。2d Cir. のような連邦裁判所の人的管轄権も、被告に送達ができるか否かが鍵となる。外国企業などの州外被告に対するルールを整備するものとして、FRCP の送達条文4 (k) 中に1993年改正で4 (k) (2) が加えられ[11]、次の3つのいずれかにより送達（人的管轄権）ができる。

　　(ⅰ) その連邦裁判所の所在する**州の制定法**の定める送達方法（4 (h) (2)、(e) (2)）。たとえば、Northrop Grumman 事件や UAP 事件などの具体的な事例で[12]、ニューヨーク州内の連邦裁判所の1つ S.D.N.Y. は、ニューヨーク州民訴法（C.P.L.R.302）によって送達（管

11　Federal Rules of Civil Procedure, FRCPのRule 4 呼出状(Summons)は、6ページの長いもので、4 (f) が海外への送達方法の基本を定め、(k) (2) は、海外企業に対しても連邦の憲法と法律に反しない限り（...... consistent with ......）、送達ができるとする。

轄権を肯定）した。

（ⅱ）根拠となる外国企業に対する管轄権条文（正しくは送達条文）が反トラスト法や証券法など、**個別の連邦法**中にある場合に、その条文中に認められている送達方法（4（k）(1)、(D)）。

（ⅲ）請求権の根拠がその他の連邦法に定められているもので、そこには管轄権条文はないが、憲法と連邦法に矛盾しないもの（4（k）(2)）（注11）（なお、人的管轄権と各州のロングアーム法との関係については、更に次の（3）で述べる）。原理型ロングアーム法の流れに属する連邦ロングアーム法とでも呼びうる[13]。

(b) 以上の3つの根拠中、各国で最も反米気運を醸し出したロングアーム法は、上記（ⅱ）の代表例とされる証券法（Securities Act of 1933 (22)）の方である[14]（これに対し、ニューヨーク州のC.P.L.R.302のような列挙型ロングアーム法は、後述のとおり、それほど理不尽なものではない）。

(c) アメリカでは、州と連邦の双方の法廷で争う二重訴訟も珍しくない。2、3の理由が考えられる。

（ⅰ）以下のBondi事件でみられるように、アメリカの司法が二重訴訟禁止の法理を知らない、

（ⅱ）州と連邦とによる司法権の競合・重複がある。加えて、

（ⅲ）ありとあらゆる戦術を駆使して戦う当事者の姿勢、管轄権の行使に消極的ではないルールがある。

12　Northrop Grumman Overseas Service Corp. v. Banco Wiese Sudameris, S.D.N.Y. No. 03 Civ. 1681 (LAP)（2004年9月29日）とCornell v. Assicurazani Generali, S.p.A. (No. 97 Civ. 2262、2000, S.D.N.Y〔2000年3月16日〕)（被告の1人の略称からUAP事件と略称した）。

13　アメリカ各州のロングアーム法について筆者が仮に名づけたのが、カリフォルニア州のような原理型と、ニューヨーク州などの列挙型である。なお、ロングアーム法を含む他州（外国）法人に対するアメリカの裁判所の管轄権についてのより体系的記述については、國生一彦『国際取引紛争に備える―アメリカ、EU、イギリスでのトラブル予防から訴訟まで―』八千代出版、2006年（p.79以下参照）。

14　同条 (a) は、被告がそこでみつかったか、居住者 (inhabitant) であるか、取引をしている (transacts business) のいずれかの地区、または、違反行為ないし販売行為があった地区の、どの州にも連邦の管轄権を与え、そうした被告に対する証言のための召喚状 (subpoena) を発行する権限をSECに与え、違反した被告に罰則を課す（同条 (b)）。

二重訴訟の状態が生じたときに一般的なのは、他方の訴訟の中止、差止めを当事者に命ずる決定である[15]。

（ロ）以上の連邦裁判所による外国法人に対する管轄権法制を要約すると、次がいえる（うち (a) は、州と連邦の歴史の違い〔第1章1.〕の結末といえる）。

(a) 連邦裁判所独自の管轄権を定めた法規は存在しない（注11により所在各州の法規依存が原則）。

(b) 各州の人的管轄権の元はコモンローの送達権に、不文法にある。

(c) 上記FRCPも連邦裁判所の人的管轄権を定めたものではなく、送達（process）方法を定めたものである（最高裁も、そのことを後出のBurger King事件から2年後の事件でいっている）[16]。

（ハ）日本企業乙社に対しアメリカ（A州）の人的管轄権（personal jurisdiction）が認められるとはどういう意味か。被告乙社がA州の司法権に**人的に**（注4の物的に対する）服することを意味する。A州内の裁判所から召喚状（a summons）により呼出されれば出席しなければならないし、（敗訴判決のうえ）金銭の支払を命ぜられれば支払わなければならない、（A州で）強制執行を受けうる。更に、A州裁判所の事前証拠開示命令にも服するし、従わなければ（場合により）法定侮辱罪で罰せられる。以上が人的管轄権の端的な意味である。くり返しになるが、人的管轄権が発生するか否かは、召喚状の送達ができるかどうかという召喚状ルール次第ということがいえる。

② 召喚状の送達が基本

召喚状は外国にいる誰にでも送達できる訳ではない。一定のルールが存在する。そのルールは、注4のニューヨーク州法が§301で定めていたように

---

15 Insurance Company v. Compagnie des Bauxites de Guinee, 456 U.S. 694, (1982)、相手方がロンドンで別訴を提起したのに対し、（これを全体的に評価して）抑圧的な**いやがらせ**として、その継続を禁じる命令が出されている。

16 アメリカの裁判所に人的管轄権があるといえるのは、召喚状の送達ができる場合であるとし、関連連邦法に特別の送達条文がなければ、その連邦地裁が所在する州法（ロングアーム法）にその根拠を見出すしかない（Omni Capital Corporation v. Rudolph Wolff & Co., 484 U.S.97〔1987〕）。

コモンロー（先例）にある[17]。
(イ) 先例から絞り出された太字法がどういっているか。再抵法（第2）が参考になる[18]。
　(a) 先ず、相手が自然人甲であるときは、送達できる主な理由は次である（§ 27）。
　　(ⅰ) 甲のA州内での現存（presence）、
　　(ⅱ) 甲のA州内でのドミシル（domicil）、
　　(ⅲ) 州内での住所（residence）、
　　(ⅳ) 甲のA州市民権、州民権（nationality or citizenship）。
　(b) 以上の（ⅰ）〜（ⅳ）ルールの基本には、いずれも甲とA州との間に何らか（ある程度の持続性ある）**相応の関係**（reasonable relationship）がある（その印しである）。
　更に、持続性とは関係なく要件となりうるのは次である。
　　(ⅴ) 甲による同意（consent）、
　　(ⅵ) 甲による出頭（appearance）、
　　(ⅶ) 甲がA州内で事業を行う（doing business……）、
　　(ⅷ) A州内での甲の行為（an act done……）、
　　(ⅸ) 甲の州外での行為によるA州内での効果の惹起（causing an effect……）、
　　(ⅹ) 甲によるA州内での物（a thing）の所有ないし占有、と続く。
(ロ) 以上がコモンローのルールを条文の形に整理した再抵法（第2）の要旨であるが、(ⅰ)〜(ⅹ) の10の各要素（基礎）が同じ力をもって管轄権をクリエイトする訳ではないことが理解される。
　(a) 法廷に全目的的（for all purposes）・一般的管轄権（general jurisdiction）

---

[17] たとえばニューヨーク州の民事訴訟法に当るC.P.L.R. Article 3 Jurisdiciton の、管轄権条文 § 301 は、裁判所が、**これまでコモンローの基礎のうえに行使してきたような管轄権**を行使できることの一般管轄権を定め（前注4）、§ 302 は、ロングアーム法としての管轄権を定める。
[18] Restatement of the Law Second, Conflict of Laws, 1971.

を与える（イ）(a)（ⅰ）～（ⅵ）と、

(b) その要素（基礎）に関する事件でのみ、それを与える特定的・限定的管轄権（specific jurisdiction）とに分かれる（(b) の（ⅶ）以下の要素）。

(c) 一般的管轄権の中でも一番の基盤となるのが**人の現存**（presence）であるが、これには永続性は要求されず、通過的現存でもよい[19]。なお、大陸法とは違って、コモンローは、domicil を第 1 基準とはしていない[20]。

(d) 以上で述べたのが人的管轄権を発生させる事実的基礎である。これに加え、無論、州が適切な呼出（召喚）状（summons）を送達（service）することが法的要件である。ただし、多くの州では州内に現存する人に対しては成文または不文法により、召喚状の必要を免じている（注19事件判決は、何らかの手続の当事者、証人などとして法廷に連れ込まれた人には、それが強制または詐欺によるものであっても、必要がないとしている）。

(ハ) 自然人とは異なり、州外法人（foreign corporation）乙社に対する（ⅰ）現存（presence）や（ⅱ）domicil を連結素とする人的裁判管轄権の一般的ルールは存在しない[21]。これは、自然の肉体のない存在の法人につき domicil や現存（presence）が考えられていないことからくる[22]。

(a) この（ⅰ）、（ⅱ）を除き、州外法人乙社に対する一般的人的管轄権発生

---

19 比較的最近この点を争ったケースで 18 世紀の先例を引きつつ、「どんなに束の間の……でも」（how fleeting ……visit……）といって他州を訪問した人の人的管轄権を肯定した Burnham v. Superior C't of Cal. Marine County, 495 U.S. 604, 1990 がある。

20 domicil について、「人の住まい（home）であって、それに抵触法が時に重要な意味を与えるもの……」との定義ルールがあるが（再抵法 11（1））、domicil と並んで、home も定義する（12）。アメリカとは違い、ヨーロッパへいくと、domicil が管轄権の第 1 原因となる（注 13 書、[4. 7] 参照）。

21 法人に domicil を用いることは、混乱を生じさせるとする（再抵法 11. コメント 1）。domicil が用いられるとしても、それは設立州の意味でか、または commercial domicil などと、俗語的用法としてである。

22 個人についての州内現存に代る法人に対する管轄権発生の理論が模索され、外国法人の役員、取締役、従業員の現存に始まって、銀行口座の存在など、色々なものを法人現存の擬制として考えたが、最終的に、州内取引（transaction）に由来して法的紛争が生じた、その事実自体に管轄権をみようとした。その行き着いたところが、次の（3）で出てくる**事業を行う**（doing business）を根拠にするものである。

の基本ルールも、自然人甲に関するそれと変らない。上記（イ）（iii）以下の要素による（(iv)の市〔州〕民権に当るのが、A州に一般的管轄権を与える乙社のA州当局への届出である）[23]。

(b) 自然人とは異なり、州外法人乙社に対する特定的管轄権発原因の第1に、A州との**関係の相当（応）性**（reasonableness of relationship）のルールがくる（42 (1)）。関係の相当（応）性は、典型的に法人乙社のA州内での事業活動によって生ずる[24]。法人乙社の単発的州内行為の結果についてA州に管轄権を認めるには、その**関係が不相当（応）でない限り**（unless……unreasonable……）という逆絞りがかかっている[25]（49 (2)）。

(c) 特定的管轄権の基礎として個人甲についてと同じく、法人乙社によるA州内での不法行為がある。外国法人による不法行為ないし不法な取引行為の場合、州内行為は単発的なもので足り、事業のように継続される必要はない。かつ§49 (1)の不法行為であれば、乙社とA州との**関係の相当性**も要求されていない[26]。

(d) この49 (1)から次の§50にみる不法行為に対するルールが特定的人的管轄権を基礎づける典型といえ、各州ロングアーム法制定へとつながっていった。実体法での**製造物責任**（product liability）の厳格責任法理に相当するもので（その訴訟手続法版ともいえよう）[27]、それと並行的に表われた機を一つにする展開である。古いコモンローにはなかった

---

23 以上から法人についてA州の一般的管轄権が認められるのは、（ⅰ）A州内での設立、（ⅱ）A州内での主たる事務所の存在、（ⅲ）A州内での継続的かつ組織的事業活動の場合である（再抵法（第2）42〜44, 47）。
24 この鍵となる「事業を行う」（doing business）の意味について、47条コメントaは、営利目的での同種の行為の反復性（a series of similar acts for the purpose of……realizing pecrunriary profit, or……）という。
25 ALIは本条と次の§50により管轄権を認めることにつき注意書き（caveat）を付し、表現の自由（連邦憲法修正I）の抑制になる可能性があるときは、より実質的な要件を必要とするとの態度を表明している。
26 再抵法（49 (1)）の言葉は、"……has done, or caused to be done, an act in the state……"であり、再抵法（36）の製造物責任訴訟での管轄権ルールと共通する（法律行為のコンセプトをもたないコモンローでは、不法行為も代理されうる）。
27 古いコモンローでも食品については製造物についての厳格責任（strict liability）が認められていたが、それが化粧品、一般商品へと拡がっていった。

20世紀中端以降の管轄権に関する厳しい判例法の展開を示す[28]。

(ニ) 州外法人乙社によるA州内行為（単発的も含む）を連結環としてA州に管轄権を認めていた§49に対し、州外行為を原因としながら、A州内で結果を生じさせる乙社の行為を原因とする管轄権のルールがある（50）。

(a) 州外行為は不法行為や製造物責任に限られない。州外行為一般の州内結果である（乙社の州外行為は一発の行為もありうるが、製造物責任を問うための管轄権発生原因は単発的行為というより、乙社の事業行為そのものであるという意味で特定的管轄権発生原因とは性質を異にする）。いずれも**関係が不相当（応）でない**（unless……unreasonable……）ことが要件となる。

(b) §50のルールの及ぶ範囲は広い。行為がどこで行われ（……done elsewhere……）ようと、A州内に結果が生じた（……effects in the state）ことに基礎がある、すべての請求原因について人的管轄権を肯定する。「……管轄権の行使が不相当でない限り」（……unless……unreasonable）の絞りは、自然人についての§37と同じ法理である（50、cmt. a）。

(c) 製造物責任のように、その他ではA州とは何の関係もない企業活動につき一般的管轄権を基礎づけるためには、相当性の中味として、乙社とA州との間の関係が**継続的かつ組織的**（continuous and systematic）であることが要求される[29]。

(d) A州非居住者（non-domiciliary）による州外活動（act without the state）を理由としてA州管轄権を生じさせる再抵法（第2）(50) は、正にロングアーム法の核心である。これには亜種があり、A州内でも別にa事業を行っている企業の（問題の）州外b事業が継続的かつ実質的であって（so continuous and substantial as……）、A州の管轄権行使に相当

---

28 20世紀中途すぎに法人が州境を越えて活動し出すと、多くの州で、古いコモンローによる狭さを不適切とし、州外事業による自州内での結果発生に対しての管轄権ルールの不十分さに不満が表明されるに至った（§35と47のノートでは、州内での結果の発生を含んだ州外事業に対する制定法化の動きが始まったとする）。

29 Goodyear Dunlop Tires Operations, S. A. v. Brown U. S. Sup. Ct（2011年6月27日）

性を与える程度に達する場合である（47（2））。

(3)コモンローから出てきたロングアーム法

① ロングアーム法と関係の相当性

　ロングアーム法は外国人、外国企業に対するアメリカの裁判所の人的管轄権を広く及ぼし、その判決に服させるだけでなく、事前証拠開示命令も発してくる。筆者の経験では、25年前頃の日本でアメリカの裁判所がdepositionなどの証拠開示命令をドンドン出してくるとして、アメリカのロングアーム法に対する苦情と不満が多く聞かれた（ドイツやフランスなどヨーロッパ諸国は、日本より20年くらい早く猛烈な反対の声を挙げていた）。

(イ) 外国企業の誰彼に対し見境なく召喚状を送達できるのか。個別の2d Cir.のケースを離れて、この疑問を解く出発点は、やはり再抵法となる（たとえば、外国法人にS.D.N.Y.や2d Cir.などニューヨーク州内裁判所の管轄権が及ぶ典型は、初めから呼出されることを覚悟のうえの、その外国法人によるニューヨーク州当局への事業届出である。一般的管轄権が生じる）。州内で事業を営むには、外国法人による届出、認可が先行要件である（44）。

(a) この問題は、前段の個人についてのルールの州外法人への応用と、州外人に対するルールの外国人への応用という2つの面をもつ。上記(2)①の再抵法のコモンロールールは本来、各州間の衝突（conflict）解決のルールで、外国（法）との間の衝突解決ルールではないが[30]、A州人甲に対する管轄権発生事由の考え方がB州法人乙社に対するそれにも応用され、更に乙社がC国法人である場合へと応用された。

(b) 外国企業に対して州外行為による州内結果の責任を問う再抵法が、やがてロングアーム法（各州制定法）となる。ただ、その一番外側まで延びたルールでも、人的管轄権肯定の基底となる理由として**関係の相当**

30　再抵法中にも外国との間の衝突を念頭に置いた文言、「これらのルールは、2つ以上の州をまたぐ事件に適用されるとともに、……2つ以上の外国（foreign nations）をまたぐ要素の事件にも原則的に（generally）適用される……」（再抵法10と同コメントc）がある。

性（reasonableness of relationship）が求められていた。

（ロ）外国（法）とのコモンローの衝突解決ルールとして再述外国関係法（再外法（第3））が作られた[31]。そこでも、「……人または物についての……（司法管轄権の）行使は相当（reasonable）であること……」としている（421(1)）。

(a) コモンローの一番の基本にある**関係の相当性**（reasonableness）につき再外法（第3）により確認しておこう。次の個別的な場合に**相当性**（reasonableness）があるという（421(2)(a)〜(j)）。

（ⅰ）その人または物が通過的（transitorily）でなく、その州内に所在する（be present）[32]、

（ⅱ）自然人については、その州の住人である（is domiciled）、

（ⅲ）自然人がその州の居住者（resident）である、

（ⅳ）自然人がその州の市民（national of the state）である。自然人についてのこのルールは、その役職員を経由して日本法人にも応用がありうるから、参照価値が十分ある。

(b) 法人その他の法的人格（corporation or comparable judicial person）にあっては、その州の法律により組成された（is organized）や、同意による管轄権発生原因などを含む§421(2)(e)〜(g)などの後に、次が自然人と法人につき管轄権発生原因となることを定める（各活動に関しての特定的管轄権）。

（ⅰ）州内で規則的に事業を営む（regularly carries on business）（同(h)）、

（ⅱ）かつて州内で活動を続けていた[33]（had carried on activity……）（ただし、その活動に関してのみの特定的管轄権）（同(i)）、

---

31 Restatement of the Law Third, Foreign Relations Law of the United States, 1987（再外法（第3））。そのルールは、少なからず、再抵法（コモンロー）から由来するものの、再抵法1971と比べると新しい分、進化が認められる。
32 このように州際と国際とでは異なる。同条コメントeも、この通過的な所在中に送達したことによる管轄権（tag jurisdiction）の効力を否定する考えが国際法上優勢だという。
33 (i)と(j)での現在完了と過去完了の区別は、訴え申立時を規準としての要件である。

（ⅲ）州内に重要、直接かつ予見可能な影響力のある活動を州外で続ける[34]（has carried on outside……）（同（j））、

（ハ）再外法（第3）で、個別に**相当性がある**とされるのは上記の§ 421（2）(a)～(j) の各場合であった。同条は国際事件での管轄権ルールと国内ルールとの間の差異について、421（2）(a) 以下の個別の発生原因は、国内管轄権ルールとしてはそれぞれ別個で「足していくら」ということがないが、国際法では合わせて1本（aggregation）を禁ずるルールはなく、事実、多くの判例がaggregationを支持する[35]、と指摘している（再外法421 報告者覚書7）（州内での通過的〔transitory〕存在と送達との関係については注32のとおり）[36]。

(a) 主な対象を2d Cir. など連邦裁判所事件にする本書での問題は、連邦レベルのロングアーム法である。それがFRCP 4、送達条文によるものを除き、考えなくてよいことは（2）①でみた。そのルール4により連邦裁判所は、その所在する州のロングアーム法に従って外国人や外国法人に管轄権を行使することになる。各州ロングアーム法についての大まかな記述が必要である。

(b) 一口にロングアーム法といっても州によって異なる。筆者は各州制定法で原理型と列挙型の分類を試みた（前注13書 p.109）。

（ⅰ）列挙型の州法としてデラウェア州やニューヨーク州がある。その原型は、州外法人に対する管轄権発生原因を取引、不法行為などの類型別に定めていたコモンロー（再抵法（第2）50）にある（ニューヨーク州が列挙する不法行為型の制定法 C.P.L.R.302（a）(3) の言葉が、相当程度

---

[34] この(ⅰ)、(j)を、(h)までの一般的人的管轄権（general jurisdiction）に対し、特定的な（specific）管轄権ともいう。刑事にも共通的に適用されうるルールで、民商事については、契約法に限られない。
[35] 州内での継続的かつ組織的事業活動（continuous and systematic business activity……）を要件に挙げる判例として Helicopteres Nacionales de Columbia, SA v. Hall, 466 U.S. 408（1984）がある。
[36] ただし、アメリカ国内で債務を生じさせた非居住者（nonresident……created liability……）は、通過的存在時の送達によっても管轄権に服しよう、との指摘がある（G. Born, *International Civil Litigation in United States Courts*, 3d Ed., Kluwer Law International, 1996, p. 118）。

具体的なことは、次のChloé S.A事件でみるとおりである)。

（ⅱ）原理型ロングアーム法はルールの定め方が、「連邦憲法や、州の憲法に反しない限り」とか、「適正手続に反しない限り」といったスタイルの法文を指す。

② 法の適正手続条項（連邦憲法）による絞り

コモンロー（各州の先例）をベースに自然発生的に起こったロングアーム法、その共通項、「関係の相当性」の全国的に権威のある特定の法源を指摘することも、「こうだ」と述べることも、正確には困難である。現在の教科書は略一致して、これを**適正手続**（due process）要件と表現し、その源を1945年の最高裁判決まで遡る[37]。

（イ）同事件以後の道標となる2、3の最高裁判決を垣間みることとする。

(a) 第1のInternational Shoe Co.は事件名にもかかわらず、アメリカの国内（各州間）事件である。最高裁判決は、注37の事実を認定したうえで、製靴会社の事業行為を基礎に、**一般論として**（corporationとはいわず、被告という言葉を用い）ワシントン州の人的管轄権を肯定した。

「……法の適正手続の要請（due process of law requirements）は、被告がその法域内に存在しなくても、**一定量の意味のあるミニマム・コンタクツ**（meaningful minimum contacts）をもっていれば、その程度が**伝統的なフェアプレイと実質的正義**（traditional notions of fair play and substantial justice）**を損なうようなものでない限り充たされ……**」

(b) その後の40年間で多くの先例が出されているが、40年後のBurger King事件で最高裁は、下級裁判所の判断が1つの懸念により揺れて

---

[37] International Shoe Co. v. Washington, 326 U.S. 310, (1945)。事件でのインターナショナル靴会社Xはデアラウェア州設立でミズーリ州、セントルーイスに本拠を有する靴会社（製造販売）であった。被上告人ワシントン州Yは、Xに対し過去数年分の雇用保険料を査定し、州内にいるXの販売員Aに告知した。Xは、これに対し次の理由で雇用保険料の査定無効などを争って本訴を起こし、上告までいった。Xは数州に製造販売の拠点を有するものの、ワシントン州には、そうした拠点も在庫のための倉庫もなく、ただ出来高払い報酬制の10人超の販売員に報酬を払っていた。Xがこの査定に対し、「いずれの州も合衆国市民としての人権を侵すような法律を作ってはならない」とするいわゆる適正手続（due process）の各州版条文（修正 XIV、1）違反であるとして争った。

いることに言及し、International Shoe とは違う何かを述べている。懸念とは、ロングアーム法を文字どおり運用したのでは、零細な商工業者などが、大手企業に都合のよい遠隔州の管轄に合意させられる現実的不公平を助けられないのではないかというものである。いわば、適正手続の要請を個人や中小企業向けに深化した感じである[38]。

(ロ) Burger King 事件（1985）はフランチャイズ契約にかかわる。
  (a) Y は個人企業である。1978 年に franchiser バーガーキング X（フロリダ州）に加盟店の申込みを行った。条件面で色々な不満があった。散々交渉した挙句、多少の譲歩を引出したものの、不満を残したまま、契約締結に踏切った（しかも、Y は、X に対し個人保証を入れさせられた）。初め調子がよかった加盟店 Y も、やがて不況に陥り、X への月々の支払が滞った。
  (b) これを受けて X は、種々交渉したが、結局、契約を破棄し、フロリダ州南部地区連邦地裁（S.D.Fa.）に訴求した[39]。Y らは、本案前の抗弁のための出頭（special appearance）をして、人的管轄権の不在を主張したが、一審（S.D.Fa.）は、フランチャイズ契約の下での被告に管轄権発生原因を定めるフロリダ州ロングアーム法の適用があるとして、Y らの本案前の抗弁を認めなかった。
  (c) これに対し Y らは、X がミシガン州フランチャイズ投資法に違反しているとして反訴を起こしたが、結局、本案の訴訟でも負けてしまったので、控訴裁判所（11th Cir.）に控訴した。
  　11th Cir. は、S.D.Fa. の判決中の管轄権判断を覆して述べた。

38　Burger King Corp v. Rudzewiez, 471 U.S. 462, 477（1985）事件での切出しでいっている。「我々は、他州企業と契約しただけで、ミニマム・コンタクツがあるなどとの機械的議論や、契約場所だからとか、義務の履行場所だから、とかという概念的理論に拠らない」。「代りに、実際的なアプローチをとても大切にする。合意に至る交渉、目的、合意の結果などを総合的に判断して、零細な商工業社でも契約関係を十分意図的に作っていたか、そこで将来被告として呼出されることを暗々にでも想定していたか、などの事情である」。
39　連邦商標権問題と、多州民事件であることが連邦の管轄原因である（28 U.S.C 1332（a）、1338（a））。

>   「……契約締結に至る交渉事情（circumstances……of negotiations）は、Yに対するフロリダでのフランチャイズ訴訟がありうることにつき十分な告知と財務的準備を与えるようなものではなかった」[40]。

(d) Burger Kingが上告したところ、最高裁は、S.D.Fa.での事実認定を基に次の要旨を述べて11th Cir.の判断を再逆転させた[41]（その際、上級審は事実審での事実認定が著しく間違っていない限り、それを基礎に判断すべきであるとしている）[42]。

>   （ⅰ）「自らも会計士としての経験を積んだ本件被告のR氏は、記録による限り、フロリダには一度もいったこともない。しかし、地元ミシガンで独立して商売する選択肢を捨てて、フロリダのBurger King本部に接触し、5ヶ月間にわたり十分に交渉を重ね、多少の譲歩も引き出せた」。

>   （ⅱ）全国的組織のフランチャイズに加盟することで、恒久的で多重的チャンスが得られると考えた（契約期間は20年であった）。

>   （ⅲ）「11th Cir.は、Burger Kingの11ある支部の1つ、アラバマ州、バーミンガム支部が被告店舗に対する直接の本部連絡先だったことから、被告がミシガン州外の法廷に呼出されるとは考えてなかったと認定したが、事実に反する。[43]」

(ハ) 外国ないし他州の個人・零細企業を呼出せる要件、**相当の関係**（due processやminimum contacts）の基準で、International Shoeを深化したのがBurger Kingであったとすると、大型の製造業の製品事故による呼出しで基準を深化したのが、World-Wide Volkswagen事件（1980）[44] か

---

40 驚きの要素と不均衡な交渉パワーの典型例だとし、**約款は長くて、紋切型**だ、とした。
41 その根拠として述べている。「一審は3日連続のbench trialの中で、Burger Kingが不実表示をしていないし、被告Rらは経験豊かで目の肥えたビジネスマンであると認定した」。
42 事実審の事実認定は、それが著しく間違っていない限り、否定されない（FRCP52 (a)）」。アメリカでは上訴して一審（本書中の商事事件とは反対に、一般に陪審制）での判断を覆えすことはとてもむつかしい。
43 取引としての州際性が微弱・偶発的であったり、契約に当り詐欺があったなどでcompelling case（特段の事情がある）訳ではない。

ら 1983 年の Asahi Metal[45] に至る最高裁判断の流れといえよう。

(a) **どのような深化か**というと、前者では、A 州の消費者が買うだろうと予期して、自社製品を**取引の流れに置いた**(......placed......in the stream of......commerce......) が判断理由 (ratio decidendi) であったのに対し（同ケースの 297、298 ページ)、

(b) 後者では、単に取引の流れに置くことと、A 州に対する予見可能性 (foreseeability) だけでは**目的的に取引の流れに置いた**(......purposefully directed toward......) というのに十分ではなく[46]、たとえば A 州市場向けのデザイン、広告など 4 つの追加的要件のうちのいずれかが必要であるとした[47]。

(ニ) 最後に、外国人がアメリカの司法を利用して私的救済を受けたいときに、どんな要件が求められるか。そのような救済を強く求める理由として、アメリカ国籍の被告が行った不法行為による死亡とか傷害がある。その被告の行為がアメリカ以外の外国で行われていても同じであろう。テキサス州のケース[48]では、その外国人がアメリカと最恵国待遇条約締結国の市民であることが、制定法の定める 1 つの要件となっていた。

③　ニューヨーク州ロングアーム法による実証例

　以上、**A 州の人的管轄権が州外人などにどこまで及ぶか**から始め、1960 年代にヨーロッパ、カナダを震撼させたロングアーム法の原理をみてきた。

44　World-Wide Volkswagen Corp. v. Woodson, 444 U.S. 286 (1980).
45　Asahi Metal Industry Co., Ltd. v. Superior Court of California, 480 U.S. 102 (1987).
46　これには Asahi Metal の場合、先ずバルブを台湾に輸出し、台湾の業者のタイヤ製品の中に組込まれて、カリフォルニア州へ輸出されて、製造物責任訴訟に巻込まれていたという事情もあろう。
47　賛成意見も 2 つに分かれていて複雑であるが、O'Connor 判事による多数意見（ⅡとⅢの部分）は、designing the product for the market in the forum State, advertising in the forum State, establishing channels for providing regular advice to customers in the forum State, or making the product through a distributor who has agreed to serve as the sales agent in the forum State の 4 つを挙げている。
48　Dow Chemical Co. v. Castro Alfaro, Sup. Ct. of Texas (1990 年 3 月 28 日)（事件では、Dow Chemical や Shell Oil などの企業側が主張した不便宜法廷の法理が、州の立法により廃止されたとして、それを理由とする訴え却下の申立てが認められなかった）。

次は、それの具体的ケースである[49]（契約に絡んで争われた、特定的人的管轄権の問題といえる）。

(イ) アラバマ州の通販業者 Queen Bee がニューヨーク州内連邦裁判所（S.D.N.Y.）に訴えられた。通販業者は、法人としてニューヨーク州内に**何の係りもない**、と激しく争った。しかし、S.D.N.Y. が、ニューヨーク州ロングアーム（long arm）法に当てはまるとして、この管轄権を肯定した。事実の要旨は次である

(a) 訴えたのは、フランス、パリに本拠をもつ Chloé S.A. である。パリの Chloé S.A. とともに本件共同原告である Chloé NA は、デラウェア州法人であるが、その一部門 Chloé ABC がニューヨークにあった[50]。2005年、Chloé ABC は、約 1600 ドルの皮製の新ハンドバッグをニューヨークその他で売り出した。

(b) 3人の被告のうちの Queen Bee は、アラバマ州の有限責任会社（LLC）で、相被告 Rebecca と Ubaldelli は、ともに Queen Bee の中心人物である。彼らは2つのウェブサイトを利用して通販事業も行っていたほか、アラバマ州内と、Beverly Hills にショールームを構えていた。彼らは、このウェブサイト上で、Chloé の新ハンドバッグの偽物を 1200 ドルで、「全米とその他のいくつかの他国で」売りに出し、多くを売り捌いていた。そのウェブサイト上でハンドバッグについてクリックをすると、「支払がカードでできます」「Pay Pal も OK です」などという文言に導くようになっていた。

(c) これらの偽物の販売の事実を Chloé が認識したのは、2005年12月中頃になってからで、初めイリノイ州の別の業者のウェブサイト上で知った。

---

[49] Chloé ABC v. Queen Bee of Beverly Hills LLC, No.09-3361-cv.（2010年8月5日）
[50] グループは、ハンドバッグなど雑貨・アクセサリで手広い商権をもち、殊にブランド物のハンドバッグでは、よく売れていた登録商標 "Chloé" を有し、また Chloé NA は、Chloé S.A. からアメリカでの専属的商標使用権を許諾されていた。

第4章 管轄、ニューヨーク州ロングアーム法など、手続法上の問題

(ⅰ) その別の業者から入手した記録により、品物はQueen Beeからその業者へ流れていることに気がついた。

(ⅱ) 更に調べていくと、Queen Beeの仕入を行っているUbaldelliの仕入先にはGuidoという男がいることも知らされた。

(ⅲ) 実際、UbaldelliはBeverly HillsにあるQueen Beeのショウルームで Guidoに話しかけられて、その男から品物を仕入れるようになったというのが事実であった。

(ⅳ) Chloéの顧問法律事務所のパラリーガルが試しにQueen Beeのウェブサイトにアクセスし、そこからハンドバッグを注文し、1200ドルで入手した（Beverly Hillsのショウルームから偽物とインボイスがUbaldelliによって送られていることが判明した）。

(ロ) Chloéは、被告らをS.D.N.Y.に訴えた。理由としては、(ⅰ) コモンローの商標権侵害、不正競争のほか[51]、(ⅱ) 連邦の商標法違反[52]、(ⅲ) ニューヨーク州一般事業法違反（N.Y.G.B.L.349）などである、

(a) 被告のうちのUbaldelliは、「自分にはニューヨーク州内に人的管轄権を生じさせるものが何もない」として、訴えの却下を求めた。S.D.N.Y.は、Ubaldelliについてはニューヨーク州の人的管轄権は生じていないと判断した。

(b) 対するChloéは、Ubaldelliが州内で取引をしたことと損害金を生じさせる不法行為を働いたことによりニューヨーク州ロングアーム法 § 302 (a) (1) と、先に列挙型の代表として挙げた (a) (3)[53] によ

---

[51] 13世紀の古くからイギリスには不正競争防止法の一種といえる制定法Middlemen's Actが作られていた（P. Areeda, *Antitrust Analysis*, 3rd ed., Little Brown, 1981, p. 48）。その流れのコモンローが多くの州で不文法として残っている。

[52] Trade Mark Act 32 (1)、43 (a) (15 U.S.C. § 1051 et seq.)

[53] N.Y.C.P.L.R § 302 (a) (3) の定めは次である。

3. commits a tortuous act without the state causing injury to person or property within the state,……if he (i) regularly does or solicits business, or engages in any other persistent course of conduct, or derives substantial revenue from goods used or consumed or services rendered, in the state, or (ii) expects or should reasonably expect the act to have consequences in the state and derives substantial revenue from interstate or international commerce.

り管轄権が生じているとして上訴した。

(ハ) Chloé による上訴を受けて 2d Cir. は、法人 Queen Bee につき同法 302 条 (a) (1) の適用ありとしたうえで[54]（特定的人的管轄権〔specific jurisdiction〕と一般的人的管轄権〔general jurisdiction〕とを区別し、問われているのは特定的人的管轄権であるとしている）[55]、次の (a)、(b) のように述べて、法人の行為を監督ないし支配するオフィサーとしての Ubaldelli に対しても管轄権が生じていると判示した。

(a) 物理的に州内にいなくても、(ⅰ) 州内で規則的に仕事を求めるか、仕事をしているか、もしくはその他の何らかの持続性ある行為をするか、(ⅱ) 州内で使用されるか、消費される物品または提供されるサービスにより相当な収入を得ているか、であれば、法文に該当する（州裁判所による4つの先例から援用）。(ⅲ) これらの該当する行為を監督ないし支配するオフィサー個人にも、また人的管轄権が生じる（1988年の自らと、州裁判所の先例を引いている）。法人自体の行為に対すると同じに法人の関係者にも管轄権が及ぶことは留意しなければならない。

(b) 形の上で§302 (a) に当てはまるとして、次のテストは、憲法の適正手続条項（due process clause）に適うかであるが、原告がこれを示すべき負担を負う。(ⅰ) minimum contacts があるか、(ⅱ) **相当性の疑問**（reasonableness inquiry）に答えられるか、2点の実質的な判断である。

(c) minimum contacts について 2005 年の自らの先例に拠りつつ、また、**相当性の疑問**につき有名な最高裁判決によりつつ[56]、次のようにいう。

---

[54]「自ら、または代理人により州内で何らかの事業を行うか、いずれかの地での契約により物品またはサービスを州内で供給する」と定める N.Y.C.P.L.R § 302 (a) (1) により理由があるから、同 (3) については判断する必要がないとしている。

[55] 先例は、§302 を"single act"法で州内の1ヶの取引の立証で、その行為が目的物（purposeful）、かつ争点に実質的に結びついている限り、十分に管轄権を生じさせるとしてきた、という。この事件では Ubaldelli の1回の行為であるが、Queen Bee が同じインターネットからニューヨークに 52 回の送品をしていた。

[56] 前注 37 の 326 U.S. 310, 316 (1945) と Asahi Metal Industry Co., Ltd. v. Superior Court of California, 480 U.S. 102 (1987)。

（ⅰ）minimum contacts として、単一で、特定の事実を何らか証明しなければならない訳ではない。その接触の質や性質を、状況全体の下で（in totality）評価すべきことである（Ubaldelli の接触の目的的性格を強調している）。

（ⅱ）「相当性」(reasonableness) については、「フェアプレイと実質的な正義という伝統的考え方」を尺度とするとし、International Shoe 事件などに拠りつつ、(v) その人的管轄権を肯定することで被告が被る負担、(w) その法廷が事件を処理することの州益（interests of the forum state）、(x) その法廷が原告に与える便宜性と有効性、(y) そこでやることの効率が各州間の司法制度にもたらす利益、(z) それが実体法となることにより各州が共有する社会政策面での利益、の５つの要素を参照せよとする。

（ⅲ）そのプロセスで被告が**已むをえない特別な事情**（a compelling case）を示せば、関係の相当性（reasonableness）が崩れうるとして、連邦最高裁による前出の Burger King 先例を援用する。

2．二元国家での管轄権の現代的競合と、証拠開示を巡る争い

(1) 二元国家と二重管轄権の競合

① 連邦の管轄権が**及ぶ**とは？

連邦の管轄が憲法上で規定されている。それには（ⅰ）専属的（本来的）な連邦の主題管轄（subject matter jurisdiction）を含む連邦問題（federal questions）と、（ⅱ）州の管轄だが、多州民が関係していることから生じうる多州民事件（diversity of citizenship jurisdiction）とがあった（第１章2.「憲法の下での二元司法…」(2) や注47）。多州民事件の管轄では追加の説明を要しないが、そうでないのに連邦裁判所に行けるための基準ははっきりしているのか。

（イ）連邦裁判所が連邦憲法とその下での連邦法とにより独自の事件（主題）管轄権を有することは第１章2.でも記した。ここでの問題は、そ

れら専属的な主題による管轄権ではない。度々引用してきた憲法の（Ⅲ、2）「憲法のほか、連邦法、条約の下での一切のケース（cases in law and equity arising under……）」でいう（連邦裁判所の）管轄権が及ぶ、その範囲である。

換言すれば、"arising under" とはいかなる意味か。前述のように、13植民州時代の150年の歴史から流れ出た制憲会議での連邦裁判所設置に対する消極的な姿勢。その文脈の中で、この憲法条文を具体化し、条文に沿って、連邦裁判所の管轄権を具体的に定める立法は1875年までなされなかった[57]。

その間にも州に対する司法審査権事件は起きた。

(ロ) 本件 Osborn 事件でも、連邦の銀行 U.S. Bank が当事者となっているが、ジョン・マーシャル長官による判決の焦点となったのが "arising under" の管轄権解釈である。

(a) 本件 U.S. Bank の免許立法の中には、銀行が連邦裁判所で「訴え、訴えられることができる……」との定めがあった[58]。オハイオ州の収入役が10万ドルの課金を取立てたことで銀行がそれを連邦憲法に違反するとして連邦裁判所に訴えた。

(b) 問題は、「訴え、訴えられることができる……」との連邦法の言葉によりこの取立て訴訟を「連邦裁判所に管轄権を与える……」と読むことができるかであった。長官の判決はこれを肯定し、銀行が当事者ならすべて（たとえ銀行が州法〔コモンロー契約〕のことで争っていても）連邦裁判所に管轄権が生じるとした。

---

[57] 1801年に、当時の circuit court に連邦問題につき管轄権を与えるとした立法がなされたが、政変とともに翌年廃止された（第1章2.）。憲法条文の文言と略同じ言葉を民事管轄権条文とした1875年法は今日も生き続けている（28 U.S.C. § 1331）。

[58] Osborn v. Bank of the United States 22 U. S. 738 (1824)。連邦の銀行も、連邦議会の立法によって個別に免許（Charter）されていたが、McCullock v. Maryland でのジョン・マーシャル長官による判決（第2章）での憲法問題の1つが、連邦政府に法人（具体的には U.S. Bank）を設立する権限があるか、免許するための連邦法を立法する権限が、憲法の下で連邦議会に与えられているかであった。

(c) この解釈は1875年に連邦管轄法ができるまでは、直接の憲法文言解釈事件とされたからよかった（1875年法でいうときの連邦法の下での事件とは、その設立が連邦法である法人の事件というものなら何でもよいのではない、との考え方が支配的である）[59]。

② 一義的ではない連邦問題の区別
(イ) 二元司法の生い立ち、連邦裁判所制度の著しい後発性、これらが連邦議会による憲法の（Ⅲ、2）立法（連邦法化）に影響をもたらしてきた。
　(a) その間にマーシャル長官が示した上記Osbornルール。請求原因のどこかに（たとえば当事者の銀行が連邦法設立であるなど）連邦法が絡んでいれば連邦事件となる、とのルールが常に一義的に適用可能ではないことが、その後の事件ではっきりしてきた。
　(b) さりとて、Osbornルールの代用ルールの一本化は困難であった[60]。
　　理論とは別に、次のようなケースを連邦事件として連邦裁判所の管轄を認めることが、実際上行われてきた。
　　(ⅰ) 第一義的には手続上の便宜・効率ゆえに（先決問題としては）州法の問題であっても、連邦法の下で生じる連邦事件と認めることである[61]（pendent jurisdiction）。
　　(ⅱ) 第2の副ルールとして、保護的管轄（protective jurisdiction）がいわれた。実体法の性質からくる管轄は州司法的なのだが、連邦議会が有する（限定）立法権の中で管轄権を定めた立法をすることで、連邦憲法の司法条文、「連邦法の下で……」に当るような場合である[62]。
(ロ) アメリカ合衆国を当事者とする訴訟、殊にそれが原告であるケースに

---

59 （第1章注46書 p. 93）。
60 連邦法（条文）が権利行使の根拠法であるときは判り易いが、連邦法が義務の根拠法であるときはそうではない。易しい言葉、この表現 "arise under……" が、ジョン・マーシャルはじめHolmes, Cardozoなどの名だたる最高裁長官らによって、何回も幾重にも解釈されてきている（前注59書 p. 95）。
61 Hurn v. Oursler, 289 U.S. 238（1933）。
62 Textile Workers Union of America v. Lincoln Mills of Alabama, 353 U.S. 448（1957）。

ついての連邦裁判所の管轄は憲法上問題ない（Ⅲ、2）。実際にもアメリカ合衆国を当事者とする民事事件は連邦地裁レベル事件の3分の1強を占める[63]（注59書p.113）。

(a) 問題は、主権免責が働くアメリカ合衆国を被告とする民事事件の扱いである（その合意なしには被告とすることができないルールである）[64]。ただ、この合意をサポートする方向の立法は拡大傾向できていて、1855年には対国家請求権用の専門法廷 Court of Claims が設けられ、1887年には請求範囲が拡げられている。更に1946年には一般法としての Federal Tort Claims Act ができている[65]。

(b) 一方、州を一方の当事者とするケースについても、連邦最高裁の管轄とするアメリカ合衆国憲法上の明文がある（Ⅲ、2）。これは、州が一方の当事者でありさえすれば、常に連邦最高裁の一審の管轄とするという意味ではない。そのケースが連邦問題（federal questions）であることが当然の前提である。この条文を連邦議会が更に立法により付加・修正できるか。Marbury v. Madison で争点の1つとなり、否定された（第2章2.）。

③ 連邦裁判所による差控え（abstention）

州の司法主権との重複と、そこからくる混乱などを考えれば、連邦裁判所の主題管轄権（subject-matter jurisdiction）が連邦裁判所の権限の留保とともに制限としても存在することが明らかであろう。この subject-matter jurisdiction につき連邦最高裁は次のように要約している[66]。

「これは、連邦の権限を制限することで連邦司法の憲法的基礎を示し、連邦主権の性格を炙り出すものだ。subject-matter jurisdiction は、（州と連邦という二元的）司法制度から流れ出るもので、申立て、管轄、合意、エストッペルなど訴訟当事者の挙動によって影響されることがない連邦制の本質に根

---

63 アメリカ合衆国は当事者として一般の時効法によって制限されない（注59書p.115）。
64 この合意にはコモンローのエストッペルのルールは働かないとされる。
65 28 U.S.C. 1402（b）．
66 Insurance Company v. Compagnie des Bauxites de Guinee, 456 U.S. 694, (1982).

第4章　管轄、ニューヨーク州ロングアーム法など、手続法上の問題

ざすルールであり、絶対的で例外のないものであり、その誤りは上級審に行ってからでも是正される」(カッコ内は筆者)。

このような基本的位置づけは、両方の裁判所の管轄が競合するケースで、特に敏感に感じられる。次は倒産手続絡みでの（やや特殊な管轄権に係るが）州裁判所と連邦裁判所間の権限に係る問題である[67]。

(イ) 一時期フォーミュラ・ワンで名を馳せたイタリアの Parmalat Finanziaria S.P.A. を中核会社とする巨大金融グループ Parmalat が 2003 年に倒産・崩壊した[68]。倒産したグループ会社の整理のため、財務大臣がイタリア会社更生法の下でのリスケの専門家 Enrico Bondi 氏を任命した。Parmalat Finanziaria のケイマン諸島（Grand Caymans）にあった子会社、Parmalat Capital Finance Limited（PCF）も同じころ倒産、こちらの方は、Grand Caymans 裁判所の監督下での倒産手続が開始された。倒産劇の一半として Parmalat と PCF は Bank of America（BOA）に対し一種のレンダーライヤビリティ訴訟を仕掛けた（ただし、このコモンロー事件は BOA の勝利に終っており、本件で問題となっていない）。

(a) Parmalat グループは、アメリカでもニューヨークやシカゴなどで金融取引を中心にかなりの事業を行っていた。そのため、ケイマンの PCF と Bondi 氏が法人化した Bondi LLC は、2004 年 1 月と 6 月、アメリカ倒産法の定めていた外国倒産事件に係る在米資産の保全などの手続（国際倒産法に係る改正前条文[69]、連邦破産法§304 の下での）を S.D.N.Y.

67　Bond LLC US v. Bank of American Corp LLC No.09-4302-cv（L）etc.（2011 年 1 月 18 日）
68　同社は元来は食品・酪農製品を主としていたが、1997 年にその活動を金融業にも拡げ、デリバティブなども手掛け、当時ヨーロッパ最大の倒産劇とされた。経営陣は、偽造、詐欺、マネーロンダリングなどの刑事犯として服役している。
69　Class Action Fairness Act of 2005 とともに第 109 連邦議会で成立し、2005 年 4 月 20 日に大統領が署名したポピュラー・ネームは、the Bankruptcy Abuse Prevention and Consumer Protection Act（P.L.109-8）の法律である。国際倒産法関連の改正では、本件で適用されていた改正前条文（法 304）の代りに、新章、Chapter 15（Cross-border Insolvency）（1501 ～ 1532）が加えられた（改正法 801、802）。新設の Chapter 15 の骨格は、UNCITRAL のモデル法を採り入れ（incorporate）したものである（1501）。従って、外-内の国際倒産での承認などと、内-外での海外との共同・調整の双方の規定を有する。

163

に申立て開始した。債権者がアメリカ国内にあった Parmalat 資産に群がる訴訟や取立て行為から資産を守り、Parmalat の在米資産の散逸を防ぐとともに、Parmalat グループの破産財団資産（estate）の保存を図るためである。

- (b) 2004 年 8 月、Bondi LLC は Grant Thornton International（GHI）を相手としてイリノイ州裁判所に malpractice を理由とするコモンロー上の訴えを起こした。GHI が会計専門家としての適切な助言を怠り、却って乱脈経理に陥らせたという[70]（Parmalat と GHI との争いは、契約〔取引法〕、不法行為など州法を基礎とする請求原因であったから、Bondi がイリノイ州裁判所へ申立てたのは、アメリカの司法制度〔州と連邦間の分業〕に則したものであった）。
- (c) 一方、S.D.N.Y. には、アメリカの投資家らの集団が Parmalat グループに対してクラス・アクションを起こしていた。請求原因は Parmalat グループが販売した株式、社債などに関する証券詐欺などである。

（ロ）争いが複雑な形をとる中で GHI などは、9 月に事件をイリノイ州裁判所から州内の連邦裁判所へ、そこから更に連邦破産法（304）事件との絡みでニューヨーク州の S.D.N.Y. へと、移送の申立てをした。

- (a) S.D.N.Y. への移送の申立ては、GHI に対するコモンロー上の争いが S.D.N.Y. での連邦破産法（旧 304）の下での**事件に関係する**（related to the case）、そのための連邦法要件を充足するとの主張である。
- (b) これに対し、翌日には Bondi が今度は州裁判所への逆移送の申立てをした。連邦破産法（304）の下での裁判所 S.D.N.Y. が、自ら管轄権を放棄（abstain）すべきであるとの主張である。
- (c) このように、本件はイタリアの Parmalat グループの倒産事件であり、実体法（コモンロー）の問題で州と連邦間に跨るとともに、連邦破産法

---

[70] Grant Thornton International はシカゴに本拠を有した税会計などで有名な会計事務所であった。

との絡みで管轄権放棄条文が手続法上の問題となった。

(d) 多くの州に跨る複雑な管轄を巡る問題ゆえに事件は12月、**司法委員会**にかけられ[71]、司法委員会は、コモンローの問題などもS.D.N.Y.での連邦破産法（304）による処理と一緒に審理されるべきとの結論を出した。委員会決定を受けて、S.D.N.Y.は、2005年2月、コモンロー上の争いについても放棄の必要がないと、州裁判所への逆移送を否定し、自らが管轄権を有するとの決定を出した。

(ハ) このS.D.N.Y.の決定に対しBondiらが上訴した。2d Cir.での本件の焦点は、コモンローの事件を扱っていたイリノイ州裁判所から同州内連邦裁判所へ、更にその後、破産事件を扱っているS.D.N.Y.へと送られた移送（州と連邦間の分業）が今でも妥当かである。そこには、二元司法の手続法で3つの問題が区別できる。

(a) 3つの問題とは、

(ⅰ) Parmalatグループ倒産に係りがあったと主張されたコモンロー事件のGHIによる連邦裁判所への移送、

(ⅱ) それと交差する形で出されたParmalatグループによる州裁判所への差戻し（remand）、

(ⅲ) 連邦裁判所による差控え（abstention）（"abstention"とは、連邦法の定める事件の移送を受けることを連邦裁判所自身が差控える決定）、である。

(b) それぞれは連邦法に基礎がある。

(ⅰ) 先ず、破産事件という専属主題に絡んだ連邦地裁への移送条文として、28 U.S.C. § 1334 (b) がある[72]。GHIは、この規定によりParmalatグループによる州裁判所でのコモンロー訴訟の移送を申立てた。

---

71 Judicial Panel on Multidistrict Litigation、Multidistrict Jurisdiction Act of 1999により、28 U.S.C. 1407を修正した§1407 (a) によって設けられた（主な立法理由は多州に跨るクラス・アクションの整理である）。

72 連邦地裁が「連邦破産法の下で生じるか、連邦破産法の下での事件に**絡んで**（related to）か、その中で生じるすべての民事手続につき独自の、しかし排他的でない管轄権を有する」と定める。

（ⅱ）対する Bondi は、旧破産法の§304条の手続は§1334（b）でいう**事件**（case）には当らないか、さもなければ、コモンローの問題（事件）は§304条でいう絡む（related to……）には当らないと、§1334（b）に係る2つの争点を挙げて反論した[73]。

（ⅲ）2d Cir. は、Bondi の第1の反論は法文上も全く問題にならないとして、あっさりと否定した。**304条の事件**（case under §304）との用法を破産法自体が、何回も使っているうえ、同条の見出し自体も、「外国倒産に付属する case」となっている。また、事件（case）開始の要件となる申立て（petition）についても、「**本法301～304の各条の下での申立て**」と定めていた（101（42））。

（ⅳ）§1334（b）の次の要件、**連邦倒産事件に絡む**（related to）はどうか。2d Cir. は、自らの1992年の先例を引いて、コモンローによる州法事件の結果が破産財団（bankrupt estate）に**何らかの影響を与える**限り、その州法事件は倒産事件に**絡む**（related to）といえるところ、イリノイ州裁判所で Bondi と PCF が GHL に対して求めている請求は、仮にそれが認められれば、確かに破産財団にプラスとなるとして、1992年先例のテストを充足させると判示した。その際、破産の本手続自体が外国（イタリア）で行われていることは、§1334（b）でいう「倒産法事件に絡む」の要件充足を妨げるものではないとした。

(c) Bondi と PCF は、コモンロー事件の州裁判所への逆送（remand to state court）を求めていた。それが駄目でも、もう1つ連邦法の根拠（28 U.S.C. 1334（c）（2））、連邦裁判所による差控え、管轄権の不行使（abstention）があった。S.D.N.Y. は、差控えの申立てを法文に当てはめ（ⅰ）彼らが適時に申立てなかったし、（ⅱ）イリノイ州裁判所で適時に審理が終結可能なことも示さなかったとして[74]、これをも否定

---

[73] 改正前の 11 U.S.C. 304 の下では要約して破産裁判所は、（ⅰ）訴訟などの差止め、（ⅱ）破産財団法人の財物のその外国管財人への引渡し、（ⅲ）その他の適切な決定をすることができた。

第4章　管轄、ニューヨーク州ロングアーム法など、手続法上の問題

していた。

(ニ) 2d Cir. は、Bondi と PCF それぞれの申立書に言及し、彼らが**適時に申立てなかった**、との S.D.N.Y. の判断を支持したが、第2の要件、(州裁判所での審理が)**適時に終結可能かの判断**で誤ったとし、S.D.N.Y. に更なる検討を命じた。

 (a) 適時（timeliness）を、一定の時間の長さで決めることは適切とはいえない。個別の事件毎に変って然るべきである。適時（timely）終結可能の意味につき 2d Cir. は、（ⅰ）州裁判所の事件の詰まり具合、（ⅱ）その裁判所の専門的力量と事件の複雑さ、（ⅲ）破産手続の進渉状況と、それにコモンロー上の請求権がどう絡んでいるか、（ⅳ）州裁判所の手続が破産事件進渉にどの程度足枷となりそうか、の4つの要素を挙げた。

 　上記（ⅲ）について、破産事件での結論が州裁判所の結論に影響するか、逆にコモンロー上の請求権がどう転ぶかによって破産事件の財団の大きさに影響がでることもありうるとした[75]。

 (b) 適時終結可能に関する上記（ⅳ）の要素で S.D.N.Y. の意見に反対の 2d Cir. は、先ず指摘した。

 　(ⅰ) 本件の S.D.N.Y. は、共同被告間の複雑な相互関係がある Worldcom 事件でそうだったように、州裁判所への差戻し（remand）で、更に二重三重に似たような申立てがなされ、それに伴い共通の請求権につき同じようなディスカバリが申立てられ、並行的な判断がいくつも必要となるなどの、破産手続を遅らせる要因が増えかねないといった理由で、州裁判所への差戻しの申立てを斥けていた。これに

---

[74] 条文は、破産法事件に絡むものの、破産法の下での事件や破産法の下での事件の中から生じたのではない、州法（コモンロー）上の訴訟手続は、<u>当事者が適時に申立てれば、その他で連邦裁判所の管轄とされうるものでない限り</u>、連邦裁判所は、<u>州裁判所での手続が始まり、適時の終結が可能ならば、その審理を差控えねばならない</u>（……shall abstain from hearing……）と定める（下線は筆者）。

[75] 破産事件でも Chapter 7 手続なのか、Chapter 11 手続なのかによっても、緊急度が違ってくる、とした。

は（x）事件が破産以外にも証券詐欺などの法律問題を含んでおり、（y）国際破産として他国での手続間との調整問題もあるから、判らないではない。
(ⅱ) しかし、と反対理由を述べた。
（x）州法上の請求権の問題が証券詐欺などの法律問題に与える影響は、それほどの延引要因とは考えられない。また、
（y）Worldcom 事件と違って、外国破産事件に絡む在米資産の保全だけで、連邦地裁が破産財団の管理をやる訳ではないから、州法上の請求権が§304条手続を遅らせるといった懸念は大きくない。
(c) 2d Cir. と連邦地裁との考え方でのもう1つの違いは、§1334 (c)(2)の要件を**誰がいわなければならないか**である。「適時に……終結……」と定める法文からは判り難いが、この点の主張・立証は、抑制に反対している GHI が負担するとした。理由として、（ⅰ）連邦地裁側の**抑制**（abstention）**につき、義務**（shall……）を使っている法文と、（ⅱ）先例が示した州と連邦間の**礼譲**（comity）を挙げている[76]。
(d) 以上のようなルールを述べた 2d Cir. は、次の事実をそれに当てはめている。
（ⅰ）Bondi が本件について連邦地裁（管轄）の抑制（abstention）を求めて6年が経つが、破産手続についてアメリカの国の内外での現状がどうなっているかにつき何らの記録がない。本件を州裁判所へ戻すことで外国での破産財団がどう影響を受けるかについても同じである。従って、適時云々……の話どころではない。

---

[76] 先例とは Younger v. Harris, 401 U.S., 37, 44 (1971) であり、そこでの礼譲の考え方（部分）とは Black 判事による「わが連邦制について（Our Federalism）」という次の言葉である。"a proper respect for state functions, a recognition of the fact that the entire country is made up of a Union of separate state governmens, and a continuance of the belief that the National Government will fare best if the States and their institutions are left free to perform there separate functions in their separate ways"（「州の機能に対する然るべき敬意、この国全体が別々の州政府から成っていることの認識、そして各州とそれらの制度が、それぞれ独自かつ自由にその機能を発揮することが、中央政府にとってもベストだとの信頼を続けること……」)。

(ⅱ) 連邦地裁が本件を州裁判所へ戻すことを拒んだ 2005 年 2 月には、適時性を判断するための資料を Bondi 側も出してこなかったが、あれからかなり事情も変ってきていよう。それゆえ、S.D.N.Y. は差戻し審で更に現在の事情も集めたうえで判断すべきである。

(2)事前証拠開示を巡る争い

① 徹底した当事者主義

証拠開示命令（pretrial discovery）を巡る 2 件の争い（②と③）を管見する[77]。②のケースは、この点での連邦規則 FRCP がいかに周到にできているかを、③は第 5 章でみるエクアドル側原告（政府と住民）と Chevron（石油会社）間の環境破壊に関する多重国際訴訟に係る。ニューヨークの Berlinger LLC の所持する記録映画が開示対象である。

(イ)「証拠開示」という言葉そのものに、訴訟手続の一部としての証拠提出の責任に関する、ひいては民事訴訟手続全体に対する考え方の違いが、内包されている。実体解明（真実発見）を誰が担うのかに対する考え方の違いである。徹底した当事者主義の下、開示を優先させるアメリカでの訴訟の進め方は、ヨーロッパ諸国やカナダのそれと大きく違う[78]。それが真実発見と正義に資するとの哲学は、時に過激な攻撃方法となって現れる。

(a) アメリカの場合、訴訟係属直後の当事者（その代理人）間のやりとりの中で trial に備えた事前開示（pretrial discovery）に始まって、その範囲、方法などもすべて当事者（その代理人）間で決められ、進められる。証拠の蒐集は基本的に裁判官ではなく、当事者の権利であるとともに

---

[77] アメリカの証拠開示（discovery）に近いものをわが国で探すとすれば、平成 8 年の民事訴訟法の文書提出義務と文書提出命令（220、221）がそれであろうが、次の (b) や注 78 以下からも知りうるように、アメリカの証拠開示は次元が異なる。

[78] FRCP は秘匿特権で保護される事柄以外、一切のことが（……any matter, not privileged……）開示対象になるとし（26 (b)）、そのこと自体は証拠能力を欠くことがあっても、別に能力ある証拠の糸口となる情報も、対象になるとする（26 (b) (1)）。

義務でもある。これに対し大陸法国は、アメリカほど全面的な当事者責任ではないし、一般的には証拠調べで裁判所に主導権がある[79]。訴状が受理されただけで審理も始まっていない訴訟係属直後の段階では、証拠調べは原則として考えられない。日本の民事訴訟法中の言葉づかいは、「証拠の申出」(180)、「証拠調べ」などと裁判所が一段と高い所から「お調べ」をしているとの考え方を示しかねない[80]。

(b) 証拠収集が必要だとしてFRCPの下で法廷に代って**当事者が令状を発して**行いうる証拠調べの範囲と方法は次のように広い。

(ⅰ) 口頭諮問による宣誓供述 (deposition upon oral examinations (30))、

(ⅱ) 質問状による宣誓供述 (deposition upon written questions (31))、

(ⅲ) 文書開示 (production of documents) (34)、

(ⅳ) 人の身体や物など各種の検査、心理検査 (interrogatories; physical and mental examinations of persons) (35)、

(ロ) 連邦裁判所が民事訴訟手続を司り進めるのは、連邦議会の制定法 (28U.S.C.) によるほかは、すべて連邦最高裁の定めた連邦民事訴訟規則FRCPに沿ってであり[81]、当事者もそれに従って開示する義務がある。特にルール26の必要的ディスカバリ (required disclosures) の開示条文に従わない当事者に対しては、次の②でみるように、日本の弁護士が羨むかも知れない厳しい制裁 (sanctions) が課される (37)。

② 徹底抗戦したインターネット会社

(イ) 本件ではディスカバリ令状に不服従の被告が徹底抗戦をした[82]。純然

---

[79] 注36書では、フランスとドイツでの証拠調べの事例を挙げつつ、そこでは私人による証拠調べを許す制度がなく、本文のアメリカの例とは対照的に、原告代理人も被告代理人も当事者の知らない証拠の探求をすることがない。その反面、裁判所（官）が主になり、証拠を探求し、かつ篩い分けるとする（p.847）。

[80] 平成15年の民訴法改正までは、制度としても訴訟係属直後の証拠調べは、原則として考えられていなかった（民訴法163〜165参照）。

[81] 日本でも最高裁判所は、似たような裁判所規則の制定権を有するが、これは憲法が直接最高裁判所に与えた授権立法権であるのに対し、アメリカの連邦最高裁判所のは、連邦議会がその立法により裁判所に与えた授権立法権である、という違いがある。

たるアメリカ国内のケースであるが、ディスカバリ法の運用実体を示すものとして参照される。

(a) Global NAPS ネットワークス社（Global）が原告のSouthern New England Telephone 社（Southern）の回線利用料を不払いにしたため、Southern がその支払を求めて本訴を起こし、その絡みで Global に対し Global の銀行預金取引を含め、その保有する不動産、証券などの資産につき事前開示を求めた。

（ⅰ）Southern の代理人弁護士による令状では埒があかなかったので、

（ⅱ）2006 年 5 月と 10 月の 2 回、今度は当事者の代理人弁護士の令状に代って、裁判所（の書記官）による令状が出されたが、

(b) Global は、その一部につき開示したままで、裁判所による開示命令にも従わなかった。

(c) そのため、何回も勧告を出した末に、裁判所は 2007 年 7 月 9 日になって、法廷侮辱罪としての罰金支払命令を出した。これは、Southern の訴状を申立てどおり認めた略式判決の形による支払命令に併せて出された。

(d) この判決は 2008 年 7 月の Global に対する正式な欠席判決（default judgment）の形で確認されている。

（ロ）Global は、この罰金支払命令が裁判所による裁量権の乱用（abuse）であるとして控訴したが、2d Cir. は、結論として一審の裁判所による乱用（abuse）はなかったとして、控訴を斥けている。

(a) 先ず、規則 FRCP37（b）(2) の文言を引用[83]、この条文の適用で乱

---

82 Southern New England Telephone Company v. Global NAPS Networks, Inc., No.08-4518-cv（2010 年 8 月 25 日）
83 FRCP37（b）(2) が定める各制裁の骨子は次である。
　当事者またはそのオフィサ、取締役などが開示命令などに不服従であるときは、裁判所は、更に正しいと思われる命令（just order）を出せる。
　（ⅰ）その訴訟の目的のために、（立証趣旨中の）事実が要証当事者のいうとおりであると認定する決定（同（A））、
　（ⅱ）不服従当事者に対し、欠席判決（default judgment）を下す命令（同（C））、または
　（ⅲ）不服従を法廷侮辱罪として認定する命令（同（D））。

用（abuse）があるとはどういう場合かをみるために、自らの2009年の先例から次の要素を挙げる。

(ⅰ) 当事者による不服従がどこまで意図的であり、またその理由が何であるか、

(ⅱ) より負担の少ない制裁の効き目はどうであったか、

(ⅲ) 不服従の期間は、

(ⅳ) 不服従当事者が、それにより被る不利益を知ら（警告）されていたか。

(b) そのうえで、Rule 37 でいう**正しい命令**（just orders）について、先例により広い裁量権が従来から裁判所に認められてきている、とした。

(c) 2008年7月の default judgment については、それが訴え棄却（dismissal）と並び、一般的には確かに思い切った救済（drastic remedy）であるといえる。しかし開示命令は、真実発見、紛争解決のために従って貰わねばならない命令であり、その不服従が意図的、悪意またはその他の落度によるときは（due to willfulness, bad faith, or any fault）、このような思い切った措置の default judgment となることも致し方ない[84]。

(ハ) もう1つの制裁、注83の Rule 37 (b)(2) の言葉「（立証趣旨中の）事実が要証当事者のいうとおりであると認定する決定」を出せるかについては[85]、証拠を出さないでペンシルヴァニア州の人的管轄権を争っている事件で、相手方に対し同州の人的管轄権を認定した先例を用いて、「適正手続を侵したことにならない」と認定の決定を出した[86]。

---

84 default judgment を出しても適正手続を侵したことにならないとの先例には Hammond Packing Co. v. Arkansas, 212 U.S. 322 (1909) が挙げられている。

85 同ルールは、(ⅰ) 正しく (just)、かつ (ⅱ) 命令申立て当事者の求める特定の目的に適っている (……specifically related to the particular claim……) を2要件としている。事件では、一方の保険金支払請求に対し、相手方は州の人的管轄権を争ったため、命令申立て当事者は人的管轄権を立証するのに資するため相手方とペンシルヴァニア州との関係を示せるような資料の提出を求めていた。

86 Insurance Corp. v. Compagnie Des Bauxites de Guinee, 456 U.S. 694, 1982.

③　国際多重事件のための証拠（フィルム）開示命令

（イ）エクアドル共和国と、シェヴロンとの間のニューヨーク州内でとエクアドル、Lago Agrio での訴訟に加え、BIT 仲裁手続も行われた国際多重紛争（エクアドル共和国事件）については第 5 章に収録した。本件は、その絡みの開示事件、それも外国（エクアドル）法廷のための文書開示命令（order of disclosure）である[87]。Chevron などがエクアドルの Lago Agrio 法廷での訴訟のため開示を請求、S.D.N.Y. は Berlinger 制作の延 600 時間に及ぶフィルムの全部開示を命じた。この命令に Berlinger 側が 2d Cir. に上訴した。

(a) 第 5 章では主に 1993 年以降の同事件のことを記しているが、テキサコ石油は 1964 年から 20 年以上もエクアドルで石油採掘を行っていた。その間、事業はエクアドルの政府権益をも巻き込んだ形で進められた。

（ⅰ）1964 年にオリエンテ州で開始された採掘は、翌年テキサコ石油とガルフ石油（Gulf Oil Corp.）との共同権益（consortium）として行われ、

（ⅱ）エクアドル政府も、国有石油会社（Petroecuador）を経由してガルフ石油の株式を取得し、

（ⅲ）しかも、1976 年には、その持分を増加させ、consortium 全体の過半数を支配するようになった。

（ⅳ）のみならず 1990 年には、それまでテキサコ石油が行っていた実際の採掘事業とパイプライン事業も国有石油会社（Petroecuador）が代って行うようになり、

（ⅴ）更に 1992 年には、テキサコ石油は consortium の所有と支配から完全に脱けた。

(b) 1993 年、オリエンテ州の住民らは、1992 年までにテキサコ石油が行った採掘事業により、**熱帯雨林と辺りの河川が汚染された、**として S.D.N.Y. に訴えを提起した（Aguinda v. Texaco）。

---

[87] Chevron Corporation v. Berlinger LLC, No. 10-1918-cv（L）, 10-1966-cv（CON）（2011 年 1 月 13 日）

(c) Aguinda 訴訟が係属中の 1995 年、テキサコ石油はエクアドル政府およびエクアドル国有石油会社（Petroecuador）との間で和解に合意した。
  （ⅰ）その合意の下でテキサコ石油は、エクアドル政府がテキサコ石油に一定の免責を与えるのと引き換えに一定の環境復元事業を実施する。
  （ⅱ）免責の範囲は広く、エクアドル政府および国有石油会社（Petroecuador）は、consortium の操業以来の環境への影響に関してテキサコ石油に対し有する請求権すべてを放棄・免責するとしていた。
  （ⅲ）更に、和解から 3 年後の 1998 年、テキサコ石油が和解合意上の義務を履行したとして、エクアドル政府は免責状（Release）に調印した。
(d) その間にも、テキサコ石油は S.D.N.Y. での Aquinda 訴訟をエクアドルに移送すべく努力していた。理由は、不便宜法廷（forum non conveniens）と国際礼譲（international comity）である[88]。前者は要約すると、管轄権が不存在ではないのに、「法廷にとっての不便宜」との判断（discretion）で管轄権の行使を抑制（abstain）する法理であり、その今 1 つの要件は、適切な代りの法廷（adequate alternative forum）が存在することである[89]。
  （ⅰ）テキサコ石油は、申立ての中でエクアドル法廷が**公平な裁判の場**となりうると称めていた。
  （ⅱ）証拠も証人も、すべて現地エクアドルに存在する本件は、アメリカの法廷の問題ではないとしていた。
(e) 9 年にも及ぶ訴訟の末の 2001 年、S.D.N.Y. は、不便宜法廷を理由とするテキサコ石油の申立てを認め、Aguinda 事件を却下し、2d Cir.

---

88 Born（注 36 書 p. 289）は、不便宜法廷をアングロ・アメリカン法系に独特の common law doctrine とする一方、17 世紀スコットランドでのケースに由来する法理であるという（p. 290）。
89 不便宜法廷の法理と国際礼譲につき、更に前注 13 書［3.16］と［3.10］参照。

第 4 章　管轄、ニューヨーク州ロングアーム法など、手続法上の問題

もその決定を支持した。
(ロ) Aguinda 事件却下の 2 年後、Aguinda 事件の原告らの多くを含むエクアドルの住民らは（約 3 万人のクラス・アクションとされる）、エクアドル Lago Agrio 法廷に Chevron を訴えた。
　(ⅰ) 主な請求原因の 1 つとして、1999 年施行のエクアドル環境法違反があった。
　(ⅱ) これに対し被告 Chevron は、1999 年**エクアドル環境法に問題あり**、と主張（本来エクアドル政府が行使すべき一般的な訴権を原告らに与え、私人がまるで法務大臣のように振舞っていると）。
　(ⅲ) 事実、エクアドル政府は判決が出たら、その 90 パーセントはエクアドル政府のものだ、と公言していた。
(a) 原告ら住民による提訴を受けて、Lago Agrio 裁判所は 2002 年、環境問題専門家による調査団による調査により損害金の評価を行うよう命じた。
　(ⅰ) 調査団は、いずれの当事者からも独立・中立的な立場での厳しい調査を求められていた。
　(ⅱ) Chevron による汚染で生じたとされる癌で死亡した住民グループに接触・調査したのは疫学専門家で調査団の一員 Dr. B である。
(b) 同じ 2002 年、エクアドル政府は、Chevron の弁護士 2 人とエクアドル政府と国有会社 Petroequador の役職者ら数名を刑事告発し、2004 年、エクアドル政府の検事総長が刑事事件としての立件のための調査を開始した。
　(ⅰ) エクアドル政府が 1998 年に作成した Chevron に対する免責状（release）に絡み[90]、公文書を偽造した罪ということである。
　(ⅱ) その後、Chevron の代理人である 2 人の弁護士に対する刑事訴追

90　コモンローでは古くから、免責状が法律上の義務の有効な消滅原因となる合意方法がルール化されている。再述法（第 2）284。この合意の効力は、詐欺、強迫などにより取消し（avoid）可能となるだけである。

には十分な証拠がないのでは、との疑問が呈された。

　（ⅲ）しかし、検事総長代理は、Lago Agrio 訴訟の原告代理人らに文書で「刑事責任を問えるまでの十分な証拠はないが、刑事訴追が免責状（release）を失効させうる方法である」旨書き送った。

(c) Lago Agrio 訴訟が進行中の 2006 年、大統領選挙が行われ、経済社会改革を旗印に掲げる Correla Delgato が大統領に選出された。

　（ⅰ）大統領は、その後暫くして出した新聞発表の中で、テキサコ石油との間で調停を受諾した国有会社 Petroequador に対する刑事問題を検察当局が進めるよう求めた。

　（ⅱ）その後、検察当局は、Chevron の 2 人の弁護士と国有会社 Petroequador らに対する手続は進められるべきと判断した。

(d) そこで、Chevron による BIT 仲裁手続が登場する。申立てがなされたのは新大統領の就任年であった。この BIT 仲裁手続については、エクアドル共和国事件（第 5 章）でより詳しくみるとおりであるが、UNCITRAL の規則によるその仲裁手続中で Chevron が求めたのは、次の判断であった。

　（ⅰ）エクアドル政府が刑事司法の乱用により Lago Agrio 訴訟への影響を図ったことは、BIT 条約と汎米市民権条約に違反するものであり、

　（ⅱ）Chevron には、テキサコ石油と現地資本による consortium がやった採掘などによる環境問題と、その結果となる Lago Agrio 訴訟につき責任のないこと。

（ハ）2010 年 4 月 S.D.N.Y. に申立てられた本件証拠開示請求は、実質的には上記の Chevron による BIT 仲裁手続、更に Lago Agrio 事件の帰結に深く結びつきうるものであったが、申立人は Chevron と、エクアドル政府から訴追されていた Chevron の 2 人の代理人弁護士であり、手続的には別の第三者を当事者とする別事件である。フィルムの提出先は、Chevron が訴えられている Lago Agrio 訴訟法廷、Chevron が申立てた

BIT 仲裁法廷、および Chevron の代理人弁護士 2 人に対する刑事事件法廷であった。申立理由（開示目的）として、Berlinger がフィルムから**抹消した部分があり、それが諸手続での事実認定に不当な影響を与えることを示すため**、としていた。

(a) そこで、本件の主役、映像専門家 Berlinger 氏が登場する。アメリカの環境問題では**カリスマ的原告代理人**と評されていた D 弁護士は、Lago Agrio 訴訟の原告代理人顧問でもあった。彼が 2005 年の夏、マンハッタンにある Berlinger 事務所を訪ねてきて接触が始まった。

「エクアドル住民 3 万人ほどのクラス・アクションによる訴訟を手掛けており、原告の視点からアマゾン雨林で起きたこの Lago Agrio 事件のドキュメンタリ・フィルムを作ってくれないか」

(b) 頼みを受けた Berlinger は、3 年間にわたり、原画にして 600 時間の映像をとり、フィルムを適当に編集した。彼はまた、**Lago Agrio 訴訟の悲惨な現実**のような見出しとともに、タイトルを"Crude"として、一般にも流した。

(c) Chevron ら証拠開示請求事件申立人らは、この映像の全面開示を求めた。彼らがみるところでは、Lago Agrio 訴訟の原告らが、そのフィルム中の**いいとこ取り**をしたからである。

(二) 具体的には次が争われた。

(a) 先ず、原告代理人の指示により全フィルム中から調査団の疫学専門家 Dr. B のイメージがすべて抹消され（原告代理人と、この Dr. B 間でどういうやりとりがなされたかは一切わからないようにされ）ていた。

(b) また別のシーンでは、原告住民代表の 1 人と原告代理人顧問の D 弁護士との間のやりとりがある。

住民代表、「新大統領との打合せがすっかり巧くいった」。

D 弁護士、「ブラボー、この事件でのポイントを圧えたぞ、我々はもう大統領の友人という訳だ」。

(c) その後大統領と原告代理人らとがヘリコプターに同乗しているシーン

があり、大統領がD弁護士を抱擁している次のシーンへと続く。

　大統領がD弁護士に「素晴らしい、がんばれ！」と呼びかけた後、D弁護士の言葉が流れる。

　「大統領は、あの免責状作成に係った者らの刑事告訴を進めるように言った。エクアドル政府内で例の調停を擁護した連中は皆訴追を免れない」。

(ホ) S.D.N.Y. は、これら事実をどう認定したか。

(a) S.D.N.Y. は結論的に、原告代理人に助言していた顧問のD弁護士が、Berlinger に原告側のシナリオに沿ったストーリを描くよう依頼していたと認定し、全フィルムの Lago Agrio 裁判所への提出命令（subpoena duces tecum）を発した[91]。Berlinger が原告らのいうとおりフィルムの一部を抹消したことも、以下の (c) 認定のとおり認めた[92]。

(b) 次に、外国の法廷のための証拠開示理由の実体的要件に入り、エクアドルの司法当局や政府の役人と原告代理人間のやりとりは、Chevron の免責状による免責の主張が BIT 仲裁に与える影響に関係し、手続の適正が保たれたかを知るために必要であり、かつそのための要件が充たされているので、申立てを認めるべきであるとした[93]。要件として、(ⅰ) 事件の**争点の立証**に**適切**に係るか、を肯定したうえ、(ⅱ) 他の方法では得られない証拠であるか、も肯定した。

(ⅰ) Lago Agrio 訴訟での中立的とされる調査員 Dr. B ら と原告代理人との間のやりとりは、その専門家らが眞に中立的かどうかをみるのに意味があり、

(ⅱ) フィルム中には、原告代理人がエクアドル政府や専門家鑑定人に

91　FRCP の証拠開示に係るルールに関し、出廷した人に文書提出命令などを出すことが定められている (45、27 (3))。

92　原告らの示唆を受けフィルムを編集し直したことは Berlinger も認めているが、その他では「原告らの要求を拒み、全体として自らの編集の自主性を保った」と証言している。

93　このような要件の１つを定める先例として Intel Corp. v. Advanced Micro Devices, Inc., 542 U.S.241, 264～266 (2004) を挙げている。

第 4 章　管轄、ニューヨーク州ロングアーム法など、手続法上の問題

不適切な影響を与えたであろう部分があると信ずるに相当な理由がある。
（iii）他の証拠方法利用の可能性については、編集前の生の映像（raw footage）は弾劾不能な客観的証拠（unimpeachably objective evidence）であって、他の証拠で代え難い。
(c) **ジャーナリストの取材に係る情報の開示についてはより厳しい基準が当てはまる**、との Berlinger が出していた抗弁に対して S.D.N.Y. はいう。
（i）Berlinger は、彼の情報源が情報の非公開を期待していたことを示すべき自らの立証負担を相応に果さなかった。
（ii）Chevron の要求した 600 時間全部の開示が大変だとの抗弁に対しても、Berlinger はどれを省くべきか、どれを省くべきでないかの区別を示していない。
（iii）何よりも大事なのは、(x) D 弁護士が Berlinger に「原告側からみた（……perspective……）ドキュメンタリを……」と頼み、(y) Berlinger も、原告側のいうとおり、少なくとも 1 ヶ所を削除している事実があり、Berlinger がフィルム制作をジャーナリスト的自主性をもって行ったとはいえない。

(ヘ) Berlinger 側が上訴し、2d Cir. での審理（以下に要約）では、(i) 証拠提出命令に対する上訴（審理）可能性の問題、(ii) ジャーナリストの秘匿特権の程度と範囲、(iii) 外国法廷への証拠提出に係る連邦法 28 U.S.C. 1782 を巡る争点、の 3 つを述べる（うち (ii) が大半である）。
(a) 上訴可能性について、次のように述べた。
（i）開示する、しないなどの実体的判断で、かつ中間的判断は、連邦法（28 U.S.C. 1291）の下では、本来は上訴可能性がない[94]。
中間的決定でも例外的に上訴できるのは、異議申立人（protesting

94　2d Cir. は、この理由づけで、単に連邦法を挙げるだけでなく（制定法は先例に従って狭く解釈するとのコモンローの法則により）、最高裁と自らとの、各先例をも挙げている。

party) が決定の履行を拒み、法廷侮辱に問われているときのみである[95]（ここでも、2つの最高裁先例と、自己の先例とを挙げている）。

（ⅱ）しかし、連邦法（28 U.S.C. 1782）の下での外国法廷への提出に係る本件命令は、これとは区別される。それに関する外国での本案の手続がたとえ終っていなくても、命令は終局的なものとして、上訴できる（自己の先例を2つ挙げる）。

(b) 上記連邦法によるジャーナリストの秘匿特権侵害との Berlinger の上訴理由に対しては、2d Cir. は、以下のとおり答えた。

（ⅰ）ジャーナリストの取材で得られた情報について相手方による開示請求を受けた場合、この裁判所では一定の秘匿特権を認め、開示命令を制限してきた長い歴史がある（3つの先例を引用）。その理由は、**強力、積極的かつ独立したジャーナリスト**（vigorous, aggressive and independent......）が社会にもたらす公益を保護することにある（ここでも、いくつかの先例を引用）。

（ⅱ）そのジャーナリストの秘匿特権の保護も絶対的なものではない（ここでも、いくつかの先例を引用）。ジャーナリストが秘密を約束してその情報を取材できた（した）場合に一番強く与えられる。それをも開示せよと決定することは、ジャーナリストの将来の取材能力を殺ぐことになる可能性が大きいからである（ここでも、いくつかの先例を引用）。

（ⅲ）しかし、それだけが開示決定抑制に働く要素ではなく、他にメディア側の負担が不相当に大きくなるなどの問題もある。

(c) ここで 2d Cir. は、メディア側の秘匿特権につき更に論じる。

（ⅰ）言論や新聞の自由は万人に等しく保護されるが、すべてのジャーナリストが同じレベルの高さの秘匿特権を有する訳ではない。

（ⅱ）ジャーナリストが報道主題に特別の利害を有する人の**目的に沿う**

---

95 法廷侮辱に係る決定は、本案とは別の**終局的なもの**とされる。

ために一定の情報を集め、取材するのであれば、言論や新聞として独立して行動しているとはいえない。公益に適うとして眞の情報を探求してきて公表することとは区別されるから、ジャーナリストとしての秘匿特権が全くないか、あったとしても制約されうる。

(ⅲ) 2d Cir. は、Berlinger がこの独立性を立証していないことの根拠として、原告らから Berlinger がとっていたとされる、次の文書（一札）を指摘している。

「私の参加部分をノンフィクションの制作に使用されても異議ありません」。

以上のルールを本件に適用すると言葉のうえでそういっていないが、結論として、S.D.N.Y. は Berlinger の独立性立証のなさで正しい判断をしたといえる。

(d) 2d Cir. は、今１つの Berlinger の主張、「S.D.N.Y. の開示決定が広すぎる。開示決定に当りフィルムを１シーンづつ分析したうえで行うべきであった」につき、２つの理由でこれを斥けた。

(ⅰ) Berlinger のような情報の報告者が独立性を示していないときは、裁判所の裁量幅は大きくなってもよいし、

(ⅱ) Berlinger 自身が１シーンづつをどう分類するかを示していないではないか。裁判所が分類をやれる場合もありえようが、制限を主張する当事者の主導なくしては、それは無理だ。

(e) Berlinger による第３の主張は、BIT 仲裁のための開示は 28 U.S.C. 1782 (a) 条でいう**外国での手続**（foreign……proceedings）に当らない、というものである。2d Cir. は Intel 事件を引用して、Lago Agrio 訴訟と Chevron の２人の弁護士に対する刑事事件が同法の"……for use in a proceeding in a foreign or international tribunal……"に当ることに議論の余地はない、とした。

(f) 外国法廷への開示要件での先例として 2d Cir. が援用した Intel 事件（法）とはどんなものであったか。Intel 事件の最高裁は、1964 年に

司法手続に係る国際ルール委員会[96] の助言を受けて実現した同条立法（改正）の経緯に先ず一言している。以前の法文 "in any judicial proceeding" の表現を変えたことで、EC の公正委員会のような準司法機関も含めるとした。また、

(ⅰ) proceeding の後の "pending" の言葉を除いたことで、司法手続が現に係属していなくてもよく、更に外国でその資料が入手しうるか否かにも影響されないとした。

(ⅱ) Intel 事件では、Advanced Micro Devices, Inc.（AMD）が EC の公正委員会に対し Intel がヨーロッパ独禁法に違反したと申立てた。（x）一審では、EC の公正委員会のような準司法機関（quasi-judicial ……）は法文でいう foreign tribunal に入らないとされたが、9th Cir. は反対の判断を示し、また（y）Intel の主張、その「資料が EC 域内でも存在しうる」ことが、同条の下での命令の妨げになるものではないとしていた。

④ ニューヨーク州の「ジャーナリストの楯法」が適用されたケース

(イ) ニューヨーク州には俗称 **ジャーナリストの楯法** がある[97]。同法はジャーナリストにつき 2 種類の特権を区別する。いずれも未公開の情報に関する。

(ⅰ) 秘匿約束により入手した情報についての絶対的な特権、

(ⅱ) 秘匿約束なしに入手した情報では一定の制約がある特権。

(a) ゴールドマンサックス社に係る本件では後者、**制約つき特権** が争われた[98]。争点は、事件の原告 Baker 夫妻がウォールストリートジャーナ

---

96 同年に the Commission on International Rules of Judicial Procedure の助言を受け、連邦議会は同条改正を実現した。

97 N.Y. Civil Rights Law § 79-h で、同（b）が新聞記事のレポーターが生活のため秘匿約束なしに入手した情報は公開を強制されない……と絶対的といってもよい特権を定め、同（c）では、この特権は次の要件が揃えば否定されるとして、一定の絞りをかけている。（ⅰ）その情報がかなり内容のあるもので、（ⅱ）当事者の請求ないし争点の立証に不可欠で、（ⅲ）他に代りの入手方法がない……。

98 Baker v. Goldman Sachs Co. LLC No. 11-1591-cv.（2012 年 2 月 15 日）

ル（WSJ）の記者だったE に対し求めていた証言命令（召喚）が発令できるか否かであった。

(b) Baker 夫妻がなぜこの E 記者に対する証言命令を求めたかだが、これに答えるためには、夫婦がなぜ被告 Goldman Sachs を訴えたかにつき一言しなければならない。

　(ⅰ) Baker 夫妻による彼ら自身の会社ドラゴンシステム社の売却話しがあった。

　(ⅱ) 彼らは、自身の会社を売り、その代金として他人の会社 L&H の株式を入手する株式交換取引を行った（この取引は 2000 年 3 月に公表された）。

　(ⅲ) この取引で夫婦のフィナンシャル・アドバイザー（助言者）として契約していたのが Goldman Sachs であった。

(ロ) 株式交換取引の後に L&H の株式が文字どおり、**ただの紙切れ**と化して了ったことを受けて夫婦が Goldman Sachs を訴え、その絡みでウォールストリートジャーナルの E 記者に対する開示強制命令（subpoea duces tecum）（前出）の発行を求めたのである。

(a) その請求原因として（要するに）次のようにいっている。

「Goldman Sachs は、L&H 株式の価値を評価するための財務内容の分析に当り、L&H の客先調査で抜かりがあった。特に L&H の韓国顧客筋からの収入見込みに大きなズレがあることを見過した」。

(b) Goldman 調査の落度を問ううえでの焦点となる証拠開示の対象として、次の公開記事の原資料があった。

　(ⅰ) E 記者の単独執筆による 2000 年 2 月 26 日のウォールストリートジャーナルの記事（取引の直前に当る）、

　(ⅱ)（本件株式交換取引から 2 ヶ月後の）同年 8 月の、L&H の**アジアでの商権**というタイトルで E 記者が他の数人とともに書いた、より関係が深い記事（L&H の社長がインタビューで「顧客として 1 ダースほどの韓国企業の名を挙げた」ことなど、そして原資料の中には、社長と顧客とのやりとり

などもあるらしかった)。

(c) 一審の S.D.N.Y. はニューヨーク州法（ジャーナリストの楯法）に当てはめ、Baker 夫妻は同法の定める要件充足を示さなかったとして、夫婦が求めていた開示強制命令 (subpoea) の発行を拒んだ（注97 ルール (c) の (ⅰ) 〜 (ⅲ) の要件）。

(ハ) Baker 夫妻が 2d Cir. に上訴したが、結論として S.D.N.Y. の決定を支持している。

(a) 2d Cir. によれば、Baker 夫妻の代理人は上訴に当って楯法に対して正面からの突破作戦をとらなかった。代りに、「ウォールストリートジャーナルの記事（公表）が真実に報道されたかどうか」を確認するためと説明した。また裁判所からの質問に答え、「どうせ相手方代理人は、楯法が適用されるように反対尋問を展開するであろうが、こちらは楯法に引っかからない形で尋問する……」と述べた。裁判所は、次のようにして、上訴は認められないと結論づけた。

(ⅰ) 楯法適用のない尋問と適用がある尋問とを完全に分離して行うことはできないのでは、

(ⅱ) 陪審員がその中から然るべく推測することを期待しているのであろうが、その推測する先が楯法適用の範囲にならないかは予測できない、

(ⅲ) 楯法による特権が実質的に脅かされうる。

(b) Baker 夫妻の代理人は、それによりウォールストリートジャーナル紙の記事が当時既に問題含みであったと示す（関連して、Goldman が甘かったことを陪審に印象づける）ことを狙ったと 2d Cir. は考えた。

第5章

国際商事仲裁の本場での見方と扱いの実例

1. アメリカとその親仲裁性

(1)コモンローの伝統とニューヨークの努力
① 連邦最高裁の親仲裁性

商取引の当事者が、「紛争が起きたら仲裁により解決しよう」と予め仲裁合意をすることも現在のアメリカでは少なくない。仲裁合意による当事者の自主的な紛争処理に対しては連邦最高裁を中心として、とても好意的な風潮がある[1]。

(イ) 殊に、国際商事契約での連邦最高裁の親仲裁性は顕著であり、著名事件になっているものもある[2]。なぜかというと、仲裁合意がアメリカの公共政策（public policy）に係る独禁法や海運法などをかい潜るためになされたとし、それらの法律違反に擬せられることがあるからである。そうなると、（仲裁ではなく）「司法手続により法の目的を厳格に貫くべし」との強い議論が展開され、業界内で激しい世論を巻き起こすことにもなる。それを克服・否定して、親仲裁性を貫いている。

しかし、初めからこうした親仲裁の風土がニューヨーク州、ニュー

---

1 言葉を換えれば、連邦仲裁法と仲裁合意に対する寛大で好意的な解釈態度、政策ということである（次のMitsubishi Motors事件から）。
2 その中には、(i) Scherk v. Alberto-Culver Co., 417 U.S. 506（1974）、(ii) Mitsubishi Motors Corp. v Soler Chrysler-Plymouth, Inc., 473 U.S. 614（1985）、(iii) Vimar Seguros y Reaseguros, S.A. v. M/V Sky Reefer, 515 U.S. 528（1995）などがある。

ヨーク市を初めとするアメリカにずっと存在していた訳ではない。古くからのコモンローでは、むしろ反対であった。そのことは Accenture 事件で 2d Cir. が援用している（Guilmor 事件〔1999〕の中で最高裁判事が述べた言葉、後出）。

(ロ) ニューヨークを中心とした親仲裁性の高まりの背景に、第2章2.(1)で紹介したニューヨーク州、ニューヨーク市、その弁護士会（ABCNY）や ABA などの法曹会を挙げての運動、海事取引または商取引を取込む狙いがあったことは事実である[3]。もっとも、うんと遡れば母国イギリスとは違って新大陸の開拓者社会でのトラブル解決ではたとえば1636年のマサチューセッツでの3人の**物知り**らによるそれのように、仲裁などが幅を利かしていたということがある（第1章注13書 p.13）。

(a) 連邦法の成立より5年早く、ニューヨーク州法の制定があった（Arbitration Law, N. Y. Consol, Laws, C72, 1920）。

（ⅰ）連邦法（9 U.S.C. §2）とは違い、契約種類を商事または海事と限定せず、すべての書面契約の仲裁合意を強制可能と宣言した（同法の第1のメリットは、仲裁命令〔または訴訟差止め命令〕が出せることにあった）。

（ⅱ）同法成立前でも、ニューヨーク州では仲裁合意が違法・無効ということはなかったものの、その違反は損害金を生じさせたが、仲裁合意の力により裁判所に「仲裁せよ」と命じて貰うようコモンローでの特定履行（specific performance）を訴求すること、従って現に係属中の訴訟手続を差止め、仲裁を先行させるよう命令を求めること、は認められなかった。

(b) ニューヨーク州の先進的取組みは連邦レベルでの成果として波及した。

（ⅰ）1925年の FAA の第1章（§1〜16）の立法である。「海事取引または商取引を示す契約」に係る仲裁問題を[4]、たとえアメリカ国内

---

[3] その背後には、連邦議会に働きかけて連邦裁判所による扱いを可能にするなどで実業界の強い要望があった。

事件であっても、連邦裁判所、2d Cir. などに持込ませる仕組みを作り、

(ⅱ) このような伝統のうえに戦後もいち早くアメリカをニューヨーク国連条約に加盟させるとともに、

(ⅲ) それを backup する FAA の第2章（201～208）を成立させている[5]。

(ハ) こうしたニューヨークの動きは当時のアメリカでは先進的といえた。

(a) 1950年のイギリスの仲裁法（Arbitration Act, 1950）の下では、その歴史と伝統のゆえに、(ⅰ) 有効に締結された仲裁合意も、当事者はいつでも撤回でき、(ⅱ) 当事者がその旨通知することにより、仲裁人の権限を奪うことができるなど、仲裁が凡そ紛争解決手段となりえないような法制を定めていた。イギリスが、こうした、「アンチ仲裁」の法制を改めたのは漸く上記仲裁法（Arbitration Act）の1979年改正によってであった[6]。

(b) アメリカの司法にもイギリスと同じようなアンチ仲裁の確たる潮流があったことは、述べたとおりである。ところが、近時になっても潮流は劣えない。新たな力を増した面もある。司法（ひいては陪審）によらない法律上の答えを強制され、権利を奪われ、義務を課せられるのは反公共（against public policy）で著しく不当（unconscionable）とする意味の力である。

(c) ある調査では仲裁合意を著しく不当と断じる率は、その他条項を著しく不当とする率の平均して2倍にも達し、殊にカリフォルニア州の司法で、その傾向が強いという。Scalia 判事が、アラバマ大学ロースクールの S. L. Randall の行った調査を引用する形で、判決中で述べていることである[7]。

---

4 FAA §1で定義する maritime や commerce に係る契約での紛争解決を仲裁によるとする当事者間の合意を強制できるとする（§2）。
5 9 U.S.C. 201 の note によれば、この成立は、国連による外国仲裁判断の承認・執行に関するニューヨーク条約のアメリカでの発効日と同じ1970年7月31日（Pub. L. 91-368）である。
6 イギリスは、日本が加盟した1961年よりも14年遅く、1975年にニューヨーク条約に加盟した。

(d) コモンローでは、仲裁でも判断（理由）が法的に明確（厳格にコモンローのルールに従ったもの）であることを求める点で大陸法の下での仲裁と異なる（ローマ法の流れの civil law 用語、いわゆる「公平と善」〔ex aequo et bono〕による仲裁判断を排する）。この実例は、次（2）①の T.CO メタル事件でみるとおりである。

② 仲裁からの飛行

　企業が仲裁合意を、**予めの紛争解決手段**（ex ante solutions to contracting problems）として取引契約中でどの程度取決めているかを一目みておこう。

(イ) ニューヨークでの法制面での熱心な努力にもかかわらず、更に、仲裁に対しては一般に応援団的声援が少なくないにもかかわらず、アメリカの上場企業で実際に紛争解決手段として予め仲裁を選択する数は意外と少なかった。

(a) 初めに紹介した"Flight to New York"（50州のうちのどの州法により、どこの州内裁判所で解決するかについての調査結果）と同じ、New York 大と Cornell 大の２人の教授による調査結果が発表されている。"Flight to New York"の１年前2007年に行われ、"Flight from Arbitration"として発表された[8]。

(b) 手法は、2008年の調査"**ニューヨークへの飛行**"と同じく、上場企業2900社弱が SEC に提出した"8-K"報告を、同じく12種類の契約毎に集計・分析したものである。

(c) ２人の教授はその要約を次のように纏めている。

（ⅰ）12種類の契約を通して全体としてみれば、仲裁条項を定める契約の割合いは決して高くなく、11%で、残り89%が訴訟選択である。

（ⅱ）12の契約の種類の中で、仲裁条項を定める割合いは、契約種類が

---

[7] AT&T Mobility LLC v. V. Conception et ux, No. 09-893（2011年4月27日）
[8] Theodore Eisenberg & Geoffrey P. Miller, The Flight from Arbitration: An Empirical Study of Ex Ante Arbitration Clauses in Publicly-Held Companies' Contracts (October 11, 2006). Cornell Legal Studies Research Paper Series No. 06-023; NYU, Law and Economics Research Paper Series No. 06-35. Available at SSRN: http://ssrn.com/abstract=927423.

何であるかによって大きく左右される。仲裁条項の割合いが高いのは、雇用契約（取締役、オフィサーを含む）の37%、ライセンス契約の33%、などである[9]。

(ⅲ) 契約の書式化・定型化とも一定の関係がみられる。書式化が進んだ契約種類ほど、仲裁条項の割合いが小さくなるという反比例の関係にある。

(ⅳ) アメリカ国内の契約での仲裁条項の割合いが10%弱（全2583件のうち249件）であるのに対し、国際契約での仲裁条項の割合いは約20%（全272件のうち55件）と高い。

(ロ) 本調査は、ニューヨーク証券取引場上所企業という、知識・経験とも高いレベルの会社が契約するについてのものであるが、別言すると、89%が（国内、国際を合わせ）仲裁よりも民事訴訟を選択している結果を示している。この結果をどう判断するか。

　2人の教授は、本調査がこの種のものとして初めてであり、まだ確定的なことはいえない、と締め括っているものの、コモンローの仲裁への基本的な懐疑が尾を引いているともいえよう[10]。

(ハ) そうした中で「アメリカと商事仲裁手続との関係」について裁判官はどう考えているか。初めに触れたように連邦最高裁は強い親仲裁性を示してきた。そんなケースが少なくない中で、前注2のMitsubishi Motors事件中の判示の一部を紹介する。

(a) 仲裁合意は、「仲裁に抵抗している当事者の属するクラスを保護するために作られた制定法から生ずる請求権には及ぶべきでない……」と、Mitsubishi Motorsの相手方、Soler社が主張したのに対し、

(b) 連邦法FAA条文中の要となる言葉[11]を援用しつつ、そうした主張が

9　逆に、銀行などによる金融取引においては低い。
10　筆者の取引上の知人（アメリカ人の弁護士）は仲裁には一般に積極的ではなく、「各種仲裁団体の誇大広告に反し、仲裁は裁判と比べ、安くも、早くも、単純でもない」とし、一番の問題は判断が必ずしも法律に則らずに出され、**おかしい**と思っても上訴の途がないことだという（加えて、当事者は、いつでも後になって仲裁合意をすることができる）。

「連邦政府のポリシィの基礎にふれる……」として「(同法は)仲裁合意の履行義務を規律するためにあり、そこでの連邦議会の第一の関心は、当事者が私的に取決めたことの実現に(司法が)力を籍すことにあり、司法もその関心に注意を払わねばならない」と述べた。

(c) 更に、同法が連邦実体法をクリエイトしたとし[12]、当事者が仲裁合意の範囲で争っているときには、裁判所は(この連邦仲裁実体法を適用して)「……上記の連邦政策に対する健全な眼差しをもって対応すべく、もし範囲の点で何らかの疑問があれば、それが契約文言の解釈であれ、または放棄(waiver)、遅滞(delay)その他であれ、仲裁に好意的に解決されるべきである」という。

(d) 同法の仲裁条文§2などが連邦実体法を定めたもとの裁判所の説示は若干の解説を必要とする。というのは、20世紀後半までは手続法であると割り切った解釈できていた。そうすることで、同法の解釈上の一大難関、エリー鉄道事件のルールを回避することができることが大きかった[13]。

(2) 最高裁の親仲裁性を受けた実務

① 法の明らかな無視か？

(イ) 事件は第3章3.(2)①のT.COメタルである。そこでは、2d Cir.への控訴理由として、(ⅰ)ニューヨーク州UCCの解釈違反と、(ⅱ)その

11　9 U.S.C. 2「商事に係る取引のための契約(…… a contract evidencing a transaction involving commerce…….)での仲裁合意は有効で強制されねばならない……」。

12　その言葉は「仲裁合意を生かす方向での義務を確立、規律する連邦実体法の領域(a body of federal substantive law establishing and regulating the duty to honor an agreement to arbitrate)」である。

13　そのため、§2でいう仲裁合意(条項)は憲法に基礎がある連邦法であるが、§3のそれは連邦ではないとされた。このように同じ法律の2つの条文を別異に解釈することは、仲裁条項の分離独立の原則(severability principle)の観点からは別に支障がなかった。エリー鉄道事件のルールとの抵触を回避するうえでは§3は連邦手続法であるというのが好都合であった。そこには、多州民事件(diversity case)が多くを占める仲裁事件の実務がある。そこから、特に§3の仲裁合意がコモンロー(各州契約法)ではない(連邦実体法である)とすると、各州契約法が適用されるとする同ルールと抵触して了うからである。

間違いが、仲裁判断が例外的に司法により取消可能とされる**法の明らかな無視**になるとの２点が主張されていた。事件の事実関係を踏まえ、この（ⅱ）の点を採り上げる。
（a）2d Cir. は、仲裁人による法の明らかな無視の問題で自身の 2008 年の先例を援用しつついう[14]。
　（ⅰ）仲裁判断が司法裁判所によって滅多に破られることがないという原則が確立している中で、その例外といえるのが「法の明らかな無視」(utter disregard of law) であるが、
　（ⅱ）それを理由に「仲裁裁判の取消しを求める者は、例外ルールが働くための重い（立証）負担を荷う」(……bears a heavy burden) として、T.CO メタルがこの加重立証責任を果したことに疑問を呈する。
（b）T.CO メタルが、法律の明らかな無視の主張が有効な理由になりうる場合の**立証負担で新しい基準を示した 2008 年の最高裁判決がある**、として引用したところ[15]、2d Cir. は反論した。
　「Hall Street 事件で最高裁は、**法の明らかな無視**の意味を述語としては再構成はしたが、その中味は変っていない。Stolt-Nielsen の上告受理決定がなされたにしても、それは別の争点（法自体が一義的でない ambiguous law の場合）についてである」。
（c）その上で、法の明らかな無視の意味について先の先例を引いて述べた。
　「仲裁人に大変な不適切さがあるなど著しく稀な場合で、……(……exceedingly rare instances where some egregious improper……) それが、**法に係る間違いないし誤解以上のものを意味することが明らかなときである**……」。
（ロ）仲裁人が契約解釈で間違った判断をするといったことは、原則的には生じえないとしつつ、
（a）そのための吟味には、３つの基準があると述べる。

14　Stolt-Nielsen SA v. Animal Feeds International Corp., 548 F. 3d 85（2008 年）.
15　Hall Street Associates, L.L.C. v. Mattel, Inc. 552 U.S. 576.（2008 年 3 月 25 日）

(ⅰ) 間違った解釈とされるその契約中の合意（法律）が明確で、かつ争点に適用されるべきことが明白であったか、

(ⅱ) その基準に当てはまる結果、確かに不適切な形で解釈され、間違った結論に至ったか、

(ⅲ) 更に、法を（意図的に）蔑ろにしたというには、仲裁人の法の知、不知という主観的要素もみなければならない。

(b) 本件でT.COメタルが仲裁人の「（法）の明らかな無視」があったというのは、双方合意の契約中に、**結果的な損害金**（consequential damages）を明確に否定していたのに[16]、仲裁人がその合意（法）の明らかな無視によりconsequential damagesの1つである"benefit of bargain"に当るものを含め42万ドルを与えたのが（正しくは、Dempseyの損害金は33万ドルである）違法というべきであるという点である。

(c) ところが、前出のとおり、2d Cir. は、T.COメタルの代理人によるWhite and Summersの引用は不正確であるとし[17]、「§2-715（2）による結果的損害金は、§2-714（2）の下での価値の減価差額と重なり合うこともあり、まぎらわしい。仲裁人が法の明らかな無視をしたかは、法自体が十分に明確でないときには、とりわけよく見究めねばならない」。そう述べたうえで、ここでは、仲裁人による法の明らかな無視はなかったとした（買主による主観的な逸失利益などではなく、物品の客観的な価格から出しており、適切な評価をしている）。

② 連邦仲裁法の解釈を巡る争い

（イ）仲裁合意とコモンロー契約との関係という入口を通ったところで、連邦法適用の個別事件を採り上げる。コンピュータによる管理技術をも

---

16 再述法（第2）のconsequential damagesについての一般的な態度は消極的である。§351（2）(b) でいう「事象の通常のコースを超えて違反当事者が知りえた特別な状況の結果としての損失」をspecial damagesとかconsequential damagesとか呼ぶ人がいるが、misleadingであり、必要ないとする（cmt. b）。

17 Uniform Commercial Code 5th ed., Westlaw、2006年、§10-2では、平均人も屡々この2つの区別で一致できないともいっている。

つ Accenture LLP と Spreng 氏との間に 2 つの契約が結ばれた[18]。各契約毎に別々の仲裁条項がある中で、1 番目の仲裁手続を取下げた後に、Spreng 氏が 2 つ目の仲裁手続を起こしたことから、同じ問題で当事者の一方が 2 つ目の仲裁手続を起こしたときどうなるのか、という変った形の争いが生じた。

(a) 原告 Accenture LLP と被告 Jim Spreng は、互いに似たような仕事をしていた（被告は、2 つの会社を保有しており、いずれもコンピュータを利用して顧客企業の支払系統の勘定処理を管理していた）。コンサルティング会社の Accenture LLP は、Spreng 氏と、その 2 つの関係企業 Advantium と XPAN を買収（M&A）することを決めた。M&A に併せ Spreng 氏も条件つきで雇うこととし、2 つの契約が結ばれた[19]。

(b) 契約中では、次の条項が事件との絡みで意味をもっていた。

 (ⅰ) Spreng 氏が貰えるボーナスは一定の成果を条件とする一方、Accenture は、自社サービスの売込みに当って Spreng 氏の旧会社製品を組込むよう「商的に相応な努力」(commercially reasonable efforts) をする義務を負う。

 (ⅱ) しかし、自社の事業運営に当って Accenture は、たとえ Spreng の収入にマイナスとなることがあっても自らの単独の裁量で自由に判断をしうる。

 (ⅲ) 何らかの紛議は AAA による仲裁で解決する。

(c) 2008 年 11 月の少し前に、Spreng の旧会社製品の売上げが算定上、Spreng へのボーナス支払を可能にするために必要な一定金額に達していないことがはっきりしてきた。

 (ⅰ) そこで、Accenture は、2009 年 3 月 31 日をもって Spreng との雇

18　Accenture LLP v. Spreng No.11-222.（2011 年 5 月 27 日）
19　Asset Purchase and Framework Agreement と Employment Agreement の 2 つの契約の下で 2006 年 7 月、Spreng は、2 社の事業（暖簾）を Accenture に売却し、一方 Accenture は、一時金を払うほか、（ⅰ）Spreng を雇い入れ、（ⅱ）その業績に応じて歩合的なボーナスを払うこととした。

用契約も終了させる旨通告してきた。
- （ⅱ）これに対し Spreng 氏は、(x) Accenture が契約に反して、その終了を通知してきたこと、(y) ボーナス支払義務を怠ったこと、を理由として AAA に仲裁を申立てた。
- （ⅲ）その後、Spreng 氏と Accenture とは仲裁前の調停手続に入り、Accenture は調停に向けて約7ヶ月の間努力を継続したが、調停は不成立だった。当事者双方は仲裁人の選任で合意し、証拠の事前開示（discovery）の段階に入った[20]。

(d) この事前開示手続中に次のようなことが生じた。
- （ⅰ）仲裁人の命令により Accenture が提出した色々な文書中の e-mail をみた Spreng は、Accenture が本契約中の算式条項に悪影響を与えるように、財務上の計数操作をしていたことを 2010 年 9 月 16 日に発見した。
- （ⅱ）10 月 12 日 Spreng は、仲裁人に対し、申立理由に不実表示を加えるべく、仲裁申立書の出し直しを認めるよう仲裁人に求めたが、仲裁人は、その申立てを却下した（この却下決定を「October Order」といっている）。
- （ⅲ）10 月 14 日 Spreng は、新たな仲裁申立書を提出し、更に、同日午後に第 1 申立書の "without prejudice" での撤回を行った[21]。
- （ⅳ）Accenture は、この撤回に対し、それが "with prejudice" であることの決定を求める申立てをしたが、
- （ⅴ）仲裁人は、AAA が Spreng による第 1 申立ての撤回を "without

---

[20] AAA の規則や各州の仲裁法中の証拠の事前開示条文では、連邦民事訴訟手続規則の F.R.C.P. 中の事前開示条文 (37) と殆ど同じような、厳しくて詳細な手続が定められている（第 4 章注 72 参照）。

[21] without prejudice と with prejudice には、2 つの使い分けがあり、1 つは、当事者自治（契約性）の問題で、当事者間でそのとおりの債権的効果をもつ（違反は 1 つの契約違反となる）。もう 1 つは訴状の撤回など、訴訟法上の意味で、これにも当事者がその旨合意するものと、裁判所の決定として決める場合とがある。後者で、without prejudice として何らかの決定をするときは、再度の検討がありうる意味である。

prejudice" で受理して了っているので、自分は、仲裁人としての地位を最早失って了ったとして、申立てを却下した。

(vi) Accenture は、Spreng による第 2 仲裁申立てを却下するよう AAA に対し引続き求めたが、

(vii) AAA は、(x) 当事者間にそのような合意があるか、(y) 裁判所の決定がなければ、「AAA には却下権限がない」、と回答した。

(ロ) そこで、本件の第 1 審へとつながる。

(a) Accenture は、2 ヶ月後、S.D.N.Y. に対し本件訴訟を申立て、その中で次を求めた。

(i) Spreng が新たな申立てにより起動させようとしている第 2 仲裁手続の中止命令、

(ii) October Order が強制力のある仲裁判断であるとの確認、

(iii) Spreng が第 1 仲裁手続により仲裁を行う義務を怠ったので、事件を第 1 仲裁人の元へ差し戻すとの命令。

(b) 口頭弁論の後、S.D.N.Y. は、Accenture の申立てを次の理由により斥けた。

(i) October Order が強制力ある仲裁判断か否かの決定など、Accenture が求めていることは、仲裁手続の中でやった方がより適切であり、それこそ第 2 仲裁手続の中で処理されるべきであり、そこで判断したらよい。

(ii) Accenture が求めるもう 1 つが金銭による損害金であり、この先も得られる可能性に変りはない以上、第 2 仲裁申立ての差止め命令 (injunction) は、性質上、今直ちに出さなければならないというものではない。差止め命令に必要な要件、「回復し難い害 (irreparable harm) を被る」を充たさない。

(ハ) Accenture が October Order は、§ 16 (a) (1) (D) [22] でいう判断 (award) に当り、本件上訴は、そこでの「上訴された仲裁判断 (award)」であるなどと、FAA の条文も援用しつつ、控訴した。

(a) 控訴後の 2d Cir. での進行では Accenture は、(ⅰ) 第2仲裁手続の中止命令を求め続けたほか、(ⅱ) Spreng が第1仲裁手続から脱出したことにより、Spreng は、第2仲裁手続の追行権を放棄した、(ⅲ) 第1仲裁手続の October Order こそが強制可能な仲裁判断である、と主張した。

(b) 2d Cir. は先ずは、アメリカでのアンチ仲裁の歴史を振返っている。

(ⅰ) イギリス、コモンローの古くからの仲裁に対する敵意のようなものがアメリカの裁判所にも受け継がれてきたが (longstanding judicial hostility……at English common law……adopted by American courts,……)、

(ⅱ) この歴史をひっくり返すべく、連邦議会は、「法的に取消し不能な仲裁合意を認めることにより、契約当事者が予め紛争解決手段を決め、行動計画を建てられてるようにとの連邦政策を実現するため」FAA を制定した[23]。

(ⅲ) FAA §16 は、これを手続上も具体的にサポートし、(x) 仲裁を否定する下級審の決定に対する上訴を奨励する一方で、反対に、(y) 仲裁を命じた下級審の決定に対する上訴を制限するルールを定めている。

(c) 連邦最高裁の親仲裁性には理解を示したうえで述べた。

(ⅰ) 本件は、仲裁を差止めることを拒否した S.D.N.Y. の命令に対する上訴申立てであり、この §16 (b) (4) に反するものであるから、審理することはできない[24]。

---

22 (a) An appeal may be taken from-
(1) an order-
(B) denying a petition under section 4 of this title to order arbitration to proceed,
(D) confirming or denying confirmation of an award or partial award,
23 ここまでの言葉は、連邦最高裁の先例からである (Gilmor v. Interstate / Johnson Lane Corp.) 500 U.S. 20, 24 (1999)。
24 §16 (b)、Except as otherwise provided in section 1292 (b) of title 28, an appeal may not be taken from an interlocutory order-
(4) refusing to enjoin an arbitration that is subject to this title.

(ⅱ) Accenture は、2d Cir. が審理しないことで§16 に反していると批判するが、そこでいう判断（award）とは、実体上の請求権についての最終的な「裁き」(adjudication) であるのに、October Order は、単に Spreng による申立ての変更を却下した手続的な決定にすぎず、Spreng による請求権を最終的、かつ確定的に処理したものではない。2d Cir. が、それを実体的な判断（award）と同じように審理すべき義務がある訳ではない。

(d) 最後に Accenture は、上訴が認められるべきとする理由として連邦最高裁のいう「仲裁合意には積極的な推測が働く」との原則を挙げていたが、これに対して 2d Cir. はいう[25]。

「そのような仲裁合意に対する積極的な推測が働くとの原則は、仲裁合意の有効・存在が前提である。仲裁合意が有効に存在するが、その合意が争点にまで及ぶかどうかはっきりしないとき（……is ambigions about whether it covers the dispute at hand）、仲裁合意に積極的な推測を働かせよ」というものであり、本件には当てはまらない。以上がこの事件での連邦最高裁の判示の中心部分である。

2. 商事仲裁と司法手続

(1) 商事仲裁と民事訴訟との競合

① 仲裁と民事訴訟との共存

ここまで（ⅰ）連邦最高裁の商事仲裁に対する親性、（ⅱ）それと反対だったコモンローの伝統、（ⅲ）極く近時の上場企業 2800 社余りが紛争解決手段として民事訴訟 90％、商事仲裁 10％の選好をしていること、の 3 つをみて

---

[25] ここでいう連邦最高裁の原則とは、Granite Rock Co. v. International Brotherhood of Teamsters, No. 08-1214（2010 年 6 月 24 日）中で 1985 年の Mitsubishi Motors 事件（473 U.S. 614, 626）を引用する First Options of Chicago, Inc. v. Kaplan, 514 U.S. 938, 944（1995）と二重の引用を示しているものである。

きた。ここではしかし、「仲裁か、訴訟か」ではなく、**仲裁も訴訟も**、と両者が併存する多くの実例を眺め、2つの間にかなり細かい競合ルールが編み出されてきたことを管見しよう。なぜこのように仲裁と訴訟とが競合するのか、換言すれば、当事者の行動に問題がある。一旦仲裁に合意しておきながら、いとも簡単に裁判所の扉を叩いて了う。その背後には、やはり蔑視とまでいかなくても、永年のコモンローの風潮が響いているように考えられる。

　少し古いが、競合ルールがよく示されているケースとして、また交渉弱者の中小企業が大企業と渡り合う姿を垣間見る例として採り上げた[26]。

（イ）PPG Industries（PPG）は 19 世紀末近くに創業したペンシルヴァニア州ピッツバーグの名門大手化学メーカーで自動車用塗料などに強い。

　(a) 1988 年にマサチューセッツ州法人 Webster は、この PPG と販売店契約を結び、1990 年には同じような販売店契約を結ぶべくコネティカット州法人、Premium を設立した。

　(b) PPG は Webster と Premium との間で新たに "Jobber Agreement"（JA）を締結するとともに、売掛金回収確保のため両社の在庫と設備品につき担保契約を結ばせた。加えて両社の支配株主でかつ社長の Puleo 氏とその妻の個人保証も入れさせた。Webster も Premium の PPG に対する債務を保証した。

　(c) 上記の JA には仲裁条項（arbitration clause）があり、同条項は、PPG の商標権の行使と売掛金の回収・取立てを除き両社間のトラブル解決は仲裁合意に従うとしていた[27]。

（ロ）PPG による訴訟行為は Webster らが競合他社の製品を扱ったことと、商品代金の不払いをしたとする（PPG による主張）、次のようなものであった。

　(a) コネティカット州内の連邦地裁 1993 年 10 月 21 日に Webster（Premium

26　PPG Industries Inc. v. Webster Auto Parts Inc. No.96-7429（1997 年 10 月 30 日）
27　その条項を要約すると、（ⅰ）それらの除外項目以外で双方の間で何らかのトラブルがあるときは、先ず両者の経営陣間の直接の話し合いに付し、（ⅱ）そこでの交渉を尽くした後に仲裁にかける……としていた。

の保証人)、Premium および Puleo 夫妻を共同被告として、(ⅰ) 売掛金 20 万ドル余りの支払請求と、(ⅱ) 動産回収 (replevin) を申立てた (動産回収の執行に当たっては弁護士、従業員、執行官らが物を運び出した)。

(b) 11 月 10 日には Webster と Puleo 夫妻を相手に、マサチューセッツ州裁判所にも訴訟を起こし、(ⅰ) 3 万ドル弱の売掛金、(ⅱ) Premium に対する売掛金についての保証債務 20 万ドル余りの支払請求をした (こちらには動産回収の執行はなかった)。州裁判所へ申立てたこの訴訟は、Webster と Puleo 夫妻らがすぐ州内の連邦地裁への移送を申立てた。

(c) 1993 年 12 月 3 日 Premium は修正答弁書を提出し、その中で次の 6 つを理由とする反訴を起こした。

(ⅰ) JA が契約終了要件としていた通知と治癒条項に反した形で、いきなり PPG が replevin を行ったことで、JA は事実上終了した、

(ⅱ) JA は一種のフランチャイズ契約としてコネティカット州フランチャイズ法によって規制されているのに、PPG は同法の求める 60 日間の終了予告をしなかった、

(ⅲ) PPG は契約履行上の信義則義務に反した、

(ⅳ) Premium の顧客や他の納入業者との取引に不法に介入した、

(ⅴ) 州の役人らの手をかりて Premium の在庫品を持去ったことは、適正手続 (due process) 違反であるとともに[28]、

(ⅵ) コネティカット州の公正取引慣行法違反をした[29]。

(ハ) ここまできて 1993 年 1 月 12 日原告 PPG は、Premium 訴訟につき仲裁命令を求める申立てをした。ただし、なお暫くは訴訟活動も活発に継続した。

(a) 申立て同日付で Premium の反訴に対する答弁書を提出し、6 つの請求原因のうちの (ⅴ) につき反論するとともに略式判決を申立て、(ⅳ)

---

[28] 基本的人権を侵された者が誰でもできる民事上の救済を定めた 42 U.S.C. 1983 を援用。
[29] Connecticut Unfair Trade Practices Act (CUTPA) は同州法典、2005 年 Chapter 735 a (§ 42-110a 〜 42-110q)。

につき主張自体不十分として却下を申立て、(ⅵ)のコネティカット州法の問題につき管轄違いであるとして同じく却下を申立てる、などの主張をした。

(b) 1994年1月31日には原告PPGが別途申立てるまでの間、Premiumによる証拠開示を差止めるよう申立てたが、これは2月8日に却下された。

(ⅰ) 更に2月10日にはWebsterによる反訴に対する答弁書を提出した。

(ⅱ) 4月6日にはPPGもdiscoveryを開始し、質問状（interrogatories）をWebster側に送り、文書開示（production of documents）を要求した[30]。

(ⅲ) また、Websterの公認会計士に対し差押え命令（subpoena duces tecum）を送った（Websterの弁護士費用の明細、逸失利益と暖簾の額、Websterの資産価値下落額などの開示を求めた）。

(ⅳ) この間Webster側は、Premium訴訟とWebster訴訟を併合して、すべてコネティカット州内の連邦裁判所に集約するよう申立て、認められた。

(c) PPGは5月2日再度、今度はWebster訴訟（反訴分）についても仲裁を強制する命令を求めたが、連邦裁判所は7月15日にこれを仮却下した[31]。却下理由として、(ⅰ)PPGが実質的にかなりの訴訟活動をやって了っているとし、具体的には、略式判決の申立て、discovery、反訴に対する答弁やそのための追加の申立て、を挙げている。そのうえで、(ⅱ)かなりの時間が経って了った今では、被告らが不利益を被りうるし、反訴だけを仲裁に付すことは訴訟経済に反する、ことも挙げた。

(d) 1994年8月Websterの方も仲裁に対する反対を申立て、Premium訴

---

30 FRCP34の文書開示（production of documents）については、第4章2.(2)参照。
31 裁判官の変更などがあり、1995年3月PPGによる仲裁申立て仮却下の再考を求める申立てがあったが、新しい裁判官により最終的に却下された。

訟で原告の仲裁が却下されており、Webster 反訴についての PPG の仲裁申立てはその力により否定されると主張し、裁判所も次のとおりこれを否定した。

（ⅰ）原告 PPG が Premium 訴訟での自らの仲裁申立てが却下されたことに対し何らアクションをとらなかったこと、

（ⅱ）略式判決を求めたままでいて、そのまま discovery に多くの時間と労力を割いていたこと、

（ⅲ）更に、Webster 反訴と Premium 訴訟とは一体化され互いに深く結びついており、この段階まできて２つを分けて一方を仲裁に回すことは被告の利益のためにできない。

（ニ）PPG がこの決定を不服として 2d Cir. に控訴したところ、2d Cir. は第１に、"……federal policy strongly favors arbitration……" と連邦の親仲裁政策を述べる一方、次のように述べ PPG が仲裁合意を事実上放棄したに等しいとの一審の事実認定が明らかに間違っている場合を除き、その事実認定を覆すことはできないとした。

(a) この親仲裁性ゆえに、仲裁合意の放棄があったか否かで疑問があるときは、仲裁を命ずるか、それに等しい形での決着が多くなされている（1983 年の連邦最高裁先例を引用）。2d Cir. 自身も、仲裁合意の放棄は軽々しく推定されるべきでない、といってきている。

(b) にもかかわらず、一方当事者が長らく訴訟活動をし他方当事者に不便をかけるときは、仲裁合意を放棄したと解される（自らの 1993 年先例）。そこで**不便をかける**とは、遅延、費用、他方当事者の法的立場の悪化（prejudice）などであり、大きく事前証拠開示（pretrial discovery）活動をしたり、色々な申立てをしたりすることは、その典型例といえる（別の 1993 年先例より）。

(c) これらを要素別に列挙すると、（ⅰ）訴えから仲裁を求めるまでの時間、（ⅱ）その間の訴訟活動（申立てや証拠開示など）の量、（ⅲ）他方当事者側の悪影響となる。ただし、個別具体的な事実毎に判断されるべき

ことで、一本の線で区切れる問題ではない。

(ホ) 2d Cir. は、以上の3要素に事実を当てはめる作業をし、仲裁合意の放棄があったと判断した。

(a) 訴訟活動の量について 12 回の日時と、それぞれの日に行われた活動を列挙し、中でも自らによる JA の不当終了と動産占有回復によって訴訟が引き起こされたとし、これまでは正に訴訟活動を必要不可欠としていた。

(b) PPG による訴訟追行の意図を強く示すものは、これ以外にも被告らが反訴を出してきたときに先ず仲裁合意があることの抗弁を全く出していないことや、連邦仲裁法の定めるとおり仲裁のために訴訟手続の休止を申立てなかったことがある[32]。

(c) 被告の立場の悪化 (prejudice) については、PPG が仲裁を申立てた後にも Webster の財務内容をすっかり調べ上げ、会計士にも差押令状を出したことで、今更それを利用して仲裁手続に臨むのは、Webster にとっての立場の悪化になるとした。

② 仲裁合意の放棄

「仲裁合意の放棄は軽々しく推定されるべきではない」、との連邦政策を述べた 2d Cir. の PPG 事件での言葉を援用しつつ、それにもかかわらずやはり放棄があったと決定したのが次の事件である[33]。

(イ) 原告の Louisiana Stadium Exposition District (LSED) はルイジアナ州ニューオーリンズにあり、州知事が任命した 7 人の委員から成る政府機関の 1 つであって、スーパードームで有名である。本件は、その LSED とルイジアナ州政府を共同原告とし、Merrill Lynch グループ 3 社 (メリル 3 社) を被告とする S.D.N.Y. での事件である (ただし、2009 年 1 月 22 日

---

[32] 9 U.S.C. §3は、仲裁合意があって仲裁申立てを考えているときには訴訟手続の休止を申立てれば、その決定が得られることを定める。

[33] Louisiana Stadium Exposition District v. Merrill Lynch & Co., Inc., No. 10-889 cv. (2010 年 11 月 22 日)

にLSEDらが当初訴えたのは、ルイジアナ州内の東部地区連邦裁判所であり、かつLSED債券の保証会社が被告であったが、数日後にメリル3社を加えていた)[34]。事件が証券絡みであることは推察されよう。1つの**証券用語ARS**（auction rate securities）の知識があった方が理解に便である[35]。

(a) 事件の引金となったのは、LSEDが2005年の初めに自己の既発債の再構築（restructure）を計画し、メリル3社のうちのMLPFSに接触したことにある。その結果、

　(ⅰ) 先ずC氏が提案書を出した（提案書のレターヘッドはC氏自身をMerrill Lynch Global Markets & Investment Banking、マネジングディレクターと表示していた）。

　(ⅱ) LSEDはその提案書を受容れ、その提案したARS債2.4億ドルを2006年に発行することにしたが、

　(ⅲ) 同債券発行プロジェクトは、2008年に失敗に終って了った。

(b) LSEDが最初、保証会社を被告にしたのは、その時点でメリル3社の各会社間の役割分担とC氏がどの会社と直接の雇用関係にあるのかが、確定できていなかったからである（その後、LSEDはコンサルタントを雇い、C氏がMLPFSと正式雇用関係にあり、かつMLPFSが事件の正しい担当会社であることを知った）。

(c) その結果、被告をMLPFSとその監督責任的な意味での支配者（control person）であるMerrill Lynch & Co. Inc.とに絞った。

(ロ) 訴訟は手続上やや複雑なコースを辿った。LSEDがメリル3社を被告に加えた翌日、同じような訴状をルイジアナ州裁判所へも提出したこともその一因である。これを受けて、被告らは事件の連邦裁判所への移送と、ARS絡みで全国から多くの事件がS.D.N.Y.へ集められている

---

[34] メリル3社とは、Merrill Lynch, Pierce, Fenner & Smith Inc. (MLPFS), Merrill Lynch & Co., Inc., Merrill Lynch Capital Services Inc. である（なお、MLPFSはMerrill Lynch & Co., Inc.の100％子会社である）。
[35] ARS債は、普通20～30年の長期債券として出し、そのコスト（利回り）は、短期に変動する（所有者が1週間から1ヶ月くらいの間隔をおいて競争入札を実施していくもの）。

ことを視野に、MDL パネルによる指定の申立てをし[36]、MDL パネルは、S.D.N.Y. への移送を決定した（LSED 側はこれに激しく反対した）。

(a) 次に被告らが行ったのが、普通考えられる訴え却下の申立てでも略式判決の申立てでもない。このままの訴状では、**主張自体失当だよ**といった中味の長いレターを LSED に送ったことである（これは、S.D.N.Y. が移送を受ける決定を出すにつき両者にさせた**訴訟上合意**〔stipulation〕に基づいた行為であった)[37]。

(b) S.D.N.Y. から訴状訂正をいわれていた LSED らは、訂正した訴状を期限に一応提出したが、期限前日の 2009 年 12 月 9 日、被告らに手紙を送り、「連名で仲裁命令を求める申立てをしないか」と申し入れた。しかし、メリル側はこの仲裁への誘いに返事をしなかった。

(c) 結局、原告は単独で仲裁申立てを行った。根拠は MLPFS が証券業規制協会（FINRA）のメンバーであり[38]、顧客との紛争につき仲裁義務を負うというのにあった。S.D.N.Y. がこの申立てを却下したので、LSED が控訴し、2d Cir. での本件となった。

(ハ) 2d Cir. は、先ずこの上訴を受理できる法的根拠（上訴権がある根拠）を連邦仲裁法により確認したうえで[39]、原告が仲裁についての契約上の権利を放棄したとの S.D.N.Y. の決定については、新たに独自に法的判断をするとした（他方で、S.D.N.Y. による事実認定には、明らかな間違いがある場合を除き、立入れないという）。

(a) 2d Cir. は判断基準として（ⅰ）訴えのときから仲裁を求めるまでの時間、（ⅱ）その間になされた訴訟活動の量、（ⅲ）被告側の不利益、の3つを挙げた（自らの先例2つを引用）。この判断は、優れて事実に特

---

36 MDL パネル、Judicial Panel on Multidistrict Litigation については第4章2.(1)、Bondi 事件参照。
37 stipulation については第3章2. (1) ④参照。
38 FINRA、Financial Industry Regulatory Authority、アメリカの証券業団体による自主規制機関として70年超えの歴史（その中に顧客などとの紛争解釈機関があり、調停、仲裁等を行うが、SEC や各州証券当局への二重の申立てを封ずるものではない）。
39 前注15で引用した 9 U.S.C. 16 (a) (1) (B) 参照。

化した判断で、予めはっきりした線を引けないが、**被告側の不利益**は中でも鍵といえるとし、2d Cir. はこの不利益を（x）実体面の不利益（substantive prejudice）と、（y）費用、時間面の不利益とに区別してきたとして（PPG ケースから引用）、本件ではその両方ともが存在するといってよいとした。

(b) そのうえで 2d Cir. はいった。（ⅰ）この 11 ヶ月間に "discovery" こそ行われなかったが、被告の行った訴訟活動の量は大変なものがあり（それらを数え上げ）、かなりの労力と知力を費やしている。（ⅱ）特に、LSED が仲裁を求めて動いたのが、メリル側が 19 ページの手紙により訴状の不備を指摘した後で、かつ（ⅲ）ルイジアナ州内の S.D.N.Y. への移送申立てに猛烈に反対して果せなかった後であることは重い。

(c) これを MLPFS 側の不利益という点からみると、（ⅰ）手続上では 1 年弱の間に、MLPFS 側がいくつもの申立てをして、それが認められてきた。しかも ARS 絡みの事件を一本化するための移送も認められたことから、大きいものがあり（おまけに相手方による仲裁の申立て却下は FINRA の規則で訴訟手続におけるよりも制限されている）、（ⅱ）実体的には詳しい手紙で訴状の欠点を指摘された LSED には利益があり、MLPFS の不利益は少なくない（LSED は予め反論を用意して仲裁に臨めることになる）。

(d) 最後に 2d Cir. がいっているのは、ここでの仲裁への移行を申立てているのが被告側ではなく原告側だという点である。訴えを申立てた以上、原告は仲裁への移行権を一般的に喪失するとまでは言い切れないが、訴え申立て後のかなりの期間法廷闘争を続けた後での仲裁申立ては、仲裁合意の尊重とはそぐわない。

　LSED の言い訳として、ARS 債券問題で C 氏を含め、「誰がどのメリル社にいてどういう役割を荷っていたかを知ることが 1 ヶ月前の 2009 年 11 月までできなかった」というが、LSED が MLPFS を被告に特定したのは 2009 年 1 月であり、その時点で仲裁合意の履行が考

えられた筈である。

(e) 結論としていう。

「法廷での闘いで巧くいかないからと、仲裁へいく式の**法廷漁り**(forum shopping) は、我々の好むところではない」(2002 年の先例に言及)。

③　ニューヨーク州制定法と国際商事仲裁

この事件の原告は、有名なベクテル・グループの Bechtel do Brasil、Bechtel Canada と Bechtel International の 3 社、被告は、ブラジルの電力会社 UEG Araucária Ltda. である[40]。仲裁条項と時効との関係が問題となり、(ⅰ) 時効期間の完、未完の問題も仲裁条項 (つまり仲裁人) によってコントロールされるのか、それとも、(ⅱ) 時効のような法秩序に係る問題は、強行法規適用に近いとして司法手続によるべきなのか、(ⅲ) その場合も、当事者が合意したニューヨーク州法によるのか、それとも現地ブラジル法か、などが争われた。

(イ) Bechtel (ベクテル) グループがブラジルの電力会社との間でガスタービン発電所の建設契約 (turn-key) を結び、その完成・引渡しをした。電力会社 UEG 側の事情で発電所の稼働が 6 年以上後になったところ、稼働から 1 年後に機械の一部 (lug welds) の欠陥により発電機が壊れた。建設に係る 4 つの契約のいずれもが仲裁条項を定め、かつ実体法をニューヨーク州法にすると定めていた。

(a) 2000 年、UEG は、ベクテルとの間でブラジルの Araucária に新設するガスタービン、469 メガワット発電所の建設で契約した。4 つの主な文書に纏められる契約は、いわゆる full turn key ベースであったが、すべての契約が紛争解決手段を定めた「適用法と紛争解決手続」と題された条文を含んでいた (4 つの契約とも条文の番号も数も同じ。以下、「本契約」)。

(ⅰ) 本契約は、ニューヨーク州法によって規律されるとともに (39.1.1)、

40　Bechtel do Brasil v. UEG Araucária Ltda. No. 10-0341-cv. (2011 年 3 月 22 日)

§ 37 の下で開始される仲裁の手続と管理を規律するのも、ニューヨーク州法である（39.1.2）。
　（ⅱ）本契約から生じる一切の紛議は、ICC による仲裁規則に沿って[41]、仲裁によって解決されるが、ただしそれらのルールは、本契約により修正されうる（37.2）[42]、
　（ⅲ）仲裁手続そのものと、仲裁判断の効力、およびこの仲裁条文がニューヨーク州法によって解釈・規律される（37.2.2）。
（b）full turn key ベースでの引渡しと事故に係る事実は次のとおりであった。
　（ⅰ）2002年9月16日、機械工事が完成したので、ベクテルは契約どおり運転テストを行いたいと UEG に通知した。
　（ⅱ）両者の話合いによりテストは9月18日〜9月26日の間に行われ、その翌日、UEG はプラントの受納書（acceptance）にサインした。
　（ⅲ）ところが UEG は事件とは関係ない理由により、プラントの運転をその受納から4年以上始めなかった。
　（ⅳ）4年以上経った2006年12月になって運転を始めたところ、それから1年余り経た2008年1月13日、タービン発電機が故障した。
　（ⅴ）UEG はこの故障を、取っ手の溶接（lug welds）構造に問題があったことに由るとし、かつベクテルが工事中ないしテスト中の2002年に発見していたか、発見すべきであったトラブルであると主張した。
（ロ）ベクテルと UEG の争い
　（a）UEG は、ベクテルの契約違反、過失、詐欺的不実表示などを理由として、パリの ICC に対し先ず仲裁の申立てを行った（2008年9月29日）。後に、「過失による不実表示」（negligent misrepresentation）を理由に加

---

41 The Rules of Conciliation and Arbitration of the International Chamber of Commerce（ICC）.
42 37.2（……shall be finally settled by arbitration……ICC Rules except as these rules may be modified herein.）

えている。

　これに対しベクテルは、ブラジル法の下でもニューヨーク州法の下でもUEGの請求権が時効に掛っているものとして、仲裁の確定的停止（permanent stay）を求めてニューヨーク州裁判所Supreme Courtに訴訟を提起した。

　州裁判所への提訴を受けてUEGは移送を申立てて、訴訟を連邦裁判所S.D.N.Y.へ移送させると同時に、反訴により「仲裁を行え」との決定を求めた。

(b) ベクテルは、この訴訟がニューヨーク州裁判所Supreme Courtによって受理されうる根拠、つまり問題を仲裁によるのではなく、民事訴訟によることができる理由として、仲裁によって求めようとする請求権が時効に掛っているときには、ニューヨーク州裁判所Supreme Courtへの訴訟ができるとするニューヨーク州の民事訴訟法の条文を挙げている[43]。

(ⅰ) ベクテルはこの時効の始期を**機械工事が完成した日**であるとし、その始期をとればニューヨーク州契約違反に関するコモンローの下での最も長い期間のルール、6年をとっても、2008年9月16日には時効が完成しているという。

(ⅱ) 一方のUEGは、プラントの受納書を出した2002年9月27日が時効の始期になると主張し、6年後の応答日の2008年9月27日は土曜日であるから、2008年9月29日にUEGが仲裁を申立てたことは、適法であるという。

(ⅲ) UEGは、更に次の念の為の主張もした。仮に、ニューヨーク州法が期間3年という、より短いブラジル法の適用を命じたとしても[44]、ブラジル法の下では（UEGの解釈によると）時効の始期は**故障を発見**

43　N.Y.C.P.L.R. § 7502.
44　N.Y.C.P.L.R. § 202はニューヨーク州外でより短い期間の定めがあるところではそのより短い時効期間で請求権は妨げられるとする。

したときからとなるから、これでも全く問題ない。この時効の問題も含め、すべての争いが仲裁によって解釈されるべしというのが本契約の命ずるところであるとした。

(ハ) S.D.N.Y. は、連邦の政策として親仲裁性が存在することは認めつつ、結論として、仲裁人のみが時効法の問題を判断できるのだという UEG の主張を斥けて、仲裁手続の中止を命じた (No. 09-cv-6417、2009年11月16日)。その旨の決定の中で S.D.N.Y. は次の理由を述べた。

(a) 時効の始期は、ベクテルによる「**実質的な完成** (substantial completion) が何時なのか」に帰するとし、実質的な完成とは、プラント工事のための**物理的作業が実際上終了したとき**であり、その他の付属的な事柄がまだ終っていなくても、それによって左右されないとした。

(b) UEG による念の為の主張、ブラジル法の下での時効については S.D.N.Y. は本契約が適用法としたニューヨーク州制定法 (借入に関する) を引用したうえで、本件請求権は先ず入口の問題としてニューヨーク州法により適時 (timely) かどうかを考えるべきで、請求権が生じた法域の法律を考える必要がないとし、2d Cir. の1998年の先例によっている[45]。

(ニ) UEG による控訴を受けた 2d Cir. は、時効問題が司法法廷と仲裁法廷のどちらで判断されるべきかにつき仲裁の基本にまで遡って吟味した。

(a) FAA の第1の目的は当事者の私的仲裁合意を、その合意どおりに実現することにある。本件でも、契約締結時に当事者が時効の点を仲裁人による問題だと意図したかどうかを先ずみることになり、それには契約解釈に係るニューヨーク州コモンローのルールが働くが、それは仲裁についての実体的連邦法により補われるので[46]、当事者の意図をできるだけ仲裁に好意的に解釈することになる。

---

[45] Stuart v. Am. Cyanamid Co., 158 F. 3d 622, 627.
[46] この件で、First Options of Chi., Inc. v. Kaplan, 514 U.S. 938, 944 (1995) と、Moses H. Cone Memil Hosp. v. Mercury Constro Corp., 460 U.S. 1, 24 (1983)、および Mitsubishi Motors Corp. v. Soler Chrysler-Plymouth, Inc., 473 U.S. 614, 626 (1985) の3つの連邦最高裁の先例を援用した。

(b) どの契約も大抵そうであるように、本件でも4つの主な文書の契約文言は、必ずしも一義的で明確とはいえないが、つまるところ、(x)「ICCの仲裁ルールにより決せられるべし」(37.2) と、(y)「仲裁合意の解釈はニューヨーク州法が規律する」(29.1) との、2条文間の戦いとなる。

(c) この2条文の文言は互いに相反し相容れないところ、ベクテルは「簡単だ」として、§37.2のICCの仲裁ルールについての但書（except 以下）がその鍵であり[47]、但書によって「修正されるルール」とは正に、時効についての司法手続を定めたニューヨーク州法 C.P.L.R.7502 (b) が問題に適用されることを意味し、そのことは、ニューヨーク州法が「実体法と手続法の双方に働く」とした§37.2.2と39.1.2に内包されている、という。

(d) 2d Cir. はこれに対し、次のように一切の争点を仲裁により解決する意図であると結論した。

（ⅰ）似たような問題は1996年の事件でもあり[48]、2つの相容れない契約文言が存在したが、2d Cir. は契約中の定めを統合して当事者の意図（その契約は、Paine Webber が用意したものであるが）は時効法の問題も含め仲裁人の問題であるとした。

（ⅱ）§37.2の但書（except 以下）の文言、「ICCのRulesが本契約中で修正される範囲で」というのは、一旦時効の問題が、仲裁廷によって裁かれる問題だと決ったら、仲裁人が適用することになる時効法が、ICCのRulesではなくニューヨーク州法になるとの意味にすぎない。

（ⅲ）つまり、実体法の問題ではニューヨーク州の法律の適用が正当化されるが、仲裁人の権限の問題ではニューヨーク州の法律の問題ではなくICC Rulesが働くとする解釈が正しいとして、1995年の最

---

47 "……, except as these rules may be modified herein."
48 Paine Webber Inc. v. BybyK, 81 F. 3d 1193.

高裁の先例を引いている[49]。

(iv) この Malstrobuono 事件の法理をニューヨーク州の最高裁（Court of Appeals）が後により狭く解した反対の決定を出していることは、2d Cir. が Malstrobuono で示された最高裁の仲裁法のルールを曲げることにはならない。

(2) 大型で複雑な国際紛争での BIT 仲裁と訴訟
① 2ヶ国投資協定 BIT による仲裁

　以上、第5章でみてきた数件はいずれも連邦仲裁法（FAA）による事件であった。次の②はこれとは異なる。アメリカとエクアドル2ヶ国投資条約（本 BIT 条約）の下での仲裁を含む国際多重訴訟事件の手続中でどこまでの攻撃防禦が動員されたかをみられるケースである。

(イ) その事件に入る前に、ここで BIT 仲裁がどんなものか、一言説明が適切であろう。

　(a) ここでの BIT、相互投資条約（Bilateral Investment Treaty）は、投資に関するエクアドルとアメリカとの2国家間の条約である。国家間の条約ではあるが、条約中の仲裁条文により、私人である投資家に相手国に対する仲裁申立権を付与している。

　　(i) 国家間の文書による合意、即ちウエストファリア条約やウイーン条約並の条約なのだが、条約の実質的な主人公が運送人（carrier）、荷主（shipper）、売主、買主といった専ら私人である条約、**現代商事法条約**が20世紀前半以降出現し[50]、現に国際取引法の大きな一角を占めている。

　　(ii) 現代商事法条約の今1つの特色は、俗称ウイーン売買条約（CISG）

---

[49] Malstrobuono v. Shearson Lehman Hutton, Inc., 514 U.S. 52、事件では Shearson がここでの UEG に似た議論をしていた。ただし、そこでは時効が問題ではなく、契約で定めた "punitive damages" を適用法とするニューヨーク州法では、「court のみが与え（award）うる」との文言であった。

のように条約自身がそのまま加盟国の法律となる、国内法としての効力を発揮できる点である[51]。

(b) そこで、BIT 条約は現代商事法条約の1つか、という疑問が生ずる。答えは、Yes and No である。

（ⅰ）国家対国家間の権利・義務を定めるほか、前述のような投資家に仲裁申立権を与えている。私人に直接権利を与えている点で Yes といえる。

（ⅱ）しかし、その権利は実体法上のものというより、手続上の権利であることを重視すると、現代商事法条約とは明らかに異なる。No である[52]。

(c) アメリカは、世界の数十ヶ国との間でこのような条約を結んでおり（うち数ヶ国は調印のみで、まだ発効はしていない。日本は含まれていない）[53]、エクアドルとの間の BIT は、1993 年 8 月 27 日に調印、1997 年 5 月 11 日に発効している[54]。

(ロ) 投資に関する国家間の条約としては、多国間の「国家と他の国の国民との間の投資紛争の解決に関する条約」、いわゆる ICSID 条約がある

---

50 modern commercial law treaties につき R. Goode, H. Knonke, E. Mckendrick, J. Wool, *Transnational Commercial Law*, Oxford, 2004 では「国際商事法のかなりのもの（much transnational commercial law）が条約を通して（through treaties）発展しつつある」、「国境を跨ぐ商事法（transnational commercial law）は、条約を通して発展する……これらのいわゆる国際私法文書（international private law instruments）は、私的取引の当事者に権利を与えるが、その法的地位は、しっかりと国家当事者の権利義務を扱う条約法（treaty law）中に根を下ろしている……」、「その分野では（in that field）、国際公法と国際私法の間に何らの公式的区別（formal distinction）もない」などとしている (p.1)。

51 CISG もわが国も 20 年遅れだったが加盟し、筆者の事務所の取引先でも、この 2 年ほどの間に台湾、中国、トルコなどとの間の契約でお勧めして、採用している。

52 実体法上の規律が BIT 条約に含まれていない訳ではなく、投資家受入国の収用補償義務、公正待遇確保義務、最恵国待遇義務の 3 つが多く採用されている。元来が通商条約（中でも公権の保護に重点があるその最恵国待遇条文）の流れを含む BIT 条約は、現代商事法条約のように、私人が主人公（主語）の法文とはなっていない。

53 日本は、アメリカ、イギリス、中国、韓国を含め少なくとも 20 ヶ国と一般的な仲裁に関する 2 国間条約を結んでおり、投資条約の数もこれに近いものがある。

54 本 BIT 条約は、外国投資家が仲裁を申立てたときに UNCITRAL 仲裁規則が適用されることを定める。

が[55]、ICSID は BIT 条約とは異なり、読んで字の如く投資条約（協定）ではない。投資に絡む紛争解決のための世銀の一部としての仲裁機関に係る協定である。更なる違いは、ICSID 条約が仲裁法廷としての定めを主とする多国家間条約であるのに対し、BIT は少数国家間条約であって[56]、仲裁法廷や仲裁手続についての定めではない（ただし、BIT の下での仲裁も、一般的には ICSID 条約や UNCITRAL の仲裁規則に基づく進め方が定められる例が多い）[57]。

② BIT 仲裁を含む国際多重訴訟の具体例

（イ）これは、アメリカ大陸の南と北で 17 年にわたり繰り展げられた物語りと、その事件である[58]。本件の背景となる事実は、Berlinger 事件に記述されているが（第4章2.(2)参照）、1993 年、原告エクアドル、オリエンテ州住民らが Chevron を S.D.N.Y. に訴え出た。数十年に及ぶ「テキサコ石油会社によるエクアドルの熱帯雨林での石油掘削が広範な環境汚染をもたらした」という。アメリカでは一般に二重訴訟も否定されない（S.D.N.Y. と Texas 州内の連邦裁判所とで同一の紛争を競合して扱ったケースとして Enron 事件がある）。本件は、国際訴訟があり国際仲裁も開始したのに対し、ニューヨークでの別訴で仲裁手続の中止を求めた二重、三重訴訟のケースである。その国際仲裁が前①で述べた BIT による申立てである点で 1990 年代から著増したといわれる投資協定仲裁の一例としても興味あるケースである。具体的には次の主張である。

（ⅰ）掘削の途中で出る廃出物を地域の河川にたれ流し、

（ⅱ）パイプラインから漏洩した大量の原油が地域住民の健康を蝕み、

---

55 the Convention on the Settlement of Disputes Between States and Nationals of Other States 1965（わが国も 1967 年に批准〔条約第 10 号〕）。
56 投資協定についても、1998 年に OECD で多数国間投資協定（MIA）の試みはあったが失敗し、2002 年からの WTO ドーハ開発アジェンダ（Doha Development Agenda, DDA）の交渉では、項目から外された。
57 アメリカは、BIT の仲裁判断の執行には FAA が適用されない旨明文で定めている（22 U.S.C. 1650a (a)）。
58 Republic of Equador v. Chevron Corp. No. 10-1020-cv（L), 10-1026（Con)。

環境を破壊した。
　（iii）テキサコ石油は次第にエクアドル政府の資本参加を進め、1990年にはエクアドル国有石油会社（Petroecuador）が事業を行うようになった。
　　　これらの主張を巡る闘いが、エクアドルとニューヨークの法廷と仲裁の場で繰り展げられた。
（a）1993年に住民らがS.D.N.Y.にテキサコ石油を訴えたが（Aguinda v. Texaco）、1993年頃のエクアドル政府は、アメリカの法廷で事件を続ける住民の動きに冷淡であった。
　（i）Aguinda訴訟が係属中の1995年、テキサコ石油はエクアドル政府とエクアドル国有石油会社との間で和解に合意した。テキサコ石油が一定の環境を復元するのと引き換えに、エクアドル政府がテキサコ石油に免責を与える内容である。
　（ii）S.D.Y.N.は、2001年テキサコ石油による不便宜法廷の申立てを容れて、訴えを却下した（不便宜法廷の法理につき第4章注13書[3.16]参照）。
（b）ところが、この却下後にエクアドルで政権交代があった。新政権は住民の訴えに同情し、同調行動をとった。
　（i）具体的にはS.D.N.Y.に対する却下処分の取消しと、エクアドル政府参加の申立てである。
　（ii）S.D.N.Y.がこれらの申立てを却下したので、2d Cir.へ上訴がなされた（第1次エクアドル政府訴訟）。
　（iii）上訴を受けた2d Cir.は、事件をS.D.N.Y.に差戻した。理由は、エクアドルでの裁判所の訴訟に服するようテキサコ石油に約束させないで不便宜法廷の申立てを容れ、アメリカの法廷での訴訟を一方的に却下して了ったことにあった。
（c）差戻し後の裁判所でテキサコ石油は、約束を書面で提出した（その中味は、われわれ実務家が、実際に意見書中に書くような文言である）。
　（i）テキサコ石油がエクアドル国内での訴状送達を受取ること、

（ⅱ）それまでの期間の経過を楯に時効の主張を一切しないこと、
　　（ⅲ）原告勝訴の判決が出された場合には、外国判決の承認・執行に関するニューヨーク条約の定めに反する場合のほかは、効力を争わない。
　(d) このような譲歩を受けて、S.D.N.Y. は、エクアドル側の請求を再び斥け、テキサコ石油を勝たせた。2d Cir. も、2002 年 8 月 16 日にその判決を維持した（第 2 次エクアドル政府訴訟）。一方、エクアドル側の住民（約 3 万人のクラス・アクションといわれる）は 2003 年エクアドルの Lago Agrio 裁判所へ訴訟を申立て、このエクアドル訴訟が継続中である。
（ロ）2009 年 9 月、再び社名を Chevron に戻したテキサコ石油は[59]（2005 年にテキサコ名を除いていた）、Lago Agrio での訴訟とは別に、エクアドル共和国政府を相手に BIT 仲裁を申立てた。これにより、Chevron 申立ての BIT 仲裁手続（私人である Chevron とエクアドル政府との間）と、原告ら住民申立ての Lago Agrio とが、併存する形になった。仲裁には BIT 条約、ニューヨーク仲裁条約、アメリカの国内法 FAA、が多重的に働きうるケースとなった。
　(a) Chevron が BIT 仲裁で求めるのは、エクアドル政府が Lago Agrio 訴訟に不当に介入したと難じ、相手国が注 52 に記したような投資家保護義務に反したとの申立例に沿うことになるが、これに加えて、エクアドルにおけるテキサコ石油の採掘による環境破壊に Chevron として何の責任もないことの確認も求めた。
　(b) Chevron による仲裁申立てを受けて、Lago Agrio の原告ら住民は、S.D.N.Y. にこの BIT 仲裁手続の停止を求め、この原告ら住民による S.D.N.Y. での訴訟にはエクアドル政府も共同原告として加わった。理由は、その仲裁が S.D.N.Y. での前回訴訟時にテキサコ石油が行った約束、エクアドル Lago Agrio での訴訟に服するとの約束に反するというものである。ここから先が本件の核心となる点である。

---

[59] Chevron は、2001 年 TexPet の親会社 Texaco, Inc. と合併し、一旦、社名を Chevron Texaco, Inc. としたが 2005 年に、また Chevron Corporation に戻した。

(c) 鍵となるのは、先にテキサコ石油がエクアドル政府との間で交していた和解合意である。和解協定中で Chevron は、一定の環境修復プロジェクトに合意し、そのための資金の拠出をした。Chevron は、この拠出は Chevron がその他の環境問題から免責される合意を含んでいたとの主張である（この主張は、仮に免責合意がダメでも、後にエクアドル政府による waiver があったとの主張となる）。

(ハ) 仲裁停止申立てを受けた S.D.N.Y. はどう対応したか。

(a) 原告ら住民の申立てを斥けたのである。しかも、原告ら住民の第 2（修正）申立てについても同じであった[60]。

(b) これに対し、原告ら住民とエクアドル政府がともに上訴したから、同一当事者間で訴訟が南北アメリカに 1 つづつと、仲裁とが併存する形となった。

(ニ) 2d Cir. は、次の (a) ～ (c) の順に処理して行った。

(a) 一方当事者がエクアドル（国家）という本 BIT の下での仲裁でも、双方は、商事契約に適用があるニューヨーク仲裁条約中でいう仲裁手続であることでは[61]、争っていない[62]。ニューヨーク仲裁条約は仲裁合意が存在することを要求している（Ⅱ、1）。仲裁合意が存在するか否か、これは契約法の問題である。

(b) エクアドルは、アメリカ法の FAA を適用してこの仲裁を「停止せよ」と求めるが、FAA の下では、一旦、仲裁合意が存在すれば、それがコモンローまたは衡平法により契約の撤回（取消しの意味）に当らない限り、強制力が与えられる (2)。2d Cir. は、この仲裁合意（契約法）の争点につき、コモンロー（各州法）ではなく、連邦の実体法の下

---

60 第 2（修正）申立てとは、「少なくとも、Lago Agrio 裁判所での原告ら住民に有利な判決を損うような仲裁申立てを停止せよ」というものであった。
61 U N Convention on the Recognition and Enforcement of Foreign Arbitral Awards, New York, 1958.
62 これは判決中の言葉そのものであるが、「FAA 第 2 章の対象となる……」というか、それを付加すべきであろう。

で、当事者が合意したかどうかを問うことにした[63]。

そのうえで、

(c) Chevron の仲裁合意を次により認定した。

　(ⅰ) BIT 条約は、単にエクアドル政府に対する仲裁を申立てるための枠組み作りをしたにすぎない。

　(ⅱ) しかし、その枠組みを利用して BIT 条約の当事者ではない Chevron が申立てたということは、Chevron とエクアドル政府とが合意をしたのに等しい。

　(ⅲ) 本 BIT 条約は、外国投資家が書面による通知を BIT 条約の当事国宛に出すことで、ニューヨーク仲裁条約申立ての下での書面による仲裁合意が作られると定める（Ⅵ、4（b））[64]。

(ホ) 以上から有効な仲裁合意が作られたとの認定を経た 2d Cir. は、争点のエクアドル政府による主張、(ⅰ) Chevron に対する免責・放棄（waiver）が、仲裁合意の例外的無効を定めた FAA §2 でいう law or equity による無効原因となるのか、(ⅱ) その点の審理も仲裁の対象となり、そこで存否や内容が判断されるのか、それとも Chevron の主張する放棄（waiver）とエストッペルの法理は、司法法廷で争われるべき対象なのか、に検討を進め先例により、次のような法理を述べた。

(a) 一旦仲裁合意の存在が確認されれば、その仲裁合意が国際商事契約としてカバーする範囲については連邦の積極的な政策がある。その範囲の問題は FAA、つまり**連邦実体法によって規律される**のであり、コモンロー（州）法を持出すのは、このような国際取引にそぐわない**地域主義**（parochialism）を混入させることになる。

(b) 仲裁合意の範囲（それが仲裁法廷によって解決されるべきか、それとも司法の

63　次のようにいっている。「FAA は連邦議会の仲裁合意に好意的な政策に基づき作られ、それを示しているので、その下での先例が示した仲裁法判断は、連邦の実体法の分野（a body）を形造っている」。

64　同条文を含め、エクアドル政府は、そのように定める BIT 条約に加盟したことにより、仲裁を受けて立つ常時の申込（offer）をしたと同じになっている。

法廷によってか)を決めるうえで、その積極的な政策の下で連邦最高裁は、(i)契約法の入り口の問題 (gateway matters) と、(ii)仲裁可能性 (arbitrability) の問題とを区別している[65]。前者は、その種の争点にも仲裁条項が当てはまり仲裁法廷によって解決されるべき問題であるのに対し、後者は司法の法廷によって、つまり法によって判断されるべき問題といえる。

(c) そのうえで、エクアドルによる waiver と estoppel と仲裁合意との関係は仲裁合意の有効性 (validity) の問題にほかならないから、契約法の入口の問題 (gateway matters) として注記のように「仲裁人の判断に委ねられるべき」とした[66](エクアドルは、waiver と estoppel が仲裁合意の存否そのものと同じで、裁判所が判断で決すべきという)。

(ヘ) 入口の問題、仲裁合意の存否と、その有効性に答えた 2d Cir. は、第2の争点に進み、estoppel の法理を実体的に論じた。

(a) estoppel の法理とは、一方当事者がある事実を主張したり請求や約束をしたりして他方当事者がそれに依存した後に、一方当事者が前と矛盾する立場をとることである[67]。

(i) 具体的には、Chevron による BIT 仲裁申立てがこの法理に当り、合意が効力を失うかである。

(ii) 原告エクアドル政府と住民らは、Chevron による BIT 仲裁を申立てがテキサコ石油が原告らによる S.D.N.Y. での訴訟の取下げを確保するために行った約束を破ることになると主張する。

---

65 ここで 2d Cir. は連邦最高裁の先例 Howsman v. Dean Witter Reynolds, Inc., 537 U.S. 19 (2002) を援用した自己の先例 Mulvaney Mech., Inc. v. Sheet Metal Workers International Assun, Local 38, 351 F. 3d 43, 45 (2003) を引いている。

66 「BIT 条約に加盟したことで、エクアドルは投資家との間で投資紛争が生ずれば、それを仲裁によって解決することに国として同意したことになり、仲裁合意の存否、その有効性 (validity) のみならず仮に、仲裁人に管轄権がないとの主張が出てきても、本 BIT 中で合意されたとおり国連機関 (UNCITRAL) の仲裁規則 (21 (1)) により、仲裁人が判断すべきことになる」。

67 2d Cir. は、この法理を自らの先例 Bank of New York v. First Millennium, Inc., 607 F. 3d 905, 918 (2010) を引いて述べる。なお、再述法 (第2) 90 がエストッペルの法理の一般的ルールである。

(b) テキサコ石油はどんな約束を行ったか。
　（ⅰ）第1に、「エクアドルの法廷での訴訟に服する」といっていた。2d Cir. も、このエクアドル法廷での訴訟への服従を条件にしてテキサコ石油の不便宜法廷の抗弁を認めた。
　（ⅱ）**訴訟に服すること**の意味として、テキサコ石油は、(x) 被告となり、送達を受けること、(y) 時効の完成を主張しないこと、(z) エクアドル側の勝訴となったら、その勝訴判決にはニューヨーク州の外国判決承認法に服しつつ[68]、それに従うとも約束していた。
(c) Chevron が BIT 仲裁を追及することが、これらの約束を破ることになるか否かである。
(d) 2d Cir. はいう。当事者が違い主題が違うなどで、Lago Agrio 訴訟と BIT 仲裁との間に衝突はない。
　（ⅰ）BIT 仲裁は一方がエクアドル政府、もう一方の当事者は私人の投資家であり、BIT 条約により解決しようとするのは他国との紛争である（Ⅵ）。
　（ⅱ）実際に Chevron が問題としているのは、自社の投資に対する「エクアドル政府の不当な扱い」であるのに対し、Lago Agrio 訴訟で争われているのは、Chevron に対する住民らによる被害の回復請求権である。
（ト）実体の問題を離れ手続法としても、テキサコ石油が Lago Agrio 訴訟に服すると約束したことと、Chevron が BIT 仲裁を起すこととは矛盾しない。
　(a) エクアドルの法廷での手続や進め方に対し、Chevron がニューヨーク州の制定法の要件に適合しないと考えて、異議を唱えることは可能である[69]。Chevron はいう。

---

[68] ニューヨーク州の Recognition of Foreign Country Money Judgments Act（N.Y.C.R.L. p. 5304）は、外国法廷の公平さと適正手続（due process）の保障、詐欺のないことなどを条件として外国判決の承認を定める。

（ⅰ）エクアドル政府がLago Agrio訴訟で適正手続に反し、「裁判所の公正さを損うような行動をとった」「和解契約中で償った以外のテキサコ石油の一切の環境問題に係る責任を免責した筈なのに、Lago Agrio訴訟に係り、環境問題での和解契約による免責を認めようとしない」。

　（ⅱ）このような免責問題も、正にBIT仲裁により解決されうる投資に係る紛争といえ、具体的には、ChevronがLago Agrio法廷宛に出すように仲裁法廷で求めているエクアドル政府の書簡がある[70]。

　（ⅲ）エクアドル法廷での訴訟でChevronの敗訴判決が出たとしてもその支払約束と、Lago Agrio訴訟のためエクアドルが政府書簡を出すよう仲裁法廷が求めることとは、相容れないことではない。

（b）相容れないのは、エクアドルの法廷が住民らの勝訴判決を出し、BIT仲裁法廷が（その支払義務を否定するような）勝訴判決に反する仲裁判断を出したときである。その場合こそ、その仲裁判断の承認・執行のための訴訟手続中でその衝突を解決する決定がなされるべきことになる。

　（ⅰ）仮に、BIT仲裁法廷がChevronの義務を否定する決定を先に出したとしても、エクアドル法廷は、エクアドル法に照らしてChevronの義務につき自ら決定することになる。また、エクアドル法廷の判断に（Chevronが）上訴しても、Aguienda訴訟取り下げに際してテキサコ石油が約束した「エクアドル法廷に服する」を破ったことにはならない。

　（ⅱ）一方、BIT仲裁法廷がエクアドル法廷での原告らの勝訴判決に反する仲裁判断を出したとしても、Chevronが判決に従って支払わないことに対しては、原告らはChevronがestoppelに反すると主

---

[69] 2d Cir. は、当事者が１つの司法手続でAを主張し、別の手続でAと明らかに異なるBの事実を主張することを司法の一体性を損うとして、judicial estoppelと呼んでいる。
[70] 「Chevronは、これ以上の環境問題に係る責任からは免責を受けている……」という意味を謳う書簡である。

張できよう。その場合、Chevron がその判決を否定できるとすれば、その根拠となりうるのは、唯一ニューヨーク州の外国判決承認法が掲げる2、3の事由しかない[71]。

(チ) 以上のように estoppel の法理一般につき、実体と手続面から論じた 2d Cir. は、これらは Lago Agrio 訴訟が終っていない現在は未だ仮定の話しであるとして、最後に原告らの主張する equitable estoppel と、collateral estoppel の2点につき述べた。

(a) equitable estoppel についての議論である。

(ⅰ) 先ず equitable estoppel の意味を「一方当事者の権利の実現が、他方当事者による相手方の言動に対する正当な依存ゆえに他方当事者に対する不正義として働くことで、鍵となるのは相手方の言動が不実表示 (misrepresentation) であり、それへの有害な依存 (detrimental reliance) があったことである」と述べた。

(ⅱ) 原告らが主張したのは、テキサコ石油の S.D.N.Y. に対する約束に依存したことで[72]、原告らは大変なエネルギーと時間 (7年超) を Lago Agrio 訴訟のために費やしてきた。BIT 仲裁を進めることは、このような依存を裏切ることを意味する、であった。

(ⅲ) これに対し、2d Cir. の判断は、原告らがその依存を証明できたとして、原告らは Chevron が不実表示 (misrepresentation) をしたことの証明をしていない。

(b) もう1つの collateral estoppel についての議論である。

(ⅰ) 先行する法廷での手続中で既に十分かつ公正に争われた争点につき、再び法廷で争うことを禁ずるものである。その解釈争点が実体判決のために必要であったことが要件となる。

(ⅱ) 本件では、以前の S.D.N.Y. での手続中で争われた争点と、この

---

71 事由の1つは、当事者が事前にその外国法廷での手続以外の手続によって解決しようと合意していることであるが、本件の事前合意とは、エクアドル政府とテキサコ間のものであり、原告住民らは当事者となっていない。

BIT 仲裁での争点との間に一致がない。

---

72 このように、第三者に対する表明への依存もコモンロー契約上の不実表示（misrepresentation）になりうるとのルールがある（再述法（第2））。§ 164 (2)。

参考文献・主要引用文献一覧

American Law Institute (ALI), *Restatement of the Law, 2d Contracts*, 1979
American Law Institute (ALI), *Restatement of the Law, 2d Conflict of Laws*, 1971
American Law Institute (ALI), *Restatement of the Law 3d, the Foreign Relations Law of the United States*, 1987
American Law Institute (ALI), *Restatement of the Law, 2d, Torts*, 1965
American Law Institute (ALI), *Restatement of the Law 2d, Agency*
Calamari & Perillo, *Contracts*, West Pub., 1997
Charles. A. Wright, *Law of Federal Courts*, 4th Ed., West Publishing Co., 1983
David J. Levy, Ed., *International Litigation*, ABA, 2003
David McCullock, *John Adams*, Simon & Schuster, 2001
E.A. Farnsworth, *on Contracts*, 3rd Ed., Vol 1 (Ⅰ), Aspen, 2004
E.A. Farnsworth, *on Contracts*, 3rd Ed., Vol 2 (Ⅱ), Aspen, 2004
E.A. Farnsworth, *on Contracts*, 3rd Ed., Vol 3 (Ⅲ), Aspen, 2004
Gary B. Born, *International Civil Litigation in United States Courts*, 3d Ed., Kluwer Law International, 1996
G. Miller, *Liability in International Air Transport*, Kluwer, 1977
R. Goode, H. Kronke, E. McKendrick, J. Wool, *Transnational Commercial Law*, Oxford, 2004
Hezekiah Niles, *Principles and Acts*, Barnes & Co., 1876
James & Hazard, *Civil Procedure*, 2d Ed., Little Brown, 1977
Lawrence M. Friedman, *A History of American Law*, Simon & Schuster, 2005
Leone Niglia, *The Transformation of Contract in Europe*, Kluwer Law International, 2003
National Conference of Commissions on Uniform State Laws (NCCUSL), Uniform Commercial Code 2005, Ed., 2005
P. Areeda, *Antitrust Analysis*, 3rd Ed., Little Brown, 1981
Philip R. Wood, *Comparative Financial Law*, Sweet & Maxwell, 1995
W. L. Shattack, *United States-Japanese Contract & Sale Problems.*, Univ. of WA, 1973
國生一彦『アメリカの不動産取引法』商事法務研究会、1987
國生一彦『改正米国動産担保法』商事法務研究会、2001
國生一彦『アメリカの誕生と英雄達の生涯』碧天舎、2004
國生一彦『国際取引紛争に備える—アメリカ、EU、イギリスでのトラブル予防か

ら訴訟まで―』八千代出版、2006
谷口知平編『注釈民法 債権 (4)』有斐閣、1985

　なお、主要引用文献として（社）国際商事法務より出ている法律雑誌 IBL および *Black's Law Dictionary*, 5th ed. がある。

法令索引

アメリカ

憲法

Ⅰ、2	5
Ⅰ、8、(2)	2
Ⅰ、8、(4)、	2
Ⅰ、8、(5)	2
Ⅰ、8、(11)	4
Ⅰ、8、(18)	59
Ⅱ、2	52
Ⅲ	11
Ⅲ、2	15-16, 55, 160-162
Ⅲ、2、(2)	53, 57
Ⅳ	59
Ⅵ	2, 13, 55
Ⅸ	12
Ⅸ、5	12
修正Ⅰ	147
修正Ⅴ～Ⅶ	7
修正Ⅹ	2
修正ⅩⅣ、1	152
Art. Ⅴ	2
Articles of Confederation (Articles of Confederation and Perpetual Union)	8

連邦法（title 表示）

9 U.S.C. § 2	190
9 U.S.C. § 16 (a) (1) (B)	204
9 U.S.C. § 201	187
9 U.S.C. § 2	186
9 U.S.C. § 1～16	42
9 U.S.C. § 3	202
第2章（9 U.S.C. § 201～208）	42
第3章（9 U.S.C. § 301 以下）	42
11 U.S.C. § 304	166
15 U.S.C. § 1051 et seq.	157
22 U.S.C. § 1650a (a)	213
28 U.S.C. § 41～46	17
28 U.S.C. § 44 (a)	17
28 U.S.C. § 264 (j)	27
28 U.S.C. § 1257	55
28 U.S.C. § 1291	179
28 U.S.C. § 1331	19, 160
28 U.S.C. § 1332 (a)	153
28 U.S.C. § 1332 (c)	20
28 U.S.C. § 1333	19
28 U.S.C. § 1334 (b)	165-166
28 U.S.C. § 1334 (c)	168
28 U.S.C. § 1338 (a)	153
28 U.S.C. § 1402 (b)	162
28 U.S.C. § 1404 (a)	20
28 U.S.C. § 1407	165
28 U.S.C. § 1782	179-180
28 U.S.C. § 1782 (a)	181
28 U.S.C. § 2283	60
連邦裁判所法 28 U.S.C.	17
42 U.S.C. § 1983	199

連邦法（popular name 表示）

Anti-Injunction Act (26 U.S.C.7421 (a))	60
Anti-Injunction Act, 1793	60
Class Action Fairness Act of 2005	163
Conformity Act	28
Connecticut Unfair Trade Practices Act	199
Electronic Fund Transfer Act, 1978	100
Employee Retirement Income Security Act. 1974, 29 U.S.C. 1001	84
ERISA4044 (d)	85
Expedited Funds Availability Act (12, U.S.C.4001)	100
FAA	215
1	187
2	187, 217
16 (a) (1) (D)	195
16 (b)	196
第1章（1～16）	186
第2章（201～208）	187

225

FAA, 9U.S.C.10, 11	113	連邦法民訴規則 FRCP	17
Federal Arbitration Act（FAA）9 U.S.C. 第1章1～16	42	4（k）（1）、(D)	143
		4（k）（2）	142-143
連邦仲裁法（Federal Arbitration Act）	42	26（b）	169
		30	170
Federal Judiciary Act of 1789	24	31	170
司法法		34	170, 200
13	53	35	170
25	56	37	170
1789年司法法	53	37（b）（2）	171
1789年司法法13条、第3文、第2節	53	45、27（3）	178
Federal Tort Claims Act	162	52（a）	154
Judge's Bill of 1925	18	52（a）（6）	130
Judicial Code	17	統一州法	
Judiciary Act	60	UCC	73
Judiciary Act, 1789	52	1-201（39）	73
Midnight Judges Act	52	UCC-2	
Midnight Judges Act, 1801	16	2-201, 8-319, 9-203	73
Multidistrict Jurisdiction Act of 1999	165	2-207	83
Securities Act of 1933（22）	143	2-207（1）	83
the Bankruptcy Abuse Prevention and Consumer Protection Act（P.L.109-8)	163	2-207（2）	83
		2-508（2）	67
		2-702～2-710	115
Trade Mark Act		2-711～2-718	115
32（1）	157	2-714（2）	115, 192
43（a）	157	2-715（1）	115
旧破産法304	166	2-715（2）	192
破産法	166	UCC4A-103（a）	102
連邦破産法（旧304）	164	UCC4A-211（2）	102
連邦破産法		ニューヨーク州UCC2-714（2）	114
101（42）	166	ニューヨーク州UCC2-714（3）	114
304	163-164	各種再述法	
1501～1532	163	再述法（第2)	
連邦法FAA	189	25	95
連邦民事訴訟手続規則のF.R.C.P.37	194	29	78
FRAP 1968	17	54	98
Rule 37	172	80	76
Rule12（b）（7）	91	90	76, 218
The Federal Rules of Appellate Procedure	17	90（1）	76
		94	91
		110（2）	72
		110（3）	72

第5章 (111～150)	72
130	72
131	72-73
131cmt.b	73
132	73
134	73
136	73
137	73
138～150	74
140～143	76
141	76
164 (2)	222
200	80
201	80
201 (1)	80
201 (2)	80
201 (3)	80
202 (1)	81
202 (2)	89
203 (a)～(d)	80
203 (b)	82
210 (3)	87
212	46
212 (2)	88, 95
225	67, 126, 131
225 (1)	111
225 (2)	111
235	67
235～249	112
237	67
242 (c)	97
250 (a)	45
251	118-119
253	119
282	129
282 (2)	129
284	104, 175
344 (a)	69
344 (b)	69
351 (2)	192
356	115

Restatement of the Law Second, Contracts 35, 44

再抵法

10	149
11 (1)	146
35	148
37	148
47	148
49	148
49 (1)	147
50	148
1971	150

再抵法 (第2)

27	145
42～44	147
44	149
47	47
47 (2)	149
50	147-148, 151
80	136
187	38
187 (2)	39

Restatement of the Law Second, Conflict of Laws, 1971　145

Restatement of the Law Second, Conflict of the Laws, 1971　38

再述抵触法第2版 (Restatement Second Conflict of Laws)　136

再外法 (第3)

421 (1)	150
421 (2)	150
421 (2) (a)～(j)	151
907cmt.a	94

再述外国関係法　150

Restatement of the Law Third, Foreign Relations Law of the United States, 1987　150

Restatement of the Law, Second, Agency

14C	107

Model Choice of Forum Act　136

各州法

カリフォルニア州法

民法1636　34

コネティカット州法
　Chapter 735 a（42-110a ～ 42-110 q）
　　（2005 年） 199
ニューヨーク州法
　N.Y.C.P.L.R.
　　202 208
　　301 136
　　302 142-143
　　302（a）（1） 158
　　302（a）（3） 151, 157
　　7502 208
　　7502（b） 210
　C.P.L.R.Article 3 Jurisdiciton
　　301 145
　　302 145
　N.Y.Civil Rights Law 79-h 182
　N.Y.G.O.L.
　　5-1401 43
　　5-1402 43
　N.Y. Judiciary Law489（1） 122
　Arbitration Law, N.Y. Consol, Laws, C72,
　　1920 186
　ニューヨーク州一般事業法違反（N.Y.G.
　　B.L. 349) 157
　ロングアーム法
　　302 158
　　302（a）（1） 157
　ニューヨーク州の Recognition of Foreign
　　Country Money Judgments Act（N.Y.C.
　　R.L.p.5304） 219
　ニューヨーク州の外国判決承認法 221
　ニューヨーク州の民事訴訟法 145
　ニューヨーク州労働法（190 ～ 199） 118
マサチューセッツ州法
　憲法前文（Preamble） 2

イギリス

Middlemen's Act 157
1950 年のイギリスの仲裁法（Arbitration
　Act, 1950） 187
仲裁法（Arbitration Act）の 1979 年改正 187
Act for Prevention of Frauds and Perjuries,
　1677 71
Lord Tenterden's Act of 1828 71
Tenterden's Act 72
Navigation Acts 6
Stamp Act 6, 10
Statute of Frauds 4, 71-72, 75
　4 71-72
　17 71-72
Townshend Acts 10

日　　本

日本国憲法 81 14

条　　約

International Telecommunications Regula-
　tions（ITR） 92, 94
U N Convention on the Recognition and
　Enforcement of Foreign Arbitral Awards,
　New York, 1958 216
ウィーン売買条約（CISG） 38, 211-212
　19（3） 38
外国仲裁判断の承認・執行に関するニュー
　ヨーク条約 187
外国判決の承認・執行に関するニューヨー
　ク条約 215
国家と他の国の国民との間の投資紛争の解
　決に関する条約、いわゆる ICSID 条約
　 212
the Convention on the Settlement of
　Disputes Between States and Nationals
　of Other States 1965 213
ニューヨーク仲裁条約 215
汎米仲裁条約（Inter-American Convention
　on Commercial Arbitration, Panama,
　1975） 42
UNIDROIT の国際商事契約原則 38
ヨーロッパ商事法原則 2：208 38

その他

The Rules of Conciliation and Arbitration of the International Chamber of Commerce (ICC). 207
UNCITRAL の仲裁規則 212-213
　21（1） 218

判例索引

Accenture LLP v. Spreng No.11-222.(2011年5月27日) 193
Accenture 事件 186
Adjustrite Sys., Inc. v. GAB Bus. Servis., Inc. 145 F. 3d 543, 548 68
Aguienda 訴訟 220
Aguinda v. Texaco 173, 214
Allbrand Discount Liquors, Inc. v. Times Square Store Corp., 399 N.Y.S. 2d 700, 701 (1977) 67
Asahi Metal 155
Asahi Metal Industry Co., Ltd. v. Superior Court of California, 480 U.S. 102 (1987) 155, 158
Ashwander v. T. V. A., 297 U.S. 288 (1936) 19
AT&T Mobility LLC v. V. Conception et ux, No. 09-893 (2011年4月27日) 188
Baker v. Goldman Sachs Co. LLC No. 11-1591-cv. (2012年2月15日) 182
Bank of New York v. First Millennium, Inc., 607 F. 3d 905, 918 (2010) 218
Bisso v. Inland Waterways Corp., 349 U.S. 85 (1955) 138
Bond LLC US v. Bank of American Corp LLC No.09-4302-cv (L) etc. (2011年1月18日) 163
Bondi 事件 45, 59, 143
Burger King 154, 159
Burger King Corp v. Rudzewiez, 471 U.S. 462, 477 (1985) 153
Burger King 事件 144, 152-153
Burnham v. Superior C't of Cal. Marine County, 495 U.S. 604, 1990 146
Carbo Indus., Inc. v. Becker Chevrolet Inc., 112 A. D. 2d 336, (N.Y. App. Div. 1985年) 114
Carbon Black Export, Inc. v. The Monrosa, 254 F. 2d 297 137
Chevron Corporation v. Berlinger LLC, No. 10-1918-cv (L), 10-1966-cv (CON) (2011年1月13日) 173
Chloé ABC v. Queen Bee of Beverly Hills LLC, No.09-3361-cv. (2010年8月5日) 156
Christian Falls Corporation, Trafalgar Power v. Algonquin Power Fund Inc. No. 09-4408, 4610-cv,. (2010年11月1日) 95
Clay v. Sun Insurance Office, 363 U.S. 207 (1960) 108
Clay 事件 19
Clearfield Trust Co. v. U. S. 318 U.S. 363, 367 (1943) 26
Cornell v. Assicurazani Generali, S.p.A. (No. 97 Civ.2262、2000, S.D.N.Y〔2000年3月16日〕 143
D'Oench, Duhme& Co. v. FDIC 315 U.S. 447 (1942) 26
Diesel Props v. Greystone Business Credit II LLC, No. 09-3899-cv, (18) 09-3900-cv (2011年1月6日) 123
DiFilco 対 MSNBC 事件 45
DiFolco v. MSNBC Cable No.09-2821-cv. (2010年10月7日) 116
Dixilyn Drilling Corp. v. Crescent Towing & Salvage Co., 372 U.S. 697 (1963) 138
Dow Chemical Co. v. Castro Alfaro,Sup. Ct. of Texas (1990年3月28日) 155
Dow Chemical Co. v. Castro Alfaro, 786 S.W.2d 674, Sup. Ct. of Texas 1990. 22
Ellicott Square Court Corporation LLC v. Mountain Valley Indemnity Corporation No. 10-0799-cv. (2011年1月31日) 74
Ellicott 事件 123

判例索引

Erie Railroad Co. v. Tompkins, 304 U.S. 64. 24
Fairfax's Devisee v. Hunter's Lessee, 11 U. S. 603 (1813) 56
FCOF UB Securities Lit et al. v. Morequity, Inc. 663 F. Supp. 2d 224, S.D.N.Y. (2009 年 9 月 29 日) 69
Fireman Fund Insurance Company v. TD Bank North Insurance Agency Inc. No. 10-0797-cv. (2011 年 4 月 29 日) 103
First Options of Chi., Inc. v. Kaplan, 514 U.S. 938, 944 (1995) 209
First Options of Chicago, Inc. v. Kaplan, 514 U.S. 938, 944 (1995) 197
Fischer Mandell LLP v. Citibank No.10-2155-cv. (2011 年 2 月 3 日) 99
General Dynamics Corp.v. U. S. No. 09-1298 (2011 年 5 月 23 日) 47
Gilmor v. Interstate / Johnson Lane Corp. 500 U.S. 20, 24 (1999) 196
Global Seafood Inc. v. Bantry Bay Mussels Ltd. No.08-1358-cv. (2011 年 10 月 20 日) 139
Goodyear Dunlop Tires Operations, S. A. v. Brown U. S. Sup. Ct (2011 年 6 月 27 日) 148
Granite Rock Co. v. International Brotherhood of Teamsters, No. 08-1214 (2010 年 6 月 24 日) 197
Green v. Biddle, 8 Wheat.1 (1823) 84
Guilmor 事件 186
Hall Street Associates, L.L.C. v. Mattel, Inc.552 U.S.576. (2008 年 3 月 25 日) 191
Hall Street 事件 191
Hammond Packing Co. v. Arkansas, 212 U.S. 322 (1909) 172
Helicopteres Nacionales de Columbia, SA v. Hall, 466 U.S. 408 (1984) 151
Hinderlider v. La Plata River & Cherry Creek Ditch Co., 304 U.S. 92, 110 (1938) 26
Hotchkiss v. National City Bank of New York (S. D. N. Y.1911), 200 F. 287 34
Howsman v. Dean Witter Reynolds, Inc., 537 U.S. 19 (2002) 218
Hurn v. Oursler, 289 U.S. 238 (1933) 161
Insurance Company v. Compagnie des Bauxites de Guinee, 456 U.S. 694, (1982) 144, 162
Insurance Corp. v. Compagnie Des Bauxites de Guinee, 456 U.S. 694, 1982 172
Intel Corp. v. Advanced Micro Devices, Inc., 542 U.S.241, 264～266 (2004) 178
Intel 事件 181
International Shoe 153-154
International Shoe Co. 152
International Shoe Co. v. Washington, 326 U.S. 310, (1945) 152
International Shoe Co. v. Washington, 326 U.S. 310、316 (1945) 158
International Shoe 事件 159
Jessica Howard Ltd. v. Norfolk S. Ry Co., 316 F. 3d 165, 169. 8 (2d Cir. 2003 年 1 月 10 日) 114
KATEL LLC v. AT & T Corp. No. 09-1575-cv. (2010 年 5 月 27 日) 90
Kawasaki Kisen v. Regal-Beloit Corp. No. 08-1553 (2010 年 6 月 21 日) 27
Kirschner v. KPMG LLP No. 09-2020-cv (L), 09-2027-cv (CON) (2010 年 11 月 18 日) 105
Kirschner v. KPMG LLP 事件 23
Kirschner v. KPMG 事件 123
L-7 Design Inc. v. Old Navy LLC, No. 10-573-cv. (2011 年 6 月 1 日) 61
Lockheed Martin Corporation III v. Retail Holdings N.V. No.09-2766-cv. (2011 年 4 月 26 日) 84
Lockheed Martin 事件 119
Louisiana Stadium Exposition District v. Merrill Lynch &Co., Inc., No. 10-889 cv. (2010 年 11 月 22 日) 202
Malstrobuono v. Shearson Lehman Hutton,

Inc., 514 U.S. 52　　　　　　　　211
Marbury v. Madison　　　　55, 162
Marbury v. Madison, 5 U.S.137（1803）
　　　　　　　　　　　　　　　51
Marbury 事件　　　　　　　　　58
Martin v. Hunter's Lessee, 14 U.S. 304
　（1816）　　　　　　　　　　55
McCulloch v. Maryland, 17 U. S. 316（1819）
　　　　　　　　　　　　　　　58
McCullock v. Maryland　　　　160
Medellin v. Texas、552 U.S.491.506 n. 3
　（2008年）　　　　　　　　　94
Mitsubishi Motors Corp. v Soler Chrysler-
　Plymouth, Inc., 473 U.S. 614（1985）
　　　　　　　　　　　　　　185
Mitsubishi Motors Corp. v. Soler Chrysler-
　Plymouth, Inc., 473 U.S. 614, 626（1985）
　　　　　　　　　　　　　　209
Mitsubishi Motors 事件　　189, 197
Mitsui Sumitomo Ins. Co., Ltd. v. Evergreen
　Marine Corp. No. 08-5184（2010年9月
　22日）　　　　　　　　　　　27
Moses H. Cone Memil Hosp. v. Mercury
　Constro Corp., 460 U.S. 1, 24（1983）
　　　　　　　　　　　　　　209
Mulvaney Mech., Inc. v. Sheet Metal Workers
　International Assun, Local 38, 351 F. 3d
　43, 45（2003）　　　　　　　218
Northrop Grumman Overseas Service Corp.
　v. Banco Wiese Sudameris, S.D.N.Y. No.
　03 Civ. 1681（LAP）（2004年9月29日）
　　　　　　　　　　　　　　143
Northrop Grumman 事件　　　 142
Omni Capital Corporation v. Rudolph
　Wolff & Co., 484 U.S.97（1987）　144
Osborn v. Bank of the United States 22 U.
　S. 738（1824）　　　　　　　160
Paine Webber Inc. v. BybyK, 81 F. 3d
　1193　　　　　　　　　　　210
Penguin Grp.（USA）Inc. v. Steinbeck, No 06
　cv 2438, 2009 WL 857466, 2（S.D.N.Y.）
　（2009年3月31日）　　　　　69

PPG Industries Inc. v. Webster Auto
　Parts Inc. No.96-7429（1997年10月30
　日）　　　　　　　　　　　 198
Prospect St. Ventures I, LLC v. Eclipsys
　Solutions Corp., 804 N.Y.S.2d 301, 302
　（1st Dep't 2005）　　　　　　69
Putnam Rolling Ladder Co., v. Mfrs.
　Hanover Trust Co., 74 N.Y. 2d, 340, 349
　（1989）　　　　　　　　　　101
Red Cross Line v. Atlantic Fruit Company,
　264 U.S. 109, 122（1924年2月18日）
　　　　　　　　　　　　　　　32
Republic of Equador v. Chevron Corp. No.
　10-1020-cv（L）, 10-1026（Con）　213
リコー事件　　　　　　　　　　22
Scherk v. Alberto-Culver Co., 417 U.S.
　506（1974）　　　　　　　　185
Scherk v. Alberto-Culver Co., 417 U. S.
　506, 516（1974）　　　　　　 37
Shearson Lehman Hutton Inc. v. Wagoner
　944 F. 2d 114（2d Cir.）　　　106
Southern New England Telephone Company
　v. Global NAPS Networks, Inc., No.08-
　4518-cv（2010年8月25日）　171
Stewart Organization. Inc. v. Ricoh Corp.
　487 U.S.22（1988）　　　　　　20
Stolt-Nielsen　　　　　　　　 191
Stolt-Nielsen SA v. Animal Feeds Inter-
　national Corp., 548 F. 3d 85（2008年）
　　　　　　　　　　　　　　191
Stuart v. Am. Cyanamid Co., 158 F. 3d
　622, 627　　　　　　　　　 209
Sunshine v. Bankers Trust 10, 32 N.Y. 2d
　404, 410（1974）　　　　　　102
Swift v. Tyson, 10 L. Ed. 865（1842）.　24
T.CO Metals, LLC v. Dempsey Pipe &
　Supply, Inc. Nos. 08-3894-cv（L）, 08-
　4379-cv（XAP）（2010年1月14日）
　　　　　　　　　　　　　　112
Teachers Ins. & Annuity Ass'n of Am. v.
　Tribune Co., 670 F. Supp. 491. 498　68
Textile Workers Union of America v.

Lincoln Mills of Alabama, 353 U.S. 448 (1957) 161
The Bremen v. Zapata Off-Shore Co., 407 U.S. 1, 1972 136
Trust for Certificate Holders of Merrill Lynch Investors Inc. 1999 C1 LLC v. Love Funding Corporation, No. 07-1050-cv.(2010年1月11日) 120
UAP事件 142
Uniform Commercial Code 5th ed., Westlaw 2006年§10-2 115
Unterweser Reederei GmbH v. Zapata Off-Shore Company, (1968) 2 Lloyd's L. Rep. 158 (Ct. App.) 139
Vimar Seguros y Reaseguros, S.A. v. M/V Sky Reefer, 515 U.S. 528 (1995) 185
World-Wide Volkswagen Corp. v. Woodson, 444 U.S. 286 (1980) 155
World-Wide Volkswagen事件 154
Younger v. Harris, 401 U.S., 37, 44 (1971) 168
Younger事件 59-60

事項索引（和文）

ア 行

アメリカ法律協会	43
移送	20-21, 165
「移送」申立権	20
著しく不当	187
逸失利益	69, 113-115
一体的解釈（の）ルール	84, 89-90
一般継受法	72
一般的管轄権	145-149
一般的人的管轄権	151, 158
ヴァージニア	11, 14, 56-57
ヴァージニア植民州	1
営業棄損	66, 68
エストッペル	162
──の法理	76, 78
エリー鉄道事件	22-26, 28, 43, 190
王の枢密院	5
オレゴン島	6

カ 行

外国判決承認	28-29
外国法人	147, 149, 151
開示強制命令	183-184
海事事件	19
海事取引法	24
海事法	23, 26, 29
海事法廷	6
解除（終了）通知	66
回復し難い害	195
外部証拠	33, 82-84, 87-89, 119, 123, 130
下級裁判所	3, 15-17, 55, 138
確認判決	67-68, 70
革命戦争	1, 3, 6-9, 12, 29, 55
瑕疵	76
河川法	29
合致の表明	129
管轄	
	15-17, 41, 53, 100, 137, 139, 141, 144, 150, 153, 156, 158, 160-161, 165, 218
管轄権	
	15-16, 20-22, 28-29, 43, 54-56, 143, 147-148, 151, 159, 163, 174
管轄合意	39, 41, 136, 140
関係の相当（応）性	147, 149-150, 152
議会下院	5
棄却	172
企業内法務	40
期限の利益喪失条項	96
期待利益	69, 115
客観主義	34-35, 81, 141
業界の慣行	82, 93
強制	196
強制可能	186
強制できる	49
強制不能	38
共和国	2, 8, 14
クラス・アクション	165
係争債権の譲受け	50
係争物件の譲受け	120
結果的（な）損害金	112-115, 192
欠席判決	171
権威	46
厳格解釈	82
厳格書式	72
厳格責任	147
現存	145-146
現代商事法条約	211-212
限定列挙	59
権力分立	13
合意管轄	138-139, 141
合意管轄条文	139
航海法	6
公共政策	185
行使通知	96
公序違反	39
交渉義務違反	68
公正委員会	182

事項索引（和文）

控訴裁判所	16-17
口頭諮問による宣誓供述	170
口頭証拠排除原則	33, 95
肯認	73
衡平	131
公平と善	188
衡平法	39, 57, 105, 216
衡平法上	26
国際事件	22
国際商事事件	21
国際通信連合	94
国際礼譲	174
国法銀行	58
古典派	81
個別保険	74, 77-79
コモン・センス	9

サ 行

最恵国待遇義務	212
最恵国待遇条約	155
最高裁（最高裁判所）	3, 13, 15-17, 20-21, 24, 32, 38, 47, 52-54, 59, 94, 108, 137-138, 152, 154, 158-159, 161-162, 170, 179-181, 185-186, 189, 196-197, 218
最高法規	13
最高法規条文	55
最高法規性	51, 58-59
最密接関連地	40
債務法	50
裁量権の乱用	171
サイン（される）	53, 71-74, 76-77, 91
詐欺	39, 66, 68, 93, 154, 163-164, 168, 175, 207
錯誤	45
作成（された）	74, 76-77
差押え命令	200
差押令状	202
差止め命令	59-60, 186, 195
差控え	162, 165-167
差戻し	165, 167, 214
三権分立原則	53

四角い紙の四隅	33-34, 82
事業活動	147, 151
事業行為	148, 152
事業を行う	145-147
時効	49, 208, 211, 215
時効期間	206
時効法	162, 209
資産分離方式	85
事実認定	46, 69, 130, 154, 177, 201, 204
事実問題	81
事前開示	169
事前開示手続	194
事前証拠開示	201
事前証拠開示命令	144, 149
実質的な正義という伝統的考え方	159
実体的連邦法	209
質問状（による宣誓供述）	170, 200
司法委員会	165
司法審査	51, 160
司法審査権	14
司法手続としての売却	121
司法手続に係る国際ルール委員会	182
司法法	52
市民権	145
ジャーナリストの楯法	182, 184
ジャーナリストの秘匿特権	179-180
州外法人	146-148, 151
州議会	13
州際河川	26
州最高裁	22, 51
州際性	154
州主権	20
自由心証主義	46
集団訴訟	21
自由土地所有者	4, 10
自由入植者	5
自由法学（自由解釈や自由心証主義）	81
州民権	145
終了通知	67, 70
主権	57-59, 141, 162
主権者	2, 14, 55, 58
主権免責	162

235

主権論	59	説示	21, 33
主題管轄	159, 162	説得的権威	46
出頭	145, 153	善意の買主	132
巡回裁判所	16	先決問題	161
照会（する）	78	宣誓供述書	53
召喚	183	専属管轄	128
召喚状	143-144, 146	専属管轄合意	135, 137
証券業規制協会	204	専属的管轄	139-140
証拠開示	169, 200	専属的管轄合意	136
証拠開示請求	176-177	先履行	124
証拠開示命令	149, 169, 173	全量契約	93
証拠開示理由	178	先例主義	31, 45, 48, 74
上告受理命令	18	相応の関係	43, 145
上告受理理由	18	相応の努力	85
上告命令	56	相互投資条約	211
証拠提出命令	179	相互の合致	80
商事仲裁法	41	送達	142-144, 146, 150-151, 214
商的に相応な努力	193	相当の関係	154
条約の自己執行力	90	訴訟上合意	91, 93, 204
条約の自力執行	94	それ自体強制不能	135
書式間の闘い	83	損害賠償	137

書面契約主義	49-50, 71-72, 83	**タ　行**	
私略船	4, 7		
信義	68	第1回連合議会	1, 10-11
信義則	39, 65-68	第1回連邦議会	14, 24, 52, 55, 60
信義則違反	66, 69	第1拒絶権	95-96, 98-99
信義則義務	61, 69, 102, 199	第2回連合議会	11
信義則義務違反	50	代位条項	103-105
人権憲章	14	対向約束	32, 71, 131
真実性の防禦	119	大統領	12, 16, 49, 51-53, 60, 94, 176-178
人身保護令状	94	多州市民間（多州民）、多州民事件、多州民性	
親仲裁性	189, 196		17, 19-21, 24-25, 27-28, 42, 75, 100, 153, 159, 190
人的管轄権			
142, 144, 146-149, 152-153, 155, 158-159, 172		地区裁判所	16
信頼利益	69, 71	遅滞	190
心理検査	170	治癒	199
水利権	26	仲裁機関	213
枢密院	7	仲裁規則	207
少なからぬ違反	62, 70	仲裁合意	
制裁	170	39, 41-42, 185-186, 188-190, 192, 197, 201-202, 205, 216-218	
製造物責任	147-148, 155		

事項索引（和文）

仲裁合意取消可能性	42
仲裁条項（の分離独立の原則）	
	113, 188-190, 193, 198, 206, 218
仲裁手続	
	113, 176, 193, 195, 202, 207, 209, 213, 215-216
仲裁判断	
	112-114, 188, 191, 195-196, 207, 213, 220
仲裁命令	42, 186
治癒期間	66-67, 70
帳票類	124, 127
通過的	150-151
通信委員	5
通信委員会	10
提出命令	178
抵触法	22-25, 27, 44
定時履行特約	95
適時	209
適正手続	108, 152-153, 158, 172, 199, 219
適切な代りの法廷	174
適用法	24, 37, 39-42, 135-136, 206
適用法合意	38-39, 135
手続の適正	178
電信送金	99-100
伝統的なフェアプレイと実質的正義	152
統一州法	3
統合契約	83-84, 88
統合合意	33-34, 82, 87, 95, 119, 123
動産回収	199
動産占有回復	202
投資協定条約	36
当事者主義	169
当事者責任	170
同時履行	124
同時履行条件	112
統治者、統治代理人	5
統治代理人	6
特定的管轄権	146-148, 150
特定的人的管轄権	156, 158
特定履行	39, 186
独立宣言	6-9, 11, 72
ドミシル	145

取引慣行	34
取引の経緯	34, 82

ナ　行

捺印	77
捺印証書	72
二重訴訟	144
二重訴訟禁止	143
年季奉公	11
年季奉公労働	5

ハ　行

陪審	7, 33, 81, 84, 88, 130, 154, 184
陪審員	21, 88
陪審制	32
陪審問題	89
破産財団	166
パリ平和条約	12
判事製法律	31, 33
販売店契約	124
汎米市民権条約	176
BIT条約	176
BIT仲裁	181
BIT仲裁法廷	177
秘匿特権	169, 180-181
人の身体や物など各種の検査	170
評議員会	5-6
標準書式	82
標準約款	36, 82
品質保証違反	114-115
フィラデルフィア	10-11
フェデラリスト・ペーパー	13
不実表示	121, 194, 207, 221-222
普通の商的慣行	82
不当利得	129, 131
不当利得返還請求	128
太字法	49, 69, 95, 112
部分履行	76
不便宜法廷	22, 137, 155, 174, 214, 219
フランチャイズ（契約）	153-154
ブレーメン号	136
ブレーメン号事件	43, 135

文書開示	170, 200
文書提出命令	169, 178
紛争解決手段	36, 38, 40, 139, 187-188, 197, 206
平易解釈	77
平易解釈原則	82-84
平易解釈の原則	139
弁論の全趣旨	46
包括保険	74, 77, 79
放棄	190, 217
法廷漁り	206
法廷選択	20-21, 41, 43
法廷選択条文	138
法廷侮辱	180
法廷侮辱罪	144, 171
法的拘束力	63
法の明らかな無視	191
法律審	18
法律の問題	88
法律問題	89
保険証明書	75, 78
保障違反	122
ボストン	11
ボストン虐殺事件、ボストン大虐殺	3, 7
ボストン茶会事件	5

マ 行

マサチューセッツ	14, 49
マサチューセッツ植民州	1
間違い	45
ミニマム・コンタクツ	152-153
ミリシア	7-8, 11
名誉棄損	119
命令書	52-54
免許	160
免責	174, 216-217, 220
免責状	104, 174-176, 178
モデル条約	9

ヤ 行

有限責任会社	156
宥恕	126
抑制	168, 174
抑制理論	59
予見可能性	155
予告的不履行	45, 112, 116, 118-119
予審判事	74-76
呼出状	142
予備的合意	61, 63, 68, 71

ラ 行

ライセンス契約	63-66, 69-70, 189
乱用	171
履行の経緯	82
略式判決	74, 79, 93, 122, 171, 199-200
礼譲	168
レキシントン・コンコード	7-8
列挙主義（18の限定授権）	2
連合	11-12
連合議会	8, 12, 14, 59
連合憲章	8-9, 11-13
連邦議会	1-2, 15-17, 42, 51, 55, 58-60, 94, 160-162, 186
連邦控訴裁判所	17-19
連邦コモンロー（連邦私法）、連邦実体法	19, 23-27, 29, 190, 216-217
連邦最高裁（連邦最高裁判所）	2, 15-16, 18, 25-27, 37, 51, 55-58, 60
連邦司法法	24, 60
連邦問題	16, 19, 57, 100, 159-162
ロングアーム法	143-145, 147, 149, 151-153, 155-157

ワ 行

和解協定	216
和解契約	220
和解合意	216

事項索引（欧文）

A

a body of law	110
AAA	113
ABA	186
ABCNY	41-42, 186
ABS (asset based securities)	120-121
abstain	164, 167, 174
abstention	162, 165-166, 168
abuse	171-172
account stated	129
adequate alternative forum	174
adjudication	197
admiralty courts	6
admiralty law	6
admiralty maritime law	26
admission	129
adverse claim	133
adverse interest	109
adverse interest rule	108-109
aggregation	151
agreement to agree	68
AIA	36
Albany Plan	7
ALI	3, 43-44, 136, 139
American Arbitration Association's International Rules	113
apellate jurisdiction	57
appearance	145
arbitrability	218
arbitration	196, 201
arbitration agreement	39
arbitration clause	198
ARS	203
ascertainment	80
Assembly House	5
Assembly of Freemen	5
Association of the Bar of the City of New York	41
authenticate	73
authority	46
avoid	111
avoidance rule	59
award	195-197, 211

B

bad faith	172
bankrupt estate	166
bargain	139
battle of forms	83
bench trial	88, 130, 154
benefit of bargain	192
benefit-of-the-bargain	114
Benjamin Franklin	7, 11
Bilateral Investment Treaty	211
BIT	176, 211-213, 215, 217-218
black letter law	44-45, 49, 112
bona fide (purchaser)	132-133
Bond Indenture	40
books and records	124, 127
breach	63
breach of warranty	115

C

CDO (collateralized debt obligations)	120-122
certificate of insurance (COI)	75, 78
certify	23, 108-109, 123
champerty	50, 122-123
circuit courts	16
CISG	211
citizenship	145
civil law	188
class action	21
classicism	81
collateral estoppel	221
comity	168
commerce	187, 190

239

commercially reasonable efforts 193
Commission on International Rules of Judicial
   Procedure 182
Common Sense 9
community property 50
condition 111, 123, 131
Congress 1
consent 145
consequential damages 192
consortium 173-174, 176
constinuous and systematic 151
constitutional avoidance rule 19
Constitutional Congress 12
Continental Congress 1, 10
continuous and systematic 148
coram non judice 56
Corbin 33-34, 82
corporate, internal law 40
council 5
county 5
Court of Claims 162
Credit Commitments 40

D

declaratory judgment 67
default judgment 171-172
defense of truth 119
delay 190
deposition 137, 149
deposition upon oral examinations 170
deposition upon written questions 170
detrimental reliance 221
discharge of duty 111
discovery 169, 194, 200, 205
dismissal 172
Dispute Resolution Procedures 113
distributorship agreement 139
district courts 15-16
diversity 42
diversity case 19, 21, 25, 27, 190
diversity of citizenship 20
diversity of citizenship jurisdiction 159

doctrine of make whole 103
doctrine of plain meaning 82
doctrine of precedent 31
doing business 145-147
domicil 145-146
domiciled 150
due process 108, 152, 154, 158, 199, 219
due process of law 152

E

en banc hearing 17
enforceable 49
enjoin 196
equitable estoppel 221
equity 131, 217
equity and good conscience 133
estate 164
estoppel 76, 218, 220
ex aequo et bono 188
ex ante solutions to contracting problems
    188
excess insurance 77
excuse 126
execute 74
executed 76-77
execution 75
extrinsic evidence 82, 88, 119

F

Farnsworth 41, 81, 98, 126
FDIC 29
federal common law 22, 25-27
federal general common law 26
federal law merchant 26
federal questions 16, 19, 159, 162
federal subject matter 19
Financial Industry Regulatory Authority
    204
FINRA 204-205
first material uncured failure 111
first right of refusal 95, 98
foreign corporation 146

foreseeability	155	integrated agreement	33, 82, 87, 119
forum non conveniens	22, 137, 174	International Centre of Dispute Resolution (ICDR)	113
forum selection	21	international comity	174
forum selection clause	138	international private law instruments	212
forum shopping	206	International Telecommunications Union (ITU)	94
forum State	155	interrogatories	170, 200
FRCP	28	Interstate Commerce Clause	2
free settler	5	interstate or international commerce	157
friendly league	12	interstate streams	26

G

gateway matters	218	IPO	109
general court	5	irreparable harm	195

J

general jurisdiction	145, 151, 158	James Ⅰ	4, 29
George Washington	8, 13, 52	John Adams	1, 6, 8, 49, 52-53
governor	5-6	John Hancock	10
governor's council	5	John Marshall	52-54, 57-58
grantor	98-99	Joseph Story	38-39, 57, 135

H

headnotes	45	judge-made law	31
High Court	22, 42-43	judicial estoppel	220
holder	98-99, 120	judicial foreclosure	121
House of Burgesses	5	Judicial Panel on Multidistrict Litigation	165, 204
House of Delegates	5	jurisdiction	16, 20, 141

I

IBL	35	justices of peace	5

K

ICC	207, 210	knows, has reason to know	33

L

ICC Rules	210	lack of standing	108
ICSID	213	law of agency	105
implied covenant of good faith and fair dealing	69	law of the conflict of laws	24
in good faith	68	law school	44, 47, 49
in pari delicto	107	LBO	109
indenture servitude	5	letter of credit	125
inferior court	16	License Agreement	62
inferior courts	15	linguistic usage	81
injunction	60, 195	LLC	156
innocent insider rule	107		
instructions	21, 33		
integrated	88		

M

M&A	84, 193
Magistrate Judge	75, 77
make whole doctrine	104-105
malpractice	164
mandamus	52-53
maritime	187
Massachusetts	10
material	63
material breach	62, 70
memorandum	72-74
MIA	213
militia	6
minimum contacts	152, 154, 158-159
misrepresentation	121, 207, 221-222
mistake	45
modern commercial law treaties	212
Mortgage pooling services	40
mutual assent	80

N

national	150
nationality	145
NCCUSL	3, 35, 49, 136
New England	1
no consideration	27

O

objectivism	81
obligations law	32, 50
opinion	44-45
option	95, 97-98
ordain	15
Orelon	6
ownership interest	133

P

parol evidence rule	33, 95
pendent jurisdiction	161
per se unenforceable	135
permanent stay	208
personal jurisdiction	144
persuasive	46
physical and mental examinations of persons	170
plain language meaning	77
plunder	7
policy	75
Policy	79
prejudice	201-202
preliminary agreement	63, 68-69, 71
presence	145-146
present	150
pretrial discovery	169, 201
primary insurance	74, 77
privateer	4
Privy Council	5
process	144
product liability	147
production of documents	170, 200
protective jurisdiction	161
province	1, 4, 11
public policy	185, 187
punitive damages	211

Q

question of law	88-89

R

R & W	122
ratio decidendi	44, 155
reasonable efforts	85
reasonable person test	81
reasonable relation	43
reasonable relationship	145
reasonableness of relationship	147, 150
rehearing en banc	137
release	104, 175-176
Release	174
remand	165-167
removal	20
replevin	199
Report and Recommendation (R & R)	

		Statute of Frauds	50, 83
	76	Statutory Note	50
reporter	45	stipulation	91, 93, 204
repudiate	118	strict liability	147
repudiation	45	subject matter jurisdiction	159
required disclosures	170	subject-matter jurisdiction	162
requirements contract	93	subpoea	184
rescission agreement	110	subpoea duces tecum	183
residence	145	subpoena	143
resident	150	subpoena duces tecum	200
restructure	203	subrogation clause	103
review	55, 57	substantial completion	209
Revolutionary War	1	summary judgment	79
revolver	126	Summons	142
Richard I	6	summons	144, 146
riparian rights	26	supremacy	56
		syllabus	45

S

T

sale by power of sale	121
Samuel Adams	10
sanctions	170
scope of contractual obligations	80, 111
scope of obligation	32
seal	72, 74
sealed contract	72
sealed deed	72
SEC	39, 143, 204
Security Agreements	40
self-executing	94
service	146
severability principle	190
Several States	25
signature	74
signed	73, 76
sole distributorship	139
sovereign	2
special appearance	153
special damages	192
specific jurisdiction	146, 158
specific performance	186
standard agreements	87
stare decisis	45
state sovereignty	20

tag jurisdiction	150
Termination Letter	66-67
terms	80
the forum state	159
the law of the land	54
the laws of the several states	23
the laws of the several States	25
the Wagoner doctrine	106
Thomas Paine	9
time is of the essence	95-97
timeliness	167
timely	209
tortious interference with business relationship	92
trade disparagement	68
traditional notions of fair play and substantial justice	152
transitorily	150
transnational commercial law	212
Trust Agreements	40
tryer of facts	88

U

U.S. Circuit Courts	16-17
U.S. Court of Appeals	17-18
umbrella insurance	74, 77
Umbrella Policy	77-78
UNCITRAL	163, 176
unconscionable	187
uncured material fault	124
unenforceable	38-39
UNIDROIT	38
Uniform Laws	49
Union	11
unjust enrichment	131
unperfected contract right	133
unreasonableness	39
usage of trade	82
utter disregard of law	191

V

validity	218

venue	141
Virginia	4, 10, 12, 55-56
Virginia Company of London	4
void	58

W

Wagoner Rule	109
waiver	126, 190, 216-218
Warren Burger	138
White and Summers	114-115, 192
Williamsburg	4
Williston	33-34, 82-83
with prejudice	194
without prejudice	194
writ of certiorari	18
WTO	213

著者紹介

國生　一彦（こくしょう　かずひこ）
　昭和 29 年　　東京大学卒業
　昭和 57 年　　アメリカ、ワシントン大学ロースクール修士号
　現在　　　　　弁護士（國生法律事務所）、元東洋大学法科大学院教授

■主要著書■
コモンローによる最新国際金融法務読本（商事法務、2011 年）
国際取引紛争に備える―アメリカ、EU、イギリスでのトラブル予防から訴訟まで―
　（八千代出版、2006 年）
国際取引法（有斐閣、2005 年）
Q & A インターネットの法的論点と実務対応（弁護士会インターネット法律研究部編、
　ぎょうせい、2005 年）
アメリカの誕生と英雄達の生涯（碧天舎、2004 年）
改正米国動産担保法（商事法務研究会、2001 年）
米国の電子情報取引法（商事法務研究会、2001 年）
e-の法律―サイバー世界の法秩序―（共著）（東京布井出版、2000 年）
アメリカのパートナーシップの法律（商事法務研究会、1991 年）
現代イギリス不動産法（商事法務研究会、1990 年）
判例にみるアメリカの不動産トラブル（商事法務研究会、1989 年）
国際金融法務読本（東京布井出版、1988 年）
アメリカの不動産取引法（商事法務研究会、1987 年）

アメリカの法廷で闘うとしたら
―日本とどれほど違うか―

2013 年 4 月 10 日　第 1 版 1 刷発行

著　者――國 生 一 彦
発 行 者――大 野 俊 郎
印 刷 所――新 灯 印 刷
製 本 所――渡 邊 製 本 ㈱
発 行 所――八千代出版株式会社
　　　　　　〒 101-0061
　　　　　　東京都千代田区三崎町 2-2-13
　　　　　　TEL　03-3262-0420
　　　　　　FAX　03-3237-0723
　　　　　　振替　00190-4-168060
　　　　　　＊定価はカバーに表示してあります。
　　　　　　＊落丁・乱丁はお取り替え致します。

Ⓒ 2013 Printed in Japan
ISBN978-4-8429-1591-3